西南法律评论

吴钰鸿　主编

第2卷

总第31卷

法律出版社
LAW PRESS · CHINA

学科动态

法学理论

2018 年是我国法理学学术共同体回顾、反思与展望的关键之年。2017 年下半年，张文显教授在《清华法学》上发表长文《法理：法理学的中心主题和法学的共同关注》，系统梳理了“法理”的语义和历史谱系，着重论证“法理”在理论和实践中的意义与功能，并深刻指出，随着“法理”成为法理学的中心主题和中国法学的共同关注，成为法治中国的精神内涵，中国法学必将迎来法理时代，“法治中国”必将呈现“法理中国”的鲜明品质！2018 年 7 月，为纪念 1988 年“法学基本范畴研讨会”召开 30 周年，“法学范畴与法理研究”研讨会在长春举行。曾参加 1988 年会议的老一辈法理学名家和中青年学者，三代法理学人齐聚一堂，共同回顾和反思 30 年来法理学的发展历程。正如徐显明教授致辞所言，未来中国法理学要进一步推进学理化、本土化、大众化和实践化，突破沉浸于概念思辨、观念解读的舒适空间，强化科学性、体系性，最终走向实践、指导实践。为此，法理学应夯实其部门法根基，在法哲学与部门法之间寻求某种平衡。着眼于部门法，法理学才能具备面向实践的问题意识和科学方法，才能有效回应全面推进依法治国征程中的现实难题，才能富有活力而生生不息。

——副教授、法学博士　胡兴建

法律史

2018 年仍处于“后法律史危机时代”，但相比六年前学科风波的惊魂不定与疾呼呐喊，学界多了一份从容与自信。2018 年的法律史研究，突出表现在下列三个方面：

第一，法律史学科的定位与方法的探索。法律史在法学研究与法学教育中扮演何种角色？是不是食之无味的鸡肋？法律史研究方法应倾向法学化抑或史学化？自从2012年学科危机以来产生的种种争议，渐归于法律史互补的调停论调，呈现搁置争议、共谋发展的务实态度。

第二，法律史理论的反思与建构。出于对法律史研究碎片化的省思，一些功力深厚的老年学者领风气之先，力倡对“法律儒家化”“律令说”等中观理论进行反思，并尝试建构礼法论、以法律形式体系取代部门法体系等。10月在江苏常州举行的“质疑成说、重述法史”学术研讨会颇值关注。

第三，法律史料基础考证由学步到贡献。法律史料是法律史学研究的基础。近年来，不是史学界“入侵”法律史学界，而是一批法律史中青年学者不甘仰人鼻息，在向史学界、考古学界的学步中，逐渐具备了对法律史料进行基础考证的能力，并作出自己的贡献。每年由华东政法大学主办的“出土文献与法律史研究”学术研讨会、岳麓书院藏秦简的整理出版，皆是显例。

另外值得注意的是青年学者登上学术舞台。“70后”“80后”青年法律史学者在十数年术业专攻之后，开始进入较快的学术增长期。无论青年法律史论坛的一年一聚、各大研讨会的频频亮相，还是国家社科基金的青年项目，以及论文的发表和著作的出版，均可见青年学者的初试锋芒。

法律史学与紧密关切现行法制的部门法不同，相比起致用与创新，法律史学更需要积淀和传承。法学界应当宽容法律史学独特的现实关怀形式与学术成长方式，法律史学者更应放宽胸次，沉潜有得，渐入新境。

——讲师、法学博士　秦涛

宪法与行政法学

2018年中国行政法学理论和实务精彩纷呈。2018年2月，最高人民法院发布实施《关于适用〈中华人民共和国行政诉讼法〉的解释》，统一有关《行政诉讼法》的司法解释；3月全国人大召开会议，修改宪法，通过国家机构改革方案和《监察法》，国家机构改革和职能重组全面展开，包括行政机关公务人员在内的公职人员行使权力在法律上受到更严格的监督。《行政处罚法》和《公务员法》等重要行政法律展开修改论证工作。10月，第五届“中国法治政府奖”终评评审暨颁奖典礼在北京举行，经过评审，15个单位获得“中国法治政府奖”，16个单位获得“中国法治政府提名奖”。

2018年4月第三届“法治政府研究方阵高峰论坛”在西北政法大学成功展开，论坛主题为“大数据时代的法治政府建设”。9月，“第二届中国法治政府建设实践论坛暨地方政府法治机构改革研讨会”在中国政法大学召开。10月，中国法学会行政法学研究会2018年年会在西安召开，会议的主题是“新时代行政法学的使命”。

2018年中国行政法学理论和实务都取得了丰硕成果，展望2019年，有关行政组织、行政行为、行政程序的立法将进一步加强，《行政处罚法》《公务员法》等将修改通过；统一的行政程序法立法活动将不断推进。与此同时，中国行政法学界将围绕行政法总则、行政机构改革与职能转变、行政程序、监督行政等内容展开进一步的研究和探讨。

——副教授、法学博士后　陆伟明

刑法学

刑法作为实体性的法律规范，刑事立法的步伐一直紧锣密鼓地往前推动，10个刑法修正案的立法“产品”也在不断趋向“科学立法”的基本方向。与此同时，刑事司法体制改革、国家监察体制改革等实践运作也在深入推进，其与我们的刑事实体法均有直接关联。随着网络社会与风险社会时代的到来，刑法的传统理念是否已经动摇，是否需要刑事立法层面的应对举措值得关注；科技刑法中的人工智能及其刑事责任问题，已经从科幻世界走向现实生活，这也需要我们理论的及时面对与认真反思。作为传统性的刑法需要对接鲜活的社会现实，而在这些现实之中，刑法的知识及其创新仍然给我们提供了广袤的思想空间。

——教授、法学博士 陈伟

民法学

近年来，伴随科技的不断发展，自动驾驶汽车、工业机器人、医疗机器人等人工智能产品不断涌现，一个移动互联网、大数据、人工智能并存的新时代已然到来。人工智能、大数据、区块链等新技术的发展在塑造社会经济和变革人们生活方式的同时，也极大地拓展了民法学的研究对象和研究方式，为现代民法学研究赋予了新的时代机遇与挑战。在服务民法典编纂的大背景下，现有学术研究既要关注传统重大民法理论的研究，更要顺应时代、引领时代，主动应对人工智能等新技术引发的民法挑战，助力编纂一部具有时代精神的中国民法典，革新现代民法学理论。

——讲师、法学博士 郑志峰

商法学

随着互联网技术向纵深发展，商事法律制度的革新加快了步伐。《电子商务法》的颁布充分彰显了法律对新型交易方式及其存在问题的及时回应，体现了国家鼓励、支持和引导电子商务行业组织、电子商务经营主体和消费者共同参与市场治理。在政府机构改革的背景下,监管机构职能出现重大调整,企业营商环境将进一步得到改善。各类商事主体的功能定位及权利义务配置持续受到关注,以平台为依托的信息传递模式借助人工智能技术所引致的法律风险防范需引起重视。科创板的设立及注册制的试行对于科技型和创新型中小企业来说无疑是利好消息,但具体规则的设计、不同板块之间的衔接等法律问题仍有待于进一步综合研究。

——副教授、法学博士　赵吟

知识产权法学

2018 年中国知识产权法学研究主要关注的问题是知识产权与民法典的关系。随着《民法总则》的颁行,我国民事法律制度进入了"民法典时代"。知识产权作为民法的重要组成部分,其能否被编入民法典和以何种形式编入民法典,引起了知识产权法学界的高度关注。2018 年 8 月向全国人大常委会提起审议的民法典分则中包含六编,其中不含知识产权编,意味着知识产权单独成编入典的立法模式并未得到立法机关的普遍认同。在不独立成编的情况下,知识产权如何在民法典中得到体现仍然是极重要的议题。知识产权与一般民事权利的关系,其在民事权利体系中的地位及对民事权利体系的影响仍然值得进一步研究和讨论。2018 年 11 月召开的"第三届中国知识产权法治高端论坛"也聚焦"知识产权与民法典"这一主题展开了深入研讨。

另外,对知识产权法学自身的研究也仍然受到学者的重视。"中国知识产权法学研究会 2018 年年会"围绕"新时代知识产权法治"设立了知识产权法基本理论、专利法修订、体育产业知识产权问题、国际知识产权、著作权法修订、互联网不正当竞争法律问题、商标法理论与实务、知识产权仲裁与调解、商业秘密保护、生物医药与知识产权、新技术变革与知识产权、知识产权综合问题 12 个议题进行研究和探讨。

预计在 2019 年,知识产权与民法典的议题将持续引发学者的关注,专利制度改革、著作权集体管理组织改革、"一带一路"倡议背景下知识产权的国际保护等问题也将是研究的热点。

——副教授、法学博士 康添雄

民事诉讼法学

截至 2018 年 11 月底,2018 年年度民事诉讼法学科在 CLSCI 上发表论文近 70 篇,[①]与往年同期相比,成绩比较平稳。从这些论文的研究内容上看,民事诉讼法学的总论、审判程序、证据法依然是本学科研究的主要方面,而调解非讼、执行程序、检察监督、仲裁、公证等方面的论文较少。其中"人工智能""枫桥经验""检察公益诉讼""决胜执行难""互联网法院"等年度热点话题也带来了理论研究的新风向。

2018 年年度在全国范围内具有较大影响的民事诉讼法学术会议和主题报告会,已举办有近 10 场,如 3 月在中南财经政法大学举办的以"民事证明责任的具体展开"为主题的"第九届紫荆民事诉讼青年沙龙会议";4 月在吉林大学举办的"民事证据理论青年工作坊第一期报告会";5 月在华东师范大学法学院举办的以"民事诉讼中的证据与证明"为主题的"第六届民事诉讼法学青年论坛";6 月在西南政法大学举行的"第二届'民诉法学研究的实体之维'学术研讨会"和在吉林大学举办的"民事证据理论青年工作坊第二期报告

① 该数据是根据在中国知网上对 2018 年 CLSCI 论文进行手动筛选统计而得的,可能存在误差。

会”;9 月在河北大学法学院举办的以“家事审判与非诉程序”为主题的“中国民事诉讼法学研究会 2018 年年会”;11 月在郑州举办的“‘新时代检察民事公益诉讼基本理论与创新发展’研讨会”,在上海交通大学举办的以“共同诉讼论纲”为主题的第十届紫荆民事诉讼青年沙龙会议和在西南政法大学举办的以“执行依据的理论与实践”为主题的首届民事执行论坛等。由以上会议的主题及相关论文选题我们就可以看出,2018 年年度民事诉讼法学者重视民事诉讼法理论研究与实践的结合,特别是在证据法研究方面多切合实际问题、反映实践所需;重视民事诉讼法与民事实体法相结合,在一些问题的研究上提倡实体研究与程序研究兼备已渐成学界共识。而民事诉讼法研究方法也更加多元化,从以规范分析法为主流的状况逐渐形成以规范分析法、实证分析法、比较法分析法等方法并重的局面。

由于我国民事诉讼法学研究仍然存在基础不扎实、体系性不强的不足,纷乱零散的研究现状依旧还会存在一段时间,这对学者来说既是艰难的挑战也是大有可为的历史时机。2019 年学界大概会继续就民事诉讼法学传统理论和以往的热点问题展开更深入的研讨,当然也可能就新的立法问题和司法实践问题展开新的研究,如民事强制执行立法、仲裁法修改等涉及的立法问题以及以往学界较少关注的检察监督、公证制度等问题。

总体而言,民事诉讼法学科的研究内容与研究方法都具有较强的稳定性,学者多以民事诉讼原则、当事人、诉讼标的、证明责任、既判力等基本理论为分析工具,以法律文本为依托,结合司法实践中出现的问题展开具体研究。

——副教授、法学博士　毋爱斌

刑事诉讼法学

2018年10月26日，第十三届全国人大常委会第六次会议表决通过了《关于修改〈中华人民共和国刑事诉讼法〉的决定》。这次修法深入贯彻中央部署，积极回应社会关切，认真总结试点经验，及时巩固改革成果，构建了与职务犯罪监察调查的程序衔接机制，确立了认罪认罚从宽制度，增加了缺席审判程序，进一步完善了多元刑事诉讼体系，更好地体现了国情与法理、公正与效率、惩罚犯罪与保障人权的统一，必将对我国的刑事诉讼方式和刑事司法实践产生积极影响。而此次修法无疑也将为刑事诉讼理论研究创设诸多新的议题。一方面，由于修法时间紧促，部分制度安排存在程序粗糙、对接不畅、配套缺失问题，可能会在一定程度上限制制度设计的效果；另一方面，由于修法的针对性强，"内容有限"，并未充分吸收以审判为中心诉讼制度改革的成果。面对新形势、新背景、新议题，刑事诉讼法学界应积极跟进，围绕修法中的重点、难点和争点，立足实际，放宽视野，厘定制度界限，梳理运行情况，归纳存在的问题，总结有效的做法，探讨完善的路径，展望改革的前景，推动新时代中国特色刑事诉讼制度的新发展。

——副教授、法学博士　闫召华

经济法学

2018年是经济法学科发展进程中的一个重要年度，在此时间节点上，经济法学界围绕40年来中国经济法治实践发展和中国经济法理论研究发展进行了总结与展望。

概括而言，2018年年度的研究热点涉及经济法基础理论发展的研讨，反垄断法和反不正当竞争法理论的发展、金融法学的发展、财税法学的发展、农村法治理论的发展等方面，特别是关于制定经济法通则的研讨、关于经济法回应人工智能挑战的研讨成为值得关注的新的研究议题。

在2018年年度，经济法学界以一系列重要会议汇聚学界同人就若干重要经济法问题展开讨论，如学界召开了以“现代化经济体系建设与经济法”为主题的“中国法学会经济法学研究会2018年年会暨第二十六届全国经济法理论研讨会”，以“竞争法和竞争政策问题”为主题的系列学术研讨会，以“改革开放四十周年中国财税法发展的回顾与前瞻”为主题的“中国法学会财税法学研究会2018年年会暨第29届海峡两岸财税法学术研讨会”，以“新时代金融法治建设的理论与实践”为主题的“中国法学会银行法学研究会2018年年会”，中国经济法学研究会“经济法30人论坛”系列研讨会，等等。同时，各高校和科研机构还举办了各自的品牌学术研讨会。

学界对经济法领域的发展作出了一系列重要论述，如张守文教授指出经济法将会在制度变迁中更好地推进改革开放和国家治理的现代化，程信和教授就《经济法通则（学者试拟稿）》提出了相关论述，王晓晔教授就中国反垄断法的完善提出了自己的观点，史际春教授就政策的法治分析问题提出了相关的论述，王全兴教授就新时代中国经济法学的问题意识提出了自己的见解，时建中教授就竞争政策的法治化问题提出了自己的观点，卢代富教授就经济法视阈下社会信用体系的属性提出了相关论述，顾功耘教授就我国营商环境的改善问题提出了相关论述，刘剑文教授就推进我国税收司法的发展提出了相关的思考，王卫国教授就金融安全与金融风险防范等问题提出了相关的论述，王先林教授就我国反垄断法实施的初步成效与完善方向提出了相关论述，李有根教授就经济法中国问题的发现路径问题提出了相关论述，冯果教授就经济法在风险社会中的适应性问题提出了相关的思考，等等。

着眼未来，中国经济法实践的重点问题可能体现在市场准入法律制度的完善、竞争法治的发展、消费者保护、金融法治的发展、财税法治的发展、农村法治的发展等方面；经济法理论的重点问题可能体现在完善经济法基础理论，推进对经济法通则的研究，推进分配理论、发展理论、风险理论、信息理论等诸多新型理论体系发展等方面。

——教授、法学博士　黄茂钦

环境与资源保护法学

党的十九大报告指出，“中国特色社会主义进入新时代，我国社会主要矛盾已经转化为人民日益增长的美好生活需要和不平衡不充分的发展之间的矛盾”。其中，人民对于美好环境要求的日益增长与我国不断恶化的生态环境状况之间的矛盾已经成为环境保护领域的重要矛盾。在即将过去的2018年，在环境法学这一研究环境法律规范和环境法律现象的新兴法学学科中，涌现了一大批高水平的研究成果。

首先，在环境法基础理论领域，环境法学者围绕环境法、环境法学在新时代的使命、功能，环境法与传统部门法之间关系以及环境法典编纂等环境法、环境法学的基础理论问题，展开了更加深入、更具时代特色的研究。其次，在环境法制度研究领域，一是在“生态文明体制改革”的法治保障问题中，综合排污许可、环境影响评价等重要的环境法律制度成为理论研究的热点。二是在《民法总则》确立“绿色原则”之后，“绿色原则”与环境法的关系、“绿色原则”在环境法治中的功能以及“绿色原则”在民法典分则各编中的实现等问题，业已成为环境法学研究领域炙手可热的焦点话题。三是在《生态环境损害赔偿制度改革方案》发布后，基于各地试点工作中积累的有效经验和发现的实践问题，结合方案的新要求，针对生态环境损害赔偿诉讼、行政磋商以及生态环境损害评估鉴定等问题进行了更加深入的研究。四是在制定《土壤污染防治法》的过程中，理论界对立法的功能、定位以及具体规范的设计形成了大批高水平的研究成果。五是宪法环境保护条款、环境权理论、环境犯罪以及环境公益诉讼等历久弥新的理论问题，依旧是产出高水平研究成果的沃土。

随着我国环境法治的不断前行，除前述研究热点以外，在2019年以及之后的一段时期，以下理论问题值得持续关注：一是《土壤污染防治法》于2018年8月31日颁布并将于2019年1月1日实施，该法在实施过程中引发的相关理论及实践问题，可能成为未来环境法学研究的重要内容。二是习近平总书记在两次“深入推动长江经济带发展座谈会”中，提出了“共抓大保护、不搞大开发”的要求，在此背景下“长江保护法”的立法进程不断加快，预示着未来流域、区域环境保护法律问题必将成为环境法学研究中新的增长点。三是在国务院机构改革方案发布后，生态环境部和自然资源部的组建，标志着我国环境行政管理体制将实现由“九龙治水”向“统一监管”的重大转变，如何通过环境法律制度进一步巩固体制改革的成果，也将是未来环境法学研究中需要解决的重大理论问题。

——讲师、法学博士　周骁然

国际法学

2018年国际公法的研究热点主要集中两个方面：第一，研究国际法治及如何构建“人类命运共同体”，如发表在《中国社会科学》第5期的《人类命运共同体：国际法社会基础理论的当代发展》和《中国法学》第5期的《全球治理背景下人类命运共同体的阐释与构建》；第二，研究海洋法方面，如发表在《法商研究》第3期的《争议海域油气资源开发活动对国际海洋划界的影响——基于“加纳与科特迪瓦大西洋划界案”的思考》。预计2019年的国际公法的热点依旧会集中在国际法治、海洋法、条约法等方面。

2018年国际私法的研究热点主要集中在以下方面：第一，在国际私法基本理论方面，如发表在《法学研究》第3期的《直接适用的法与相关制度的体系平衡》和《法商研究》第5期的《系属的体系化与体系化的系属》；第二，民法典与国际私法的关系，如发表在《政法论坛》第1期的《民法典的编纂与中国国际私法的法典化发展》；第三，在国际民事诉讼方面，如发表在《中国法学》第1期的《〈承认和执行外国判决公约〉(草案)中知识产权条款研究》和《法学研究》第4期的《我国批准〈选择法院协议公约〉的问题与对策》。预计2019年国际私法的研究热点依旧会集中在国际私法的基本理论与国际民事诉讼法方面。

2018年国际经济法的研究热点主要集中在以下方面：第一，“一带一路”倡议下的国际投资方面，如发表在《环球法律评论》第1期的《“一带一路”投资风险及其法律应对——以“尤科斯诉俄罗斯案”为视角》和《法学评论》第2期的《论“一带一路”国际投资争议的预防机制》；第二，国际税收方面，如发表在《华东政法大学学报》第2期的《国际税收协定中非歧视条款之内涵辨析》和《法学》第1期《税收情报自动交换中的个人数据保护问题》；第三，WTO的争端解决机制，如发表在《现代法学》第2期的《WTO上诉机构的产生与运作研究》。预计2019年的国际经济法的热点会集中在“一带一路”倡议下的国际投资、国际贸易、国际税收等方面。

——副教授、法学博士　梅傲

目　　录

CONTENTS

【聚焦司法体制改革】

法官员额退出类型分析与程序构建

薛海明*

摘　要：员额退出是伴随司法体制改革推进产生的一个中国特有的、特定时间段的过渡性概念。研究员额退出机制前提是明确员额退出与法官职务免除的区别，法官员额退出并不必然导致其法官身份的消失，不违背《保护司法人员依法履行法定职责规定》精神。科学合理的员额退出机制，是优化员额法官队伍整体素质的必然要求、化解人案矛盾的有效手段、兼顾法院不同群体利益的必要调节措施。员额退出可分为自然退出、自愿退出、考核退出、惩戒退出和违纪违法退出五类情形，应从实体和程序两个方面作机制构建。

关键词：司法改革；员额法官；退出

员额退出是伴随司法体制改革产生的一个中国特有概念。2017年3月，中央政法委印发《关于严格执行法官、检察官遴选标准和程序的通知》（中政委〔2017〕9号），其中第8条明确规定："各地各部门应当在明确岗位责任的基础上，抓紧制定办案绩效考核办法，并于2017年5月底前，对入额满一年的法官检察官进行办案绩效考核。办案质量、效率达不到考核标准的，应当于6月底前退出员

* 重庆市高级人民法院研究室综合科科长。

额。”员额退出机制的构建，无国外现成的经验可供借鉴，改革推进初期各试点法院也未形成可资借鉴、可供参考的成熟做法。在当下法院人案矛盾越发凸显、与改革相关的立法未及时跟进的情况下，需在对员额退出与法官职务免除进行合理区分的基础上，对员额退出机制进行相对科学、相对合理的模式设计。

一、法官员额退出与法官职务免除的区别

讨论员额退出与法官职务免除的区别，应区分改革过渡期与《中华人民共和国法官法》（以下简称《法官法》）修订并实施后的不同阶段。新《法官法》出台前的改革过渡期内，法官员额退出并不必然导致其法官身份的消失。其一，中央《关于司法体制改革试点中有关问题的意见》提出，为确保改革平稳过渡，未进入员额的审判员和助理审判员保留法官职务和待遇。在《法官法》修订前，员额法官和未入额法官均在法官序列中。法官退出员额后，既可能转为未入额法官，也可提请人大常委会免去法官职务转为法官助理等其他序列。其二，最高人民法院《关于完善人民法院司法责任制的若干意见》第 37 条对违法审判责任的追究根据其应负责任程度作出了不同的规定，其中明确应当给予停职、延期晋升、退出法官员额或者免职、责令辞职、辞退等处理的，由组织人事部门按照干部管理权限和程序依法办理。该条第 2 款规定，免除法官职务，必须按法定程序由人民代表大会罢免或者提请人大常委会作出决定。从条文表述来看，退出法官员额与法官职务免除作为并列选项并非同一内容。

改革精神最终应体现于立法之中。《法官法》在修订时法官应仅指员额法官，未入额的审判员和助理审判员职务和待遇必然不会继续保留，员额退出与职务免除也不再有任何差异，此时员额退出已转化为法官职务免除。因此员额退出应为特定时间段的过渡性概念，从时间范围上来看仅存在于《法官法》将员额制改革成果固化之前。

二、构建员额退出机制的必要性和可行性分析

(一)优化员额法官队伍整体素质的必然要求

法官员额退出是员额制改革推进中重要的一环。再精密的员额法官选任制度设计也无法一蹴而就,必然会出现少数优秀的法官未入额而极少数入额的法官不能完全适应司法责任制改革要求的情况,需要通过制度运行过程中的自我完善和自我修复达成。选出员额法官仅是人员分类改革走出的第一步,入口问题解决后必然考虑畅通出口的问题。通过科学合理的员额退出机制设计,可实现员额的有进有退、进退有序,这种动态调整的模式可弥补员额法官选任因程序不完善、标准不科学带来的与预设目标不一致这一弊端,员额法官队伍将逐步符合正规化、专业化和职业化的要求。

(二)化解人案矛盾行之有效手段

实行员额制改革以后法官数量明显减少,同时中央政法委、最高人民法院均明确未入额法官不得独立办案,在法院受案数量逐年大幅增长的情况下人案矛盾日趋尖锐。从全国各法院入额情况来看,大都未对入额法官的办案数量提出硬性要求,仅靠法官的自觉性、能动性而不辅之以合理的员额退出机制,将难以保证案件的质量与效率。

(三)兼顾法院不同群体利益的必要调节措施

未实施法官员额制改革之前,法官的数量和比例没有明确的限制,在这种情形下,一个法官的职务免除,与他人的利益并无直接关系。在员额数量一定的情况下,员额法官的退出与否直接关系未入额法官的利益,只有让不适合岗位要求的入额法官及时退出,才能为未入额法官留出充足的发展空间,真正实现“优胜劣汰”,实现员额制改革的初衷和目的。

（四）员额退出机制设计不违背《保护司法人员依法履行法定职责规定》精神

中央《保护司法人员依法履行法定职责规定》第4条明确规定，“法官、依法履行法定职责受法律保护。非因法定事由，非经法定程序，不得将法官调离、免职、辞退或者作出降级、撤职等处分”，第10条明确规定，“考核法官、检察官办案质量，评价工作业绩，应当客观公正、符合司法规律”，《人民法院落实〈保护司法人员依法履行法定职责规定〉的实施办法》第8条也作了相应规定。但在未进入员额的审判员和助理审判员保留法官职务和待遇的背景下，考虑员额法官考评、惩戒体系的完整性和协调性，退出员额而保留其审判员身份符合改革精神，现实中也有操作空间，因此员额退出机制设计不必然违背《保护司法人员依法履行法定职责规定》精神。

三、员额退出机制构建面临的困境和障碍

当前，关于员额退出有一定数量的报道，如上海法院系统对法官每年进行一次考核，考核内容包括办案、廉政、遵纪守法等方面。如果考核合格，则其可继续做法官；如果其犯严重错误，则交由党纪国法予以处理。对那些没什么错误，但工作不卖力、任务不完成、考核不合格的，令其退出法官员额，以此来破除法官“一次入额终身合格”的弊端。① 珠海市横琴新区人民法院出台《关于建立法官评鉴机制完善法官考核制度的意见》提出第三方法官评鉴机制，通过组成评鉴小组，引入律师、法律学者等第三方，围绕相关标准对员额法官作出客观评价，并以该评价结果作为判定员额法官是否合格的重要参考依据，对于判定不合格者则责令其退出员额。② 从报道情况来

① 彭美：《上海首创员额退出机制　每年考核破除法官终身制》，载搜狐网：http://news.sohu.com/20150312/n409663121.shtml，最后访问日期：2019年1月17日。

② 朱鹏景：《法官干得好不好　要看第三方评鉴》，载奥一网：http://epaper.oeeee.com/epaper/A/html/2015-11/12/content_10341.html，最后访问日期：2019年1月17日。

看,各法院的规定均过于原则,缺乏可操作性,且实践效果如何也未见明确的报道。综观当前全国各地法院员额退出机制建设情况,尚存在以下一些困境和障碍:

一是缺乏科学合理的法官业绩评价机制。法官业绩评价或许不是法官制度最重要的一环,但因其是法官选任晋升、法官员额确定、法官逐级遴选乃至法官退出的重要技术支撑,成为法官制度中具备广泛联系性的基础性环节。一套设计科学、运行合理的法官业绩评价体系是员额退出的前提。中央《保护司法人员依法履行法定职责规定》第10条明确规定,“考核的办法和标准由中央政法单位统一制定,地方可以结合实际进行适当调整”。当前,中央政法委、最高人民法院均未出台在全国适用的法官业绩考核办法,中央政法委“各地各部门应当在明确岗位责任的基础上,抓紧制定办案绩效考核办法,并于2017年5月底前,对入额满一年的法官检察官进行办案绩效考核。办案质量、效率达不到考核标准的,应当于6月底前退出员额”的要求,首先与《保护司法人员依法履行法定职责规定》第10条中“考核的办法和标准由中央政法单位统一制定,地方可以结合实际进行适当调整”的精神并不一致;其次对入额满一年的法官检察官进行办案绩效考核,时间较为急促、考核期间也偏短易产生偏差。上述原因导致各试点法院办案绩效考核办法制定、员额法官办案绩效考核都非常仓促。

二是与员额退出相关的其他配套机制与程序缺乏。除科学合理的法官业绩评价这一最重要的配套机制缺乏之外,对于员额退出后其身份如何明确、法官职务是否免除、法官等级是否保留、工资收入如何确定等一系列问题均无现成的答案,相关的配套机制建设严重缺乏,导致“有进有出”易而“进出有序”难。

三是在一定程度上增加了法官队伍的不稳定性。员额退出后必然带来人员的转岗分流,以司法责任制为核心的四项改革任务中，员额制改革是其中改革难度最大、触动利益最多的一项内容，而从入额法官中选择部分不适应法官职业要求的并通过程序设计予以退出，其难度相较将原有法官队伍区分为员额法官和未入额法官的难度更大，矛盾更为尖锐，尤其是在条件设置不合理、程序设置不到位的情况下，可能对法官队伍的稳定性带来一定程度的冲击。

四、法官员额退出具体情形分析

根据《法官法》《关于完善人民法院司法责任制的若干意见》的规定，员额退出大致可分为自然退出、自愿退出、考核退出、惩戒退出和违纪违法退出五类情形。

因调离法院、转任（提任）其他岗位、退休、辞去公职退出员额的，属自然退出。自然退出的，依照法定程序办理免职手续即可，与法官职务免除并无实质区别。

因家庭、健康或其他原因，提出申请退出法官员额申请的，属自愿退出。中央政法委《关于严格执行法官、检察官遴选标准和程序的通知》第1条明确规定，员额配置应当向一线办案部门倾斜，办公室、政工党务、纪检监察、培训教育、司法技术等部门不得设置员额岗位。改革过程中，一些法院的政治部主任、纪检组长，以及综合行政部门负责人通过遴选程序入额但又未免去原有党政职务，按照中央要求应当退出员额。这种情况下赋予了其“保留原有党政职务退出员额”和“调整到一线办案岗位办案”的选择权，如果选择保留原有党政职务的应属自愿退出范畴。

对法官的考核可分为公务员考核和办案质效考核两类，因在年度公务员考核中评定为“不称职”、连续两年被评定为“基本称职”退出员额的属因公务员考核导致的员额退出，此种情形标准较为明确，可操作性较强。因办案质效不达标退出员额的，依据在于《法官法》第23条“对法官的考核内容包括：审判工作实绩，思想品德，审判业务和法学理论水平，工作态度和审判作风。重点考核审判工作实绩”的规定，然而，《法官法》没有对审判工作实绩的考核标准作出具体的规定，中央政法委、最高人民法院也没有制定全国法院可以统一适用的考核标准，当前首要任务应是抓紧制定办案绩效考核办法。因考核退出的，原有法官等级是否保留，如果保留是否仍按期晋升情形较复杂，当下无论是理论上还是实践中均无现成的路径可循，也是本文的研究重点。

最高人民法院《关于完善人民法院司法责任制的若干意见》第26条规定，有下列情形之一的，应当依纪依法追究相关人员的违法审判责任：(1)审理案件时有贪污受贿、徇私舞弊、枉法裁判行为的；(2)违反规定私自办案或者制造虚假案件的；(3)涂改、隐匿、伪造、偷换和故意损毁证据材料的，或者因重大过失丢失、损毁证据材料并造成严重后果的；(4)向合议庭、审判委员会汇报案情时隐瞒主要证据、重要情节和故意提供虚假材料的，或者因重大过失遗漏主要证据、重要情节导致裁判错误并造成严重后果的；(5)制作诉讼文书时，故意违背合议庭评议结果、审判委员会决定的，或者因重大过失导致裁判文书主文错误并造成严重后果的；(6)违反法律规定，对不符合减刑、假释条件的罪犯裁定减刑、假释的，或者因重大过失对不符合减刑、假释条件的罪犯裁定减刑、假释并造成严重后果的；(7)其他故意违背法定程序、证据规则和法律明确规定违法审判的，或者因重大过失导致裁判结果错误并造成严重后果的。对应当追究违法审判责任的相关责任人，该意见给出了停职、延期晋升、退出法官员额或者免职、责令辞职、辞退等一系列处理措施，究竟法官违反了上述何种情形才必须退出法官员额，该意见并未明确。笔者认为，除延期晋升外，只要受到取消法官资格、免职、责令辞职、辞退等惩戒处理的，均应退出员额，此种情形属惩戒退出。

需退出员额的违法审判责任，应不包括涉嫌犯罪的情形，如果涉嫌犯罪的，由纪检监察部门将违法线索移送有关司法机关依法处理，在其犯罪事实被司法机关确认后，其法官身份自然被免除，除此之外，因违纪违法行为受到党内严重警告以上处分、行政记大过以上处分的，或因违反政治纪律受到党纪或政纪处分需退出员额的，属违纪违法退出。惩戒退出与违纪违法退出有一定程度交叉。

五、员额法官退出机制的程序构建

因调离法院、转任（提任）其他岗位、退休、辞去公职自然退出员额的，由本法院党组研究提出意见后15日内报省级法院党组研究决定，并依照法定程序办理免职手续即可。

自愿退出员额的，由本人向本院党组提出申请，院党组经研究认为理由充分的，15日内报经省级法院党组研究决定。为体现员额遴选和员额退出制度的严肃性，可规定申请人自退出员额之日起两年内，不得再参加员额遴选考试。退出员额后，其工作岗位安排应服从本院党组的决定。

因被追究违法审判责任退出的，应充分发挥法官惩戒委员会的作用。法官惩戒委员会根据法院调查的情况，依照程序审查认定法官是否违反审判职责，提出构成故意违反职责、存在重大过失、存在一般过失或者没有违反职责的意见，并作出是否给予惩戒处分以及给予何种惩戒处分的建议。作出退出法官员额的建议后，应当送达当事法官和有关人民法院。当事法官或者有关人民法院对审查意见有异议的，可以向惩戒委员会提出。惩戒委员会应当对异议及其理由进行审查，作出决定，并回复当事法官或者有关人民法院。省级法院党组作出退出员额的决定后，为体现程序的公正性，还应设置当事法官申请复议的环节，充分保障当事法官提出异议的权利。因被追究违纪违法行为退出员额的，同样应设置复议环节。

因考核原因退出员额的，应作如下程序设计：

一是建立完善的法官办案绩效考核标准。各法院根据标准对法官办案质量和效率进行考核，根据考核结果提出是否有退出员额的人选。在全国统一的质效考核办法尚未出台的情况下,各法院在制定自己的考核标准时,可将办案数量、质量、效率、效果作为一类指标,将综合审判事务和综合管理事务作为二类指标,重点考核法官审判执行工作实绩的同时,兼顾综合审判事务和综合管理事务的完成情况。

二是完善报批程序。由当事法官所在法院党组在年度考核结束后15日内对拟退出员额的人选作出决定,按流程报省级法院党组批准。上报省级法院党组的请示材料,应包括请示、法官职务审批表等。省级法院党组作出退出员额决定的,应及时通知法官所在法院和法官本人。

决定员额退出是否需提交法官遴选委员会审议有不同观点。笔者认为,法官遴选委员会的主要职责在于提出入额建议人选,退出员额的人选不宜提交其审议。以《重庆市法官遴选委员会章程》为例,第11条法官遴选委员会工作职责包括以下四个方面:(1)审判机关需要从现有法官中遴选首批员额内法官、从法官助理中遴选法官,以及从优秀的律师和具有法律职业资格的法学学者等法律职业人士中公开选任法官时,采取书面审查、面试等方式,从专业角度审查提出建议人选;(2)对申请延迟退休的法官的司法素养、履职能力进行评定,向重庆市高级人民法院提出延迟退休的意见;(3)审议通过和修订《重庆市法官遴选委员会章程》;(4)审议决定其他应当由遴选委员会决定的事项。员额退出的,经重庆市高级人民法院党组讨论即可作出决定。

三是设置异议程序。在本院党组研究提出退出员额的人选意见后,退出人选可向本院党组提出异议,异议不成立的,继续报省级法院党组批准。省级法院党组作出退出员额的决定后,如果该法官仍然有异议的,可在决定作出之日起15日内通过本院组织人事部门向省级法院组织人事部门提出。省级法院组织人事部门认为有正当理由的,可提请院党组复议一次。复议决定为最终决定。

四是员额退出后法官身份的处理。基于法官员额退出与法官职务免除的区别,因法官不能完成本法院规定的基本办案任务、院庭长入额后未完成规定办案任务、法官和院庭长改判率、发回重申率超过本院规定的比例退出员额的,考虑法官责任的体系性与均衡性,可暂不提请人大常委会免除其审判员身份。

五是明确退出后果。因办案质效不达标退出员额后,可将其转入辅助岗位协助办案。如果退出员额的法官拒绝从事法院安排的其他工作,可依据《法官法》第40条、第41条的规定,[①]以不胜任现职工作,又不接受另行安排为理由辞退或免除其法官职务。退出员额的,按照原有身份确定其退出后的工资收入。

六、与员额退出相关的几个问题

(一)员额法官遴选时可否将办理一定数量的案件作为入额条件

实践中,一些试点法院对员额法官从办案数量方面规定了任务,办理一定数量的案件被作为员额法官的义务,相应地如果员额法官拒绝办案,或办案数量达不到要求,即应退出员额。这一做法是否合理?《法官法》第7条规定的法官应当履行的七项义务中,并无办案数量的规定。且最高人民法院出台的《人民法院落实〈保护司法人员依法履行法定职责规定〉的实施办法》第4条明确规定,不得以办案数量排名、末位淘汰等方式和接待信访不力等理由调整法官工作岗位。规定办案任务的做法似乎违反了以上规定。但是如前所述,员额退出不等于免职,办案数量达不到规定要求属办案质

① 《法官法》第40条规定:"法官有下列情形之一的予以辞退:(一)在年度考核中,连续两年确定为不称职的;(二)不胜任现职工作,又不接受另行安排的;(三)因审判机构调整或者缩减编制员额需要调整工作,本人拒绝合理安排的;(四)旷工或者无正当理由逾假不归连续超过十五天,或者一年内累计超过三十天的;(五)不履行法官义务,经教育仍不改正的。"第41条规定:"辞退法官应当依照法律规定的程序免除其职务。"

效不合格,退出以后仍未剥夺其办案资格,仅是剥夺其员额法官这一身份。此外,规定法官办案数量也不同于办案数量排名和末位淘汰。将办理一定数量或一定比例的案件作为入额条件并无不当。

(二)应充分用好改革过渡期,为今后法官的考核与惩戒积累经验

改革过渡期内存在员额法官和未入额法官两种类型,这是员额退出机制存在的前提。如果不存在未入额法官这一群体作为缓冲,在现有的法律框架内员额退出就与法官免职无异,法官因办案质效的免职依据不足(免职是一种非常严重的责任追究形式,即使法官有违法审判的行为,在责任追究上也存在停职、延期晋升、退出法官员额或者免职、责令辞职、辞退等处理形式)。在制度设计上,也应考虑过渡期政策的特殊性。退出员额的,其原有的审判员、助理审判员身份仍然保留,在审判业务部门继续工作的,可以未入额法官身份继续协助员额法官办案。

(三)《法官法》修改应为员额法官退出留出可操作的空间

《法官法》修改并实施后不再可能存在未入额法官这一类型。应设计好相应的过渡和衔接机制,建议在《法官法》修改时增设候补法官这一类型,在任命程序上,候补法官由各法院提出建议,省级法院统一任命,无须经过人大及其常委会任命,为员额法官退出留出可操作的空间。因办案质效不达标或违法审判退出员额的,可按法定程序由人民代表大会罢免或者提请人大常委会作出决定。退出后法院认为其还可以继续协助办案的,可由法院任命为候补法官,虽然其审判员的资格被免去,但办案资格仍予保留。

(四)员额退出仅具事后的威慑作用

从某种意义上讲,员额退出属员额制改革中的事后补救措施,对入额法官的作用主要在于威慑,尤其是基于办案质效考核不达标而需启动退出程序的法官。员额制改革的目的是把最优秀的人才吸引到办案一线,以提高办案质量、效率和公信力。通过优化人员

结构、科学分类管理和精确划分职能，推动建立分类科学、结构合理、分工明确的法院人员管理制度，推进法院队伍正规化、专业化、职业化建设。科学合理的法官遴选标准和程序比设计一套员额退出机制和程序更关键和重要。如果法官遴选标准和程序出现问题，对办案业绩、职业操守把关不严，出现简单以票取人、以分取人、论资排辈和迁就照顾的情况，选出的法官在办案能力和职业操守欠缺，单纯依靠员额退出机制很难解决问题也很难发挥作用，毕竟员额退出面临的情况与入额相比更为复杂，处理起来更为棘手。

Typed Analysis and Procedural Construction of Quiting from the Judge Quota

Xue Haiming

Abstract: The quit from the judge quota is a unique Chinese specific transitional concept with the promotion of the reform of the judicial system. The premise of the study of the mechanism of quiting from the judge quota is to clarify the difference between the quit from the judge quota and the degradation of judge status. The quit from the judge quota does not necessarily lead to the disappearance of the status of judges, and does not violate the spirit of the Protection of Judicial Personnel in Performing Statutory Duties. The scientific and reasonable mechanism quit from the judge quota is an inevitable requirement for optimizing the overall quality of judges, an effective means to resolve the overloaded workload of judge, and a necessary adjustment measure to take into account the interests of different groups of the court. The quit from the judge quota can be divided into five categories:

automatically quit, voluntary quit, assessment quit, disciplinary quit and quit because violation of discipline and law. The quit from the judge quota should be constructed from substantive field and procedural field.

Keywords: judicial reform; judge entering the quota; quit

法官惩戒程序的"控辩审"模式探析

——兼谈改革背景下法院监察部门的职能定位

于海瑞*

摘　要:建立法官惩戒制度,是落实司法责任制的重要内容,关系司法体制改革的成效。构建科学的法官惩戒运行机制是法官惩戒制度的核心。法官惩戒程序应参考刑事诉讼程序中的"控辩审"模式展开,将调查指控、申辩、审查职能等进行科学分配调整,细化操作程序,构建一套完整的准司法式法官惩戒程序。法院监察部门发挥"控"的职能,充分保障当事法官的申辩等权利,由法官惩戒委员会居中听证审议并提出意见。在司法体制和国家监察体制双重改革背景下,建议对法院内设监察部门的性质重新定位,职能侧重于对审判权运行的内部监督和法官惩戒工作,加强专业化建设,与外部监督共同发挥监督职能,完善监督体系。

关键词:法官惩戒;法院监察部门;司法责任制;监察体制改革

一、法官惩戒程序的准司法性

有观点认为,法官惩戒活动的性质属司法性,而非行政性。主

* 重庆市高级人民法院监察室助理审判员。

要理由是：当独立行使审判权的主体——法官要受到处理和制裁时，其必须获得公正的待遇。而综观人类所有活动方式，这种“待遇”只有在司法程序中才能得到保障。① 笔者认为，本次司法改革设计的法官惩戒程序带有准司法性，主要表现在以下几个方面。

（一）惩戒主体的中立性

根据最高人民法院、最高人民检察院印发的《关于建立法官、检察官惩戒制度的意见（试行）》（以下简称《意见（试行）》），法官惩戒工作由法院与法官惩戒委员会分工负责。法院负责对法官涉嫌违反审判职责的行为进行调查，并根据法官惩戒委员会的意见作出处理决定。在省一级设立法官惩戒委员会，惩戒委员会委员中既有人大代表、政协委员、法学专家、律师等社会代表，也有法官代表。可见，同改革前相比，法官惩戒主体增加了惩戒委员会，其代表具有广泛性和专业性，惩戒委员会作为第三方机构，遵循特定程序对法官是否构成违法审判进行居中审查并提出意见，具有中立性。

（二）惩戒事由的司法性

法官惩戒事由是法官在审判工作中违反法律法规，实施违反审判职责的行为。法官惩戒针对的是审判行为本身是否合法，是否违反办案工作纪律，如依照规定应当调查收集相关证据而故意不予收集；故意违反规定采取强制措施；故意毁弃、篡改、隐匿、伪造、偷换证据或者其他诉讼材料；故意违背事实和法律枉法裁判等。违法审判行为作为法官从事司法活动的业内行为，属违反办案纪律范畴，区别于违反政治纪律、廉政纪律、组织人事纪律等一般违纪违法行为，具有司法性。

（三）惩戒标准的专业性

惩戒委员会根据法院调查情况，按程序审查认定法官是否违反

---

① 蒋惠岭：《论法官惩戒程序之司法性》，载《法律适用》2003 年第 9 期。

审判职责，并提出审查意见。在责任认定标准方面，应考虑法官是否有违法审判行为和主观过错。违法审判行为是指客观上违反了与审判工作有关的法律法规。主观过错包括故意行为和重大过失行为，重大过失并造成严重后果的给予惩戒。故意是指明知自己的行为会违反法律法规，但希望或者放任这种行为发生的主观状态，如明知法律有明确规定而出现违反法律规定的行为；案件事实清楚、证据充分而不予理会或不予采纳；有索贿受贿、徇私舞弊的证据等。重大过失，是指在正常情况下责任人在法律行为能力范围内能够预见而没有预见或已经预见但轻信可以避免不利后果而造成事故或损失的一种主观心态。① 实践中还需区分重大过失和认识问题，对法律法规、事实证据认识偏差，能够予以合理说明的，不承担违法审判责任。另外，在责任审查认定程序中还需遵循司法规律，逐步完善法官惩戒证据制度，明确证明标准，具有专业性。

（四）惩戒程序的公正性

根据中办、国办印发的《保护司法人员依法履行法定职责规定》，法官惩戒委员会审议法官错案责任案件，应当进行听证。② 法院相关机构向法官惩戒委员会提供当事法官的违纪违法事实和拟处理意见，当事法官有权申辩，由法官惩戒委员会提出审查意见。可见，法官惩戒制度既是对法官违法审判行为给予否定性评价和惩罚的制度，也是确保法官依法独立行使审判权的保障制度，在程序设计上，改变了以往单一的、行政性的调查认定处理模式，引入了法官惩戒委员会听证程序，并赋予当事法官陈述和申辩等权利，具有公正性。

---

① 关于法官重大过失的标准，目前尚无明确的规定，笔者参考民法和刑法的一般理论，进行概括性表述。实践中还需进行规范化界定，并结合具体案例由惩戒委员会作出认定。

② 此处表述的错案责任与违法审判责任相对应，在此应注意避免单纯以“结果化”的标准界定惩戒事由，而应以“行为化”和“过错化”标准界定惩戒事由。

(五)惩戒措施的职业性

法官惩戒对象是实行法官员额制后进入员额的法官,根据《意见(试行)》,法官惩戒工作应当尊重司法规律,体现司法职业特点。经惩戒委员会认定,法官违反审判职责的行为属实的,应给予惩戒。法官惩戒措施中不仅包括纪律处分等传统处理方式,而且包括停职、延期晋升、免职、提请人民代表大会常务委员会免除法官职务等处理方式。在惩戒工作办法的制定中,笔者认为还可探索增加"降低法官等级"等惩戒措施,进一步丰富惩戒措施种类,体现法官的职业特点,此类惩戒措施也符合法官单独职务序列改革的基本精神。

二、法官惩戒程序的"控辩审"模式及制度完善

"控辩审"模式是刑事诉讼的基本结构模式,参考这一模式,有利于建立公正的法官惩戒程序,将调查指控、申辩、审查职能等进行科学分配调整,细化操作程序,构建一套完整的准司法式法官惩戒程序。在此程序中,法院监察部门相当于刑事诉讼中的检察机关,发挥"控"的职能;当事法官相当于刑事诉讼中的当事人,享有充分的陈述、辩论权;惩戒委员会相当于审判机关,居中作出审查意见。

(一)"控"——法院监察部门的职能发挥

根据最高人民法院《关于完善人民法院司法责任制的若干意见》,法院监察部门是负责对法官违法审判行为进行调查的职能部门,高级人民法院监察部门应派员向惩戒委员会通报法官违法审判事实及拟处理意见、依据,并进行举证。可以看出,法官惩戒程序中监察部门的职能主要包括调查和指控。

建议进一步明确各级法院监察部门在职责范围内对违法审判行为均有调查权,而指控权主要由高级法院监察部门行使。经高级人民法院监察部门同意,相关法院监察部门可以参加法官惩戒委员会听证程序,并就当事法官违法审判行为和主观过错进行举证。理由是法官惩戒委员会设立在省(自治区、直辖市)一级,由高级人民法院监察部门负责指控可以与惩戒委员会的地位相匹配，也可以保证法官惩戒程序的严肃性，但法官惩戒工作需要各级法院监察部门履行职责，当中基层法院监察部门作为前期直接调查部门时，其对当事法官违法审判行为和主观过错的基本情况有更加深入细致的了解，特别是对当事法官参加惩戒会议进行申辩的，由中基层法院的相关调查人员配合高级人民法院监察部门举证更有利于发挥“控”的职能，保障惩戒程序的正常进行。

（二）“辩”——当事法官权利的有效保障

法官惩戒制度的建立，一方面是为促进法官依法行使职权，落实法官办案责任制；另一方面是为充分保障法官合法权益。在法官惩戒程序中，当事法官作为被控方与指控方应具有平等的程序权利和义务，而不是指控方处在主导、决定的地位“处理”被控方。[①] 当事法官“辩”的权利主要体现在惩戒委员会审议惩戒事项时，当事法官有陈述、申辩、举证、质证等权利，并进一步延伸出对惩戒委员会的审查意见的异议权和对法院惩戒决定复议权、申诉权。

建议进一步明确当事法官的权利保障程序。如惩戒工作办公室应书面告知当事法官权利义务。当事法官的主要权利包括“对惩戒事项进行陈述、举证和辩解；申请惩戒委员会委员回避；申请证人到听证现场作证”等，当事法官可以提交书面意见和相关材料，也可以参加听证程序进行口头申辩。

（三）“审”——惩戒委员会的听证审议程序

惩戒委员会审议惩戒事应当组织听证，建议按照下列程序进行：(1)主持人宣布听证开始；(2)人民法院监察部门派员宣读提请审议意见书；(3)当事法官陈述；(4)人民法院监察部门人员和当事法官分别举证质证；(5)法官惩戒委员会委员可以询问；(6)人民法

① 于秀艳：《论我国法官惩戒程序及其改革》，载《法律适用》2003年第9期。

院监察部门人员和当事法官分别发表意见;(7)当事法官最后陈述。

关于听证后审议程序,有以下两种模式:第一种模式是在上述听证程序后直接进行审议,听证程序与惩戒委员会审议程序基本合一。第二种模式是听证程序前置,可由3名或5名委员参与前期听证。惩戒委员会会议原则上只进行书面审议,听取听证审查情况,不再当面听取法官的陈述和申辩。笔者倾向于第一种模式,即法官惩戒委员会在听证后原则上应当即时审议,以提高工作效率,这也符合亲历性原则。法官惩戒委员会应当经全体委员2/3以上多数通过,形成审查意见。法官惩戒委员会认为惩戒事项需要补充调查的,可以退回人民法院监察部门补充调查后再次进行审议。

三、"控辩审"模式提出的新要求

法官惩戒程序的"控辩审"模式对法院监察工作及法官惩戒委员会的自身建设提出了更高要求,在司法体制改革和纪检监察体制改革的背景下,应重新定位法院监察部门的属性,厘清法院监察部门与派驻纪检组、监察委员会的关系,进一步加强法官惩戒委员会自身建设特别是专业化建设。

(一)重新确定法院监察部门的内部监督属性

1. 历史沿革中法院监察部门具有司法监察属性

法院监察部门有相对独立的制度体系,如《人民法院监察工作条例》《人民法院工作人员处分条例》等,形成了体现司法规律的工作机制。1998年最高人民法院制定的《人民法院审判人员违法审判责任追究办法(试行)》第28条规定了法院监察部门是负责违法审判责任追究工作的职能部门,负责违法审判线索的收集、调查以及对责任人员依照有关规定进行处理等。《人民法院工作人员处分条例》与《行政机关公务员处分条例》《中国共产党纪律处分条例》在体例上的最大区别就是单列了"违反办案纪律的行为"一节,规定了26种违反办案纪律处分情形,成为法院监察部门履行内部监督职能的主要依据。

2. 司法改革对法院监察部门提出新的要求

在司法改革过程中，司法责任制的落实特别是法官惩戒工作对法院监察工作提出更高的要求，最高人民法院《关于完善人民法院司法责任制的若干意见》明确了法院监察部门对法官违法审判行为的调查职能以及高级人民法院监察部门在法官惩戒程序中对法官违法审判行为的指控职能。《意见（试行）》还规定法官惩戒工作办公室设在高级法院，从实践操作来看，法官惩戒工作办公室一般设在高级法院监察部门。法院监察部门对法官违法审判的调查、举证需经过法官惩戒委员会严格的审查认定程序并提出惩戒意见后，由法院作出惩戒决定，改变了以往便行政化、单一化的惩戒程序，对法院监察部门的工作提出更高要求。

3. 法院监察部门的职能定位需进一步明确

在司法体制改革过程中，需切实发挥好法院监察部门在落实司法责任制中的职能作用，完善审判权力运行监督制约机制，确保司法公正。特别是在司法改革和纪检监察体制改革的双重改革背景下，应进一步明确法院监察部门的性质、职责、组织机构、人员配备等。建议将法院内设监察部门定位为行使内部监督职能的专门机构，职能侧重于对司法权力运行的监督和法官惩戒工作。应贯彻最高人民法院关于监察工作只能加强，不能削弱的要求，[①]摒弃纪检体制改革后，监察部门可有可无的错误倾向。监察部门在违法审判责任的追究方面发挥着审判管理和审判监督部门不可替代的作用，不宜简单定位为行政后勤部门，建议可参照审判管理部门和审判研究

---

① 在“全国法院2017年党风廉政建设和反腐败工作会议”上，最高人民法院院长周强强调，各级法院党组要认真贯彻中央关于保留法院内设监察部门的决策，着力解决一些地方法院监察部门与派驻纪检组分署办公后力量不足、职能弱化等问题，及时配齐配强法院监察力量，支持法院监察部门工作。

部门定位为审判综合部门或办案部门,以加强对审判行为和审判作风的监督。

4. 法院监察部门队伍建设需进一步加强

应配齐配强法院监察部门干部,加强专业人员储备,配备一定数量具有法官资格的专门工作人员,打造既懂纪检监察业务又懂法律知识的办案力量,以从大量的涉诉信访举报中筛查有效的违法审判举报线索,并进行专业性审查判断和初核调查,防止改革过程中监察部门业务骨干力量的流失,避免"外行监督内行",切实将司法责任制落到实处。目前,应注重加强高级人民法院监察部门队伍建设,以有效对接法官惩戒委员会工作,履行惩戒工作办公室的日常职能,防控人财物省级统管和审判权放权后带来的廉政风险。建议按照《人民法院监察工作条例》的规定,在高级人民法院设监察局,可内设案件检查、法官惩戒、综合督察等机构。在监察部门队伍建设方面,如不能尽快修订《人民法院监察工作条例》及相关规定,可以在法官惩戒工作办法中,通过明确法官惩戒工作办公室人员配备的方式予以解决,如规定"法官惩戒工作办公室应当配备具有法律专业知识的法官或者法官助理作为专职工作人员"等,做好改革过渡期工作。

(二)厘清法院监察部门与派驻纪检组的关系

1. 派驻纪检组机构改革的基本情况

当前正处于司法体制改革与纪检监察体制改革双重改革背景下,在纪委派驻机构改革过程中,法院监察部门已经有一部分人员划归派驻纪检组,实现了人员分流。以某直辖市法院为例,2016 年市纪委派驻机构改革后,高级人民法院纪检组编制由 1 人(纪检组长)增加到 31 人,现有工作人员 25 人,其中 80% 系高中级法院监察部门划转。高级人民法院监察室原编制 12 人(领导职数 3 名),改革后现有编制 6 人(领导职数 1 名);5 个中级人民法院监察室人员原编制31名(领导职数10名),改革后现有编制18名(领导职数5名),派驻机构改革后,驻高级人民法院纪检组与高级人民法院监察室分署办公。全国各地高级法院也开展了此项改革,不同程度对法院监察部门人员进行了分流,以保障纪检监察体制改革的顺利推进。

2. 厘清法院监察部门与派驻纪检组关系的基本依据

根据中办、国办印发的《保护司法人员依法履行法定职责规定》,法官履行法定职责的行为,非经法官惩戒委员会审议不受错案责任追究。法官因违反党纪、审判纪律、治安及刑事法律、应当追究错案责任之外的其他责任的,依照相关规定办理。法官惩戒委员会审议法官错案责任案件,应当进行听证,由法院相关机构派员向惩戒委员会通报当事法官违纪违法事实以及拟处理意见、依据。可见,在司法改革过程中,对法官履行审判职责的行为单列了惩戒程序,并明确了法院的职责,与之相衔接应建立配套的司法监督程序。

3. 法院监察部门与派驻纪检组的职责划分

如前文所述,笔者建议对法院监察部门的性质定位为行使司法监察职能的专门机构,突出对司法权力运行的监督和法官惩戒工作,主要职责是对法官涉嫌违反审判职责行为进行调查、指控及有关后续处理,当前也可延伸到对审判工作作风的日常监督,包括审务督察和司法巡查,其职责与司法活动有关,是法院内部遵循司法规律行使的监督权力。派驻纪检组职能包括加强法院系统党风廉政建设、履行纪律作风监督职责,如按照《中国共产党纪律处分条例》对法院工作人员违反政治纪律、组织纪律、廉洁纪律、群众纪律、生活纪律、“八项规定”等进行监督执纪问责。当前,应在现有规定的基础上,进一步细化和明确审判责任追究范围,科学界定和列举法官惩戒事由,细化法官惩戒工作程序,以便在工作中法院监察部门与派驻纪检组准确把握职责边界。

（三）厘清法院监察部门与监察委员会的关系

国家监察体制改革后成立监察委员会，实现了对行使公权力的公职人员监察全面覆盖。对于监察委员会或监察委员会派驻机构与法院监察部门的关系，笔者认为可以有两种模式：第一种模式是监察委员会吸收法院监察部门职能，实现对法院的监察覆盖。在此种模式下，立法时应考虑法院工作的特殊性，建立专门的司法监察制度，参照前文所述，在监察委员会派驻法院机构的职能定位和队伍建设等方面作出特别规定。如有学者指出“国家监察法属于国家监督领域的基本法律，至于在国家监察法之外是否有必要制定某种单一性的一般法律，例如，国家监察委员会对各级人大、各级法院、各级检察院的监察必然有其特殊性，对于不同领域监察的特殊性问题今后是否有必要另行单独立法，这都是今后需要研究和予以回应的问题”。[①] 第二种模式是继续保留法院内设监察部门，监察委员会与法院监察部门的关系为外部监督与内部监督的关系。监察委员会派驻机构与派驻纪检组合署办公，参照派驻纪检组与法院监察部门职责划分原则，法院监察部门行使司法监察职能，监察委员会对法院行使监察职能，如对法院工作人员违反政治纪律、廉政纪律、管理秩序和社会道德等进行监督执纪问责。笔者倾向于采用第二种模式，继续保留法院内设监察部门，行使法院内部监督职能，理由有以下几点。

1. 法官惩戒程序是追究法官违法审判责任的特别程序

习近平总书记在2014年的中央政法工作会议上指出“司法活动具有特殊的性质和规律，司法权是对案件事实和法律的判断权和裁决权”。司法权的特殊性质和规律决定了司法责任认定和追究的特殊性。法官违法审判责任追究既涉及对案件的认定，也涉及对法

① 姜明安：《国家监察法立法的若干问题探讨》，载《法学杂志》2017年第3期。

官的调查，审查法官是否构成故意违法或存在重大过失，判断法官是否存在依法履职豁免情形。在司法改革中，为构建科学、公正、权威的违法审判责任追究机制，严格落实司法责任制，保障法官依法履职，中央决定建立和实行法官惩戒制度，并在《保护司法人员依法履行法定职责规定》中明确了“法官履行法定职责的行为，未经法官惩戒委员会审议不受错案责任追究”。据此，建立和实行法官惩戒制度是中央在司法改革中作出的重要部署，法官惩戒程序是追究法官违法审判责任的特别程序和必经程序，未经法官惩戒程序，不应对法官涉嫌违反审判职责的行为进行责任追究。

2. 法官惩戒工作具有较强的专业性和职业性特点

在司法改革进程中，中央对落实司法责任制、保护司法人员依法履职等作出一系列部署，明确了法院在法官惩戒工作中承担的职责，包括线索发现、调查、指控和后续处理等。法官惩戒工作体现法官的职业特性，具有较强的专业性，法官惩戒委员会从专业角度对法官是否应当承担司法责任提出建议，法院监察部门承担惩戒工作前期违法审判线索筛查、初步调查等工作，同样具有较强的专业性。法院内设监察部门可逐步从法官队伍中选调人员从事监察工作，形成岗位交流，保证队伍活力和专业化，保留法院内设监察部门可发挥其在专业判断的优势，这既是惩戒工作的专业性、规范性的需要，也体现对广大法官职业身份的尊重，有利于提高惩戒工作的权威性与公信力。

3. 审判权运行需要加强内部监督与制约

党的十八届三中全会指出要确保依法独立公正行使审判权，健全司法权力运行机制，优化司法职权配置，健全司法权力分工负责、互相配合、互相制约机制，加强和规范对司法活动的法律监督和社会监督。

党的十八届四中全会进一步提出要规范司法行为，加强对司法活动的监督,健全内部监督制约机制,推进严格司法,实行办案质量终身负责制和错案责任倒查问责制。《中华人民共和国人民法院组织法》第33条第2款规定:“人民法院应当加强内部监督,审判活动有违法情形的,应当及时调查核实,并根据违法情形依法处理。”建立法官惩戒制度的目的就是建立健全符合司法规律的审判权力运行监督机制,对法官不依法行使审判职责的行为进行责任追究,落实司法责任制。在法官惩戒程序中,虽然引入了法官惩戒委员会作为第三方机构进行审查,但法官惩戒委员会的组成人员主要是法官,审议规则遵循司法规律,法官惩戒委员会行使审查建议权,法院行使调查权和惩戒决定权,从本质上来讲,法官惩戒工作仍属法院内部监督的范畴。法院监察部门应围绕审判权规范化运行和司法责任制的落实做好监督工作,特别是法官惩戒的前期调查工作,这是法院加强内部监督制约的重要环节,也符合确保依法独立公正行使审判权的改革要求。

4. 法院内部监督不排斥外部监督

监察委员会可以对法官和法院其他工作人员依法实施监察,对于发现的法官涉嫌违法审判的问题线索,认为涉及追究法官违法审判责任的,应将线索移送法院监察部门,经法院监察部门调查和法院审判组织初步认定后,认为应当追究法官违法审判责任的,启动法官惩戒程序。在此过程中,监察委员会和派驻纪检组仍可依法履行外部监督职能。值得注意的是,违法行使审判权情节严重的可能构成职务犯罪,如滥用职权罪、玩忽职守罪、徇私枉法罪等,违法行使审判权有时也与司法不廉等违纪违法问题密切相连,如法官在违法审判的同时还存在接受当事人的宴请、财物,谋取不正当利益甚至贪污受贿等违纪违法行为。法院监察部门的内部监督与监察委员会和派驻纪检组的外部监督需要加强联动配合,完善司法权力运行制约和监督体系,规范司法行为,防控廉政风险,治理司法腐败,促进司法廉洁。

5. 监察委员会可对法官职务犯罪和其他违纪违法行为直接调查

为有效遏制司法腐败，防止司法权力滥用，笔者认为，对于法官在审判工作中严重违法涉嫌职务犯罪或存在除违法审判以外其他违纪行为的，监察委员会可依法直接履行调查等职责，但以法官违反审判职责行为涉嫌职务犯罪为由对法官采取留置、逮捕、讯问等限制人身自由措施或纪律处分时，应当审慎处理，出现争议较大、影响较大等情形的，可先按程序提交惩戒委员会提出审查意见后依法处理，避免在移送司法程序中“纪在法前、纪比法严”，对法官作出“双开”等不可逆的不当处理。人民法院在审理法官违法审判职务犯罪案件时，合议庭认为需要提请法官惩戒委员会对当事法官是否构成违法审判进行审查认定的，可以按程序提交法官惩戒委员会审查并提出意见。对于法官因职务犯罪被依法判处刑罚的，法院或有关部门可以将经司法程序认定的职务犯罪事实，作为惩戒法官的依据，包括给予党纪政纪处分，而无须再经惩戒委员会审查程序。因为在理论上审判程序作为终极性程序能最大限度保障公平公正，同时根据《中华人民共和国法官法》和《人民法院工作人员处分条例》的规定，因犯罪被依法判处刑罚的，不符合担任法官条件，一律给予开除处分，此时法官惩戒委员会的审查程序在形式和实质上均无必要性。

6. 法院监察部门名称可考虑重新斟酌调整

基于纪检监察体制改革和司法体制改革的整体背景，法院如结合自身特殊性及法官惩戒工作的需要，保留内部的司法监察机构或人员力量，建议可考虑适当调整机构名称，以便与外部纪检监察监督更好地划分职责，避免与派驻纪检组、监察委员会的职能和名称重叠。[1] 如调整为"法官惩戒办公室""法官监督室""司法监察室""审务督察室"等,在法院内设机构中定位为审判综合业务机构。

(四)加强惩戒委员会的自身建设

法官惩戒委员会作为第三方机构,具有权威性和中立性,应进一步加强自身建设特别是专业化建设。《意见(试行)》对惩戒委员会人员组成结构、法官代表比例、惩戒委员会主任的产生均作了规定。关于法官代表比例不低于全体委员50%的问题,因部分省市在前期改革试点过程中已探索成立了法官惩戒委员会,法官代表比例低于50%,部分委员不宜即刻调整,建议可待本届任期届满(一般任期3年)后调整,也可通过递补委员或补充专家库中法官代表的办法解决。法官代表中应有高、中、基层法院法官代表和刑事、民事、行政、执行等各审判业务领域代表。应制定并完善法官惩戒委员会章程、法官惩戒工作办法、法官代表选任办法等制度,进一步明确法官惩戒委员会委员的选任、权利义务、回避情形、退出机制和纪律责任,对在法官惩戒工作中出现利用工作便利插手、干预案件,营私舞弊或者打击报复,不按规定履行职责等情形的,应当按程序终止其委员资格并按规定追究责任。实践中,还需进一步明确最高人民法院法官惩戒委员会与各省级法官惩戒委员会的关系,完善法官权利救济途径和惩戒纠错机制。

① 监察体制改革试点地区北京市一级派驻纪检组已更名为派驻纪检监察组,参见《北京市近期重要人事任免》,载《北京日报》2017年8月1日,第3版。

Analysis on the Mode of "Charge, Defense and Trial" of Judge's Disciplinary Procedure

—Also on the Function of the Court Supervision Department in the Context of Reform

Yu Hairui

Abstract: The establishment of the judge disciplinary system is an important part of the implementation of the judicial responsibility system, related to the effectiveness of the judicial system reform. It is the core content of the judge disciplinary system to construct the scientific judge's disciplinary operation mechanism. The author believes that the disciplinary procedure of judges should be based on the mode of "charge, defense and trial" in criminal procedure, and adjust the functions of investigation, accusation, defense and review scientifically, and refine the operation procedure, and construct a complete quasi-judicial disciplinary procedure for judges. The supervisory department of the court shall play the function of "controlling" and fully protect the right of the judge in the defense. The Judges Disciplinary Committee shall review and make comments in the hearing. In the context of the dual reform of the judicial system and the national supervision system, it is suggested to redefine the nature of the supervision department within the court. The function focuses on the internal supervision of the operation of judicial power and the work of judge punishment, strengthens the professional construction, and exercises supervision functions with external supervision to improve the supervision system.

Keywords: judge disciplinary; court supervision department; Judicial responsibility system; reform of supervision system

未经审批民事合同效力的司法判定

江 河*

摘 要：按照现行法相关规定，行政审批直接决定合同效力，司法实务中往往据此将未审批合同认定为无效或未生效，虽一定程度上简化了裁判方法，却为整个合同效力理论体系带来了新的困扰，司法实务也并非认识统一。行政审批并非影响合同效力的决定性力量和实质性因素，承载国家权力的行政审批旨在防止损害国家利益、经济主权、社会经济秩序的交易发生，未履行审批手续但并不存在效力瑕疵的合同并非无效。即使将其认定为未生效，也难容于当前的合同效力理论和制度体系，难以合理解释报批义务的请求基础、责任承担的具体形态等问题。行政审批合同效力判定不能简单地以未审批为由，全部划入无效或未生效类型中，而应将其类型化后，以具体合同中行政审批程序设定之意旨，分别认定不同类型未审批合同的效力状态。

关键词：未经审批；民事合同；效力判定

国家以行政审批影响合同效力或履行是公权力干预和管制经济生活的重要方式，目的在于依法维护和合理行使国家财产权益，

* 重庆市高级人民法院研究室研究员。

实现对社会公共利益和国家利益的保护。现行法制定了一般性的审批性条款,以及一些涉及国有财产等特别领域的审批性条款,[①]对未审批合同效力予以规定。但无论在理论界还是在实务界,对未审批合同的效力争论仍长期存在,从而引起理论和实务上的矛盾和困扰。

一、未审批合同效力状态的立法和司法现状

(一)审批合同效力立法规定不一

行政审批合同的法律规定纷繁复杂,早在1979年始即见诸各类法律规范中,如《中华人民共和国中外合资经营企业法》《中华人民共和国中外合作经营企业法》《探矿权采矿权转让管理办法》《中华人民共和国土地管理法》《企业国有资产监督管理暂行条例》《关于审理外商投资企业纠纷案件若干问题的规定》等法律、行政法规和司法解释。这些规定遍布中外合资合作经营、石油等自然资源开采、土地使用权转让、房地产转让、不正当竞争、技术引进等众多领域,并且不同领域审批合同的立法表述不尽一致,有的表述为合同"必须批准""应当批准""必须先批准,后登记",但并未明确规定未审批合同的效力;有的条文表述为"办理批准、登记手续才生效""未批准,未生效",是较为明确效力状态。正因为上述差异,以审批合同效力为争议焦点的纠纷频繁发生。尽管最高人民法院就此先后在两次合同法司法解释中作出规定,试图统一该类合同效力的认定标准,但司法实务中仍存在不同裁判结论。

(二)司法实践中裁判尺度不统一

本文以"行政、审批合同"等内容为关键词在北大法宝案例库中对近三年案例进行检索,发现审批合同大致分为三类:一是资源配

---

① 如《中华人民共和国合同法》第44条第2款、最高人民法院《关于〈中华人民共和国合同法〉若干问题的解释(一)》[以下简称《合同法司法解释(一)》]第9条、最高人民法院《关于〈中华人民共和国合同法〉若干问题的解释(二)》[以下简称《合同法司法解释(二)》]第8条。

置类，二是投资和市场准入类，三是一般经济管理类。这些合同要么涉及国家资源财产的使用和处置，要么涉及社会和经济领域的公共秩序，需相关行政部门进行审批。从对案件的裁判结果来看，有的将行政审批理解为限制市场主体资格，有的理解为控制合同履行行为，等等。其中，涉及国有资源开发利用、国有资产管理和投资使用的案件纠纷占86%；涉及社会和经济公共秩序维护的占10%；涉及市场主体资格准入的占4%。[①] 最终对未审批合同的效力认定有"无效""未生效""有效"三种结论，其中"无效"和"未生效"两种较多，占到了85%。

因为审批后合同具有完全约束力，法律关系也完全确定，所以检索的审批合同纠纷一般产生于合同审批前，有的诉讼请求是要求对方履行报批义务；有的是请求解除合同并返还财产或赔偿履行利益；有的是请求对方承担违约责任；有的是请求确认合同无效。这些请求内容表明，当事人对审批前的合同效力认识分歧较大。

在以国家自然资源或其他国有资产为标的的合同纠纷中，涉及探矿权转让的纠纷较多，不同裁判结果的裁判理由均有一定差异。鉴于将所有审批类合同纠纷的裁判理由一一列举会存在大量重复，故以搜索到的10起探矿权转让合同纠纷为例，列举主要裁判理由如表1所示。[②]

① 上述划分的范围相互之间存在一定重合，所占比例为大致比例，如经济公共秩序领域同样可能涉及国有资产的内容等。

② 案例搜索于北大法宝案例库，具体包括：大宗集团有限公司、宗锡晋与淮北圣火矿业有限公司等股权转让纠纷案；陈某某与宽甸满族自治县虎山镇老边墙村民委员会采矿权转让合同纠纷案；王某某与刘某某采矿权转让合同纠纷案；傅某某与仙游县社硎乡人民政府采矿权转让纠纷案；陈某某与确山县团山矿业开发有限公司转让合同纠纷案；王某某与刘某某采矿权转让合同纠纷案；花垣县太丰冶炼厂等与湖南省花垣县永兴锰业有限责任公司转让合同纠纷案；黄某某与遵义市大林弯采矿厂、苏某某合伙纠纷案；哈密金祥矿业有限责任公司和乌鲁木齐牙克亚富民园艺有限公司转让合同纠纷案；准格尔旗景富煤炭有限公司与井某某经营权合同纠纷案。

表1　10起探矿权转让合同纠纷的主要裁判理由

裁判结果	裁判理由
未生效	1. 合同未经批准,未生效
	2. 转让采矿权未审批,不发生法律效力
	3. 转让未得到审批管理机关的批准,采矿权转让合同不符合法定的生效条件
无效	1. 未经批准转让矿产资源属于违反法律、行政法规强制性规定的行为,双方签订的合同无效
	2. 未经审批,以挂靠形式开采矿产资源,以非法形式转让矿产权,损害国家利益,合同无效
有效	1. 股权与矿业权是两种不同的民事权利,股权转让不导致矿业权主体变更,无须主管部门审批,合同有效
	2. 未审批,但不存在欺诈等行为,合同有效

上述案例足以代表当前对以国家自然资源或其他国有资产为标的的合同效力司法认定情况。从各案例的裁判理由看,未生效裁判普遍仅因未经审批引起;无效的理由一般为违反强制性规定或损害国家利益;有效的理由情况较多,如权利转让不影响合同效力或不存在欺诈、胁迫等导致合同效力瑕疵的因素,等等。有些裁判理由具有合理性,而大量裁判仅以未审批为由否定合同效力,显得过于简易,效力判定也未必准确。除此之外,在效力审查的法律依据和审查内容上也有差异,比如,有直接依据《探矿权采矿权转让管理办法》相关规定认定无效或未生效的、有依据《中华人民共和国合同法》(以下简称《合同法》)第52条直接认定无效的、有依据合同法司法解释认定未生效的。在审查内容上,有的审查主体问题;有的审查是否损害国家利益问题;有的审查不考虑最终损害何种利益,只审查是否完成了审批手续。总体来说,针对该类合同的裁判,在法律适用、审查内容、责任状态认定等各方面均存在分歧。该分歧在

非以国家自然资源和其他国有财产为标的的审批合同纠纷中同样存在，如外商独资企业作为担保人提供的对外担保合同未经批准被判担保合同无效；[①]转让中外合作企业合同中的权利义务未经审批被判合同未生效，[②]集中供热工程协议等公用事业垄断行为未经审批被判决无效。[③]

上述效力判定分歧主要集中于未生效和无效，关键症结在于对以下几个问题的认识存在分歧：一是审批手续是影响合同效力，导致其未生效、无效的真正原因吗？二是未审批合同能全部归类于未生效这一种效力状态下吗？未生效合同是一种独立的效力状态吗？如果不是，未审批合同究竟属于什么效力类型？

二、未审批合同效力状态的反思

司法实务中一般以合同未经审批为由，判定未审批合同效力为无效或未生效，这样的裁判理由和结论存在一定争议。可以说，未审批合同效力状态的认定，主要建立在对行政审批和合同效力二者关系的正确认识之上。

（一）未履行审批手续非导致合同无效的实质原因

判定无效的观点认为，未审批是对“合同需审批”这一强制性条款的违反，因此合同无效。该认识混淆了行政审批和强制性规范的功能差异，误解了二者对合同效力影响的不同方式。行政审批不同于强制性规范，行政审批仅是一种承载各类规范合同效力意旨的程序性手段。该程序性手段主要起到提醒当事人履行报批义务的作用，不直接否定合同效力。最终合同通过或未通过审批，实际上是对合同是否违反强制性规范的事后确认。

---

① 香港上海汇丰银行有限公司上海分行与景轩大酒店（深圳）有限公司、万轩置业有限公司金融借款合同纠纷案。

② 广州市仙源房地产股份有限公司与广东中大中鑫投资策划有限公司等股权转让纠纷案。

③ 郑州市热力总公司与白鸽集团有限责任公司合同纠纷案。

从各类审批类合同来看,要么涉及国有财产的处分和利用,要么涉及对经济、社会公共秩序和利益的维护,要么为少数特定领域设定主体进入门槛,对这些合同效力的判定主要通过审查以下内容来完成:该合同约定是否违反效力型强制性规定;是否当事人在处分和利用国有财产时经过了依法授权;是否当事人具有在某些特定领域进行经营的身份资格,这些内容才与合同效力直接关联,而非行政审批这一手续。可以说,行政审批和强制性规范对合同效力的影响不具有同一性,与未审批合同效力直接相关的是合同内容本身,如果合同内容本身违反效力型强制性规定,即使经过审批,也不会从无效转为有效,因为其无法跨过强制性规范的控制环节。而强制性规范之所以对合同效力具有影响,是因为规范的目的、意旨所需。由此可见,审批条款对合同效力的影响,由审批条款设定之目的所定,不应仅以未审批为由认定合同无效。

既然审批不能直接决定合同效力,那么未审批对合同的影响究竟为何?笔者认为,审批作为对合同的程序性控制手段,主要是对合同履行的控制,并可理解为当事人内在意志的自我控制。因为,法律明确规定的审批要件,为当事人所明知,当事人自然会因未经审批,自我控制合同的履行,[①]这与附条件合同中以约定条件限制履行一样。[②] 因此,未审批并不影响当事人之间本身已有的意思表示效力,不直接导致当事人意思表示瑕疵,影响合同效力。并且,尽量

① 这与效力型强制性规范直接在外部针对合同内容否定无效的情形完全不同。效力性强制性规范在实体上对意思表示内容的效力否定,不可在合同效力生成前直接内化为合同效力生成的要件之一,因为一旦内化,将不利于当事人私人自治的最大限度实现。对效力性强制性规范的违反,本身应是司法机关在合同效力生成之外另行判断的结果。

② 虽然二者均可认为是当事人以自我意思进行履行控制,但在审批干预时点上,不同于"附条件"干预。审批干预在进路上的干预位置,如同无效效力阻却事由一般(如《合同法》第52条),是对实践效力推定法律效力之后的阻却,唯有如此才能保证未申请审批当事人有提请审批的法律义务,或者其拒绝审批后承担赔偿对方履行利益损失之法律责任,因为这两项法律义务和责任均以合同成立已具有合同效力为前提,而"附条件"显然不是这种干预类型。

以行政审批形式限制合同履行，不会出现行政权力过度干预自然人意思自治的问题，也能有效防范当事人的机会主义行为，[①]有利于当事人遵循诚实信用原则。

(二)未履行审批手续不构成未生效状态

我国《合同法》及其司法解释相关规定将未审批合同的效力确定为未生效后，实务界出现了大量未生效合同的判例。在合同效力类型理论体系构建中，有学者直接将未生效合同作为一种独立的，区别于有效、无效等其他效力状态的效力类型。但实际上，未生效合同在责任形态和内容方面具有难以界定的模糊性，并存在以下疑问：未生效合同具有怎样的合同约束力？要求报批的请求权基础为何？未报请审批应承担怎样的合同责任？对这些疑问，目前尚不能做出既符合合同效力理论体系，又利于司法实务处理的解答。原因在于：

一是未生效合同无独立的效力内容。一种独立的合同效力类型应有具体的，不同于其他效力类型的权利义务内容。既然将未生效这一效力类型独立出来，则这一效力类型应具有不同于其他效力类型的约束力。有观点认为，未生效合同的效力内容为“合同拘束力”，即合同一经缔结，当事人不可随意变更、撤销或解除的消极拘束力，[②]其尚未发展到可以要求当事人积极履行合同义务的程度。该拘束力虽然有别于有效、无效，却无法解释审批合同中的一些问题，如当事人一方是否可依据合同的消极拘束力要求另一方履行申

---

① See Aditi Bagchi, “Managing Moral Risk: the Case of Contract”, *Columbia Law Review*, Vol. 111, 2011, p. 1930. 实践中存在大量违背诚信原则的案例，例如，在外商投资股权转让合同中，第三方接受股权后发现公司严重亏损，从而以未办理审批为由请求确认股权转让合同无效。又如，股权转让方转让股权后，发现公司经营明显好转，获利不小，为此也请求股权转让合同因未经审批而无效，试图收回已合同约定转让的股权。

② 参见[德]卡尔·拉伦茨：《德国民法通论》（下册），王晓晔等译，法律出版社2003年版，第725页。

请报批义务？申请行政审批表现为一种积极的履行义务，是建立在合同有效基础上的，一方当事人不能仅依据消极拘束力要求相对方履行报批义务。这与《合同法司法解释（二）》第8条规定相违背。可见，专门为未生效合同创设拘束力这一效力内容不能支撑报批义务的履行。因此，合同拘束力不能成为未审批合同独立的效力内容，未生效合同也因此丧失了独立性基础。此外，申请报批义务也并非法定义务，因为审批一般以当事人申请为前提，如果没有当事人申请，审批机关无法主动行使审批权。综上所述，报批义务的形成既不能归因于消极拘束力，也不能归因于法律强制性规定，只能将其划入有效合同的权利义务内容之中。可以说，所谓"未生效合同"实际上在当事人意思表示范畴之内是有效的，其并无独立的效力状态。

二是未生效合同无独立的违约责任形态。从相关法律、司法解释的规定以及司法案例来看，一方当事人违反未审批合同约定，不履行报批义务，相对方可采取两种积极的救济方式，要么要求协助或替代履行，要么在合同本身无效力瑕疵但仅因未报批而无法履行的情况下，要求赔偿履行利益，以达到合同有效履行后的状态。这两种救济方式均表现为对未生效合同的进一步积极履行，责任状态完全可归于违约责任范畴，无创设其他责任形态的必要。另有观点认为，当事人一方未履行申请报批义务是对诚实信用原则的违反，应产生缔约过失责任。但无论从缔约过失责任的产生还是承担上，都存在与法律规定和法理不符之处。具体表现于两处：一为缔约过失责任之过错应产生于合同缔结阶段，而未履行报批义务显然是在合同订立之后产生的；二为缔约过失责任的承担是恢复到合同缔结前的状态，与上述两种针对"未报批"的救济方向正好相反。可见，未生效合同申请报批义务的违反应承担违约责任，并无其他独立的责任形态。

经过对"未审批合同是无效合同或未生效合同"观点的反思发现,仅仅缺乏审批手续的合同并非无效合同。如另辟蹊径将其界定为未生效合同,又缺乏独立的合同效力内容和相应的责任形态,反而增添了诸多法律解释上的困扰。其实,仅缺乏审批手续不影响合同当事人的意思表示内容,意思表示的效力同样存在,只是在审批前不能履行而已,其既不完全否定合同效力,也不能认定为未生效。其实,要确定未审批合同的效力状态必须针对具体审批合同类型进行。

三、未审批合同类型化分析

根据相关法律、行政法规规定,我国需审批的合同涉及探矿权、采矿权转让,外商投资,国有资产国有企业,国家资源开发以及土地管理,建筑房地产管理,中外合资合作等多个领域,这些领域之所以要设置行政审批程序,主要是因为涉及国家对国有资产的合理使用和依法处置;涉及国家对经济社会公共秩序的维护;涉及国家对一些重要领域经营主体资格的行政性审查。对此,大致可分为以国有资产为标的纠纷和非以国有资产为标的纠纷两类,探矿权、采矿权转让合同纠纷,海洋石油开采合同纠纷,涉及国有资产合同纠纷等可归入前者,外商投资、涉及市场垄断的企业兼并、经营者集中等需国家履行管理职能的合同纠纷可归入后者。目前,这些纠纷在实务中一般依据相关特别法的规定予以处理,但合同效力的最终认定明显缺乏统一的认定标准,原因在于:法官对未审批合同效力的判定更多源于法条本身的描述,而缺乏对不同类型审批合同设置审批条件的原因和目的的考量。

(一)审批合同标的为国有资产的合同效力

《中华人民共和国物权法》(以下简称《物权法》)基本将矿产、海洋、石油等自然资源作为国家所有权的客体,个人无权享有。涉及这些自然资源利用和转让的审批合同,需在履行前经过行政审批环节，代表国家基于所有权对他人使用和开发的同意。据此认识，合同在签订后审批前，将处于无权处分状态，发生无权处分的法律效果，既不直接否定合同效力，也不出现《合同法司法解释（二）》第8条规定的未生效状态，而是完全有效。以未经批准的探矿权、采矿权转让合同纠纷为例，该类合同是对自然资源利用、使用权的转让，属于涉及物权变动的债权合同类型。判断该类合同效力应当适用《物权法》第15条的规定，即有无标的物处分权并不影响合同效力。但该条同时规定法律另有规定或合同另有约定除外，有人据此提出行政法规《探矿权采矿权转让管理办法》第10条规定“批准转让的，转让合同自批准之日起生效”的内容，将“批准”作为限制合同效力的一项法律事实，直接影响合同效力。只是《物权法》第15条已经将《合同法》第44条中关于例外的法律依据范围，从“法律、行政法规”限缩为了“法律”，《探矿权采矿权转让管理办法》作为行政法规显然被排除在外，不能成为影响合同效力的理由。即使从法律《中华人民共和国矿产资源法》第6条规定来看，也可将“探矿权人经依法批准，可以将探矿权转让他人”中的“转让”解释为权利的转让阶段，而非合同签订阶段，审批限制的是合同之履行，而非合同之效力。由此可见，探矿权、采矿权转让合同未经审批的效力并非无效，也不属于未生效。

就国家相关行政部门处分国有资产而言，是不同于无权处分的另一种认识。以海洋石油资源开采领域的合同为例，海洋石油自然资源归国家所有，中国海洋石油总公司代表国家行使资源所有权，但其并不能自我完全自由地使用或者处分财产。如同代理人在代理权限之外要使用本人的财产，必须经本人同意一样，这实质上是一种无权代理关系。正如有观点提出，行政审批并非是对国家财产所有权处分的最终行使。[①] 所以，对该类合同的审批应理解为对无代理权限的补正，如同补正自然人欠缺的行为能力一样，在“行为能力”未得到补正之前，当事人的意思表示不能完整，应属于合同不成立，[②]也非合同未生效。

另外，在土地管理领域，是否能根据《中华人民共和国土地管理法》《中华人民共和国城市房地产管理法》《中华人民共和国农村土地承包经营法》等相关法律条文，认定未审批合同为未生效合同？土地管理领域大多与上述分析内容有相似之处，土地属于国家所有的自然资源，土地使用涉及对国家所有权的限制，此时国家干预要么是对履行的限制，不直接影响合同效力，要么是直接参与意思表示形成中，补正其完整性，此刻涉及合同能不能成立问题，而不是国家外部干预构成合同未生效的问题。

（二）审批合同标的为非国有资产的合同效力

除以国有资产为标的的审批合同类型之外，在经济社会发展公共领域和一些特定领域也存在部分审批合同类型。

一是在外商投资领域。实践中需要报经外商投资企业审批机关批准的合同有：中外合资经营企业合同、中外合作经营企业合同、外商投资企业股权转让合同、受托经营管理中外合资经营企业及中外合作经营企业合同。[③] 最高人民法院《关于审理外商投资企业纠纷案件若干问题的规定（一）》对该领域审批合同的效力认定，继受

---

① 参见马新彦：《论民法对合同行政审批的立法态度》，载《中国法学》2016 年第 6 期。

② 作者认为，无权代理中存在的合同效力瑕疵实际上是因无权代理人行为意思欠缺导致的，因为无权代理人以被代理人名义实施法律行为，法律效果应归属于被代理人，对无权代理人而言并无承受法律效果的意思，同时鉴于合同在要约、承诺阶段，当事人已经具有不能随意撤销的法律义务，义务承担势必以有意思表示表明自我承担义务为前提，所以一旦不具备该意思，合同将终止于要约、承诺阶段，即根本无法成立。综合上述法理认识，无权代理人订立的合同在被代理人追认前实际上是一种未成立的合同。

③ 刘贵祥、高晓力：《〈最高人民法院关于审理外商投资企业纠纷案件若干问题的规定（一）〉解读》，载《法律适用》2010 年第 10 期。

了《合同法司法解释(一)》相关规定的理念,[①]将未审批合同理解为区别于有效和无效的未生效合同。本文不赞成该效力判定。

每个国家对外国在本国管辖范围内的投资都有加以管理的权力,任何国家不得被迫给予外国投资以优惠待遇。[②] 实践也证明,没有一个国家对外资实行完全开放的政策,因为国家有权拒绝不利于本国利益的外资。[③] 这些限制或禁止较普遍地存在于公共事业、运输交通、国防工业等关系国计民生的重要领域。通过设定审批条件,实质上是对国家公共利益的维护,是对违反公共利益的事后审查和确认,合同本身违反公共利益才是影响合同效力的真正原因,该类合同未审批不宜直接认定无效。[④] 审批前可理解为当事人明知某类合同存在法定审批环节,以自我意思来控制审批前的履行,这种自我意思作为合同效力评价的客体,是完全有效的。从《中华人民共和国中外合资经营企业法》第3条的规定来看,也未以批准程序来限制合同本身的效力。如果我们进一步对同类中外合同做体系化解释的话,此类合同应具有相同的合同效力解释。

二是在经济管理领域。该领域的审批多涉及国家对某一行业的特殊管理要求,[⑤]主要体现为对行业准入条件的规定,并非直接聚

① 在《合同法司法解释(一)》出台之前,人民法院对未审批合同一般认定为无效,且否定任何条款的可履行性,因此导致在赔偿上有极大的局限性。在《合同法司法解释(一)》实施后,根据第9条规定,司法实践中越来越多的裁判案例认为,未报批准的合同为未生效合同,并非无效合同。但由于上述规定未将未生效和无效在法律效果上作出区分,使二者在实质区分上备受争议,合同未生效的独立性也受到质疑。为了进一步说明二者的区别,《合同法司法解释(二)》第8条规定做到了使二者在法律效果上区隔,即明确有义务报批而未报批的,人民法院可判决相对人办理报批,赋予报批义务的可履行性。最高人民法院《关于审理外商投资企业纠纷案件若干问题的规定(一)》第1条也作出了类似规定。

② 曾华群:《WTO与中国外资法的发展》,厦门大学出版社2006年版,第334页。

③ See M. Sornarajah, *The Internattional Law on Foreign Investment*, Cambridge University Press, 1996, p. 100.

④ 目前我国绝大多数行业,甚至一些关键行业,均不同程度地对外资开放,真正完全禁止准入的产业较少,并且禁止方式并非粗略地规定无效,而是借助审批程序来适度限制。

⑤ 沈德咏等主编:《最高人民法院关于合同法司法解释(二)理解与适用》,人民法院出版社2009年版,第76页。

焦合同本身，因此该类审批一般不影响合同效力。但在涉及一些经济行为时，会对效力直接产生影响。如在企业改制方面，最高人民法院《关于审理与企业改制相关的民事纠纷案件若干问题的规定》第17条、第30条都涉及转让协议的审批问题。① 虽然从条文文意看，明确为“不生效”，但“不生效”究竟是否为独立效力状态，存有疑虑。在国有资产企业领域，特别是国有独资企业、国有资本控股公司等，涉及国有资产问题，跟上述涉及对国家所有自然资源的开发利用合同类似，按照企业管理规范，转让需经相关行政部门批准，该批准行为可被理解为对转让行为人行为权限的补足，这种补足本身更像是对欠缺行为能力的补正，应纳入合同成立或不成立的范畴考虑，②不用通过创设未生效这一效力状态来解决。当然，在现代公司治理模式下，更应发挥公司在市场中的自主性，完全可以在审批前肯定合同效力，仅让程序性的审批限制内化为当事人的自我意思限制，这种带有自我限制的意思完全有效。再让审批在外部以是否涉及公共利益等有效要件反向阻却，这样更符合现代公司企业治理精神，也不影响国家权限的外部行使。

又如，就垄断问题而言，对于企业兼并或经营者集中行为，未审批是否导致未生效？《中华人民共和国反垄断法》第21条③和国务

① 第17条规定：“以协议转让形式出售企业，企业出售合同未经有审批权的地方人民政府或其授权的职能部门审批的，人民法院在审理相关的民事纠纷案件时，应当确认该企业出售合同不生效。”第30条规定：“企业兼并协议自当事人签字盖章之日起生效。需经政府主管部门批准的，兼并协议自批准之日起生效；未经批准的，企业兼并协议不生效。但当事人在一审法庭辩论终结前补办报批手续的，人民法院应当确认该兼并协议有效。”

② 笔者认为，无权代理中存在的合同效力瑕疵实际上是因无权代理人行为意思欠缺导致的，因为无权代理人以被代理人名义实施法律行为，法律效果应归属于被代理人，对无权代理人而言并无承受法律效果的意思，同时鉴于合同在要约、承诺阶段，当事人已经具有不能随意撤销的法律义务，义务承担势必以有意思表示表明自我承担义务为前提，所以一旦不具备该意思，合同将终止于要约、承诺阶段，即根本无法成立。综合上述法理认识，无权代理人订立的合同在被代理人追认前实际上是一种未成立的合同。

③ 《中华人民共和国反垄断法》第21条规定：“经营者集中达到国务院规定的申报标准的，经营者应当事先向国务院反垄断执法机构申报，未申报的不得实施集中。”

院《关于经营者集中申报标准的规定》第3条，都要求经营者集中需达到国务院规定的申报标准，并提前向国务院反垄断执法机构提请申报。有观点认为，此处的“申报”如同必须经批准一般，不批准则构成未生效合同。[①] 本文认为，反垄断无疑是对自由市场经济的维护，是对垄断这一破坏市场经济秩序行为的否定性评价，但同时必须认识到，经营者集中大多数是市场经济条件下市场主体的合同自由行为，应该将尊重市场主体行为作为一切对市场自由干预的前提和基础。只是考虑到经营者集中可能排除和限制竞争，所以采用强制申报制度维护自由竞争的市场秩序。换言之，应最大限度地优先尊重市场主体在市场经济中的自由行为，再考虑对垄断行为的限制问题。在此观念下，应将批准前合同解释为已成立并推定有效，最大限度保障当事人的合同自由。再在申报批准阶段体现国家权限的外部干预，对构成垄断的集中行为确认其无效。

需注意的是，该申报批准条文对垄断行为的限制与上述对海洋石油开采利用等自然资源的批准限制，以及对国有资产企业转让的批准限制有所不同，反垄断的限制主要体现为国家在外部对当事人私人自治的限制，而后两种限制主要体现为在合同行为内部，对行为人权限的补足，虽然各自原因不同，但均无法建构未生效这一特殊合同效力状态。

此外，在城市房地产领域，一般涉及转让等交易情形，要么因土地性质受限，可回到土地管理问题上处理；要么因房屋性质受限，如经济适用房等，可遵循合同行为与物权变动相区分的原则处理，均可不涉及未生效合同问题。知识产权转让合同、保证合同、技术合同等类型，其效力状态也不应为未生效状态。如《中华人民共和国

① 李陈婷：《法定未生效合同及其法律责任研究》，载梁慧星主编：《民商法论丛》（第54卷），法律出版社2014年版，第170页。

专利法》第10条规定并未明确办理手续是影响转让合同效力的因素。适用于国家机关签订保证合同情形的《中华人民共和国担保法》第8条规定,[①]更多涉及国家主权和国家经济安全等公法领域,并非民事领域的普通合同,或者直接确定合同无效。

综合上述对不同领域的分析,"需批准"一般出现于以下几种情况:一是以交易转让国家财产权益方面,如采矿权、探矿权转让,土地、海洋石油资源开发等。要么依据无权处分规则,在合同效力认定上遵循合同行为和物权变动的区分原则,不影响合同效力。要么依据无权代理规则,因没有相关行政部门批准,难以形成完整的意思表示,需纳入成立或未成立的范畴考量。二是涉及公共利益,如反垄断、外商投资等领域,因违反公共利益而认定合同无效。三是在某些领域对行为主体资质有要求,也需履行一定审批程序,这属于管理性规范,不直接影响合同效力。总的来说,未审批合同不能将审批程序视为否定合同效力的直接原因。同时在现有理论和实务体系中又不能周延地创设出独立的未生效状态,并将所有未审批合同纳入其中。未审批合同的效力判定必须建立在对各类审批合同类型具体考量的基础上,并在现有合同效力类型体系中予以划归。

Judicial Judgment of the Validity of Unapproved Civil Contracts

Jiang He

Abstract: In accordance with the relevant provisions of the law in

① 《中华人民共和国担保法》第8条规定:"国家机关不得为保证人,但经国务院批准为使用外国政府或者国际经济组织贷款进行转贷的除外。"

force, administrative examination and approval directly determines the validity of a contract. In judicial practice, unapproved contracts are often held to be invalid or ineffective. Although the judging method is simplified to some extent, it brings new troubles to the whole theoretical system of contract validity, and the judicial practice circles also have different understandings. Administrative approval is not an decisive force and substantive factor affecting the effectiveness of contracts. The purpose of administrative examination and approval, which bears the power of the state, is to prevent transactions that impair the national interests, economic sovereignty, and social and economic order. A contract that fails to perform the examination and approval formalities, but does not have defects in validity is not null and void. Even if it is not effective, it is difficult to accommodate the current theory and system of the validity of the contract, and it is difficult to reasonably explain the basis of the right of claim, the specific form of responsibility and so on. The judgment of the validity of the administrative examination and approval contract can not be simply classified as invalid or not effective on the ground of non-approval, but the validity of different types of non-approced contracts should be determined according to the contents of the administrative examination and approval procedures in specific classified contracts.

Keywords: without examination and approval; civil contracts; validity judgment

【法理学新探】

自然权利的“自然”研究

雷槟硕[*]　徐馨岚[**]

摘　要：自然权利作为一个概念由“自然”与“权利”两个部分组成，诸多研究自然权利的作品着眼于权利（right/ius）的含义，但自然（nature）却很少得到关注。为了完整、准确理解“自然权利”的含义，还需要探寻“自然”的含义（三重意涵）以及“自然权利”的“自然”的含义。通过梳理，可以发现自然权利的“自然”的演绎基础与路径：“自然权利”、现代权利、人权以及其他权利观念是社会建构，甚至是故事叙事的结果。这种社会建构与故事叙事推动权利概念（包括自然权利）顺遂自然的概念渐次发展，在变与不变的本质（nature）上结合自然的三种意涵，不断谱写新的“权利”的故事。

关键词：自然权利；自然；权利；建构

* 上海交通大学凯原法学院法学理论专业 2018 级博士研究生。
** 江苏省苏州市中级人民法院法官助理。

自然与自然法则藏匿于黑暗之中。上帝说，让牛顿出世吧，于是世界一片光明。

——亚历山大·蒲柏

一、导言

时至今日，无论在西方还是中国，自然权利(natural rights)的概念已逐渐被人们认可乃至内化，形成一种话语力量，并被作为对话与论辩的有效工具使用。似乎自然权利是一个不可分割的概念，但“自然”与“权利”真的是不可分割的搭配吗？由“自然”与“权利”组合的“自然权利”概念是否合适？把问题进一步深化：我们当代所使用的“自然”与自然权利概念是否是同一意义上的“自然”？

“自然”在中文中不仅指自然科学的自然，还有“自然而然”的意思，在英文中也有“本质”“性质”“性格”“自然状态”“自然界”“自然力”等含义。[①] 现在我们使用的自然概念更多强调的是自然科学意义上的自然，是基于生物、物理事实的自然，如“物竞天择，适者生存”的生物进化理论是一种自然的产物。在此意义上，“自然”是否仍可以同权利搭配使用是值得商榷的。

自然权利概念的常态化使用遮蔽了“自然”的含义及外延，尽管存在大量文章探讨自然权利，但多数着眼于自然权利的权利。从权利的观念史、权利概念的发展再到权利的结构，从自然权利的“天赋”、人类理性的进入再到权利的主观性与意志性结合，几乎都着眼于“权利”字眼。研究“权利”很重要，但对“自然”的研究不因“权利”的重要性而消除，两者不是非此即彼、有我无他的瑜亮关系。并且，深入探讨、挖掘“自然”的含义能够更准确地使用“自然权利”的概念。否则，“自然权利”就成了一个大筐，不相关的、模糊的理念、价值都将被朴素的观念往里装。并且，“自然”于“自然权利”的重要

① 参见夏登峻主编：《英汉法律词典》，法律出版社2012年版，第724页。

性未必不如“权利”。如果自然权利与自然法是一脉相承的,那么“自然法之历史,实不过是法律与政治中‘自然’一观念之历史”。①自然权利在一定程度上可以看作“自然”的产品。自然权利的发展有其演进的脉络,也有很多理论渊源。研究渊源与脉络是从正面去发掘自然权利的内涵与外延,而探讨自然权利的“自然”与“非自然”则是从反面去排除不属于自然权利的一种努力,以此析清自然权利的概念、范围与结构,最终能够在正确意义上使用自然权利。“因为在法哲学上站定一种立场之前,首先应当搞清楚自己拥护的是什么,反对的又是什么。”②

二、何为“自然”

研究自然权利可以采取不同的路径,既可以进行观念史的考察,也可以对自然权利论者的观点进行剖析,还可以进行语义的研究,自然权利首先就是通过“自然权利”的词汇来表达。其中“自然权利”可以分为两个部分:“自然”与“权利”。关于自然,英文单词“nature”至少有三重意涵:“(i)某个事物的基本性质与特性;(ii)支配世界或人类的内在力量;(iii)物质世界本身,可包括或不包括人类。”③其中最近似当代“自然”用法的是第二种意涵,强调的是自然物理事实。第三种意涵强调的是自然界,属于同主观认知世界勾连

① [英]登特列夫:《自然法——法律哲学导论》,李日章等译,新星出版社2008年版,第7页。

② 柯岚:《“自然”与“自然法”概念的古今之异——关于自然法学术史的一个初步反思》,载《法律科学》(西北政法大学学报)2008年第5期。

③ [英]雷蒙·威廉斯:《关键词:文化与社会的词汇》,刘建基译,生活·读书·新知三联书店2016年版,第372页。另有其他关于“自然”的讨论,参见[英]柯林武德:《自然的观念》,吴国盛译,北京大学出版社2006年版;[英]阿尔弗雷德·诺思·怀特海:《自然的概念》,张桂权译,北京联合出版公司2014年版;[法]皮埃尔·阿朵:《伊西斯的面纱——自然的观念史随笔》,张卜天译,华东师范大学出版社2015年版,第24~25页。并且,需要指出的是,自然的三种意涵之间的差别可以进行如下理解:第一种意涵即“本质”这个名词本身,强调事物的属性;第二种意涵强调的是后文将要论及的自然“本质”的内容,如地壳运动引起地震与火山爆发,是人们对客观现象观察之后对其背后的力量的模糊指称;第三种意涵就是现代自然科学世界中的“自然”,如江河湖海、鱼虾蟹虫,都是物质的、可观察的客观世界。三种意涵尽管在不同时期产生,却随着时代的变迁都留存了下来,这是在不同阶段、不同语境下受到了不同的重视以及不同的对待。

但完全可以独立存在的部分。在此意义上,“自然”与“权利”是很难搭配使用的。现代权利概念与观念的一个基本共识是:权利是惯习化的结果或者建构性的结果。无论是惯习化还是建构性,都与人类的行为与实践具有密切的关系。也就是说,“自然”在自然权利中的使用很难是生物、物理事实意义上的。这种认识不能否认“自然”本身的含义,如威廉斯所说,“nature”也许是语言中最复杂的词汇。

为了析清“自然”的概念,我们必须追本溯源。因为“自然”不仅在自然权利中使用,还存在自然科学、自然法、自然状态等用法;并且,自然还发生了语义的演变,如“自然主义”(naturalism)、“自然化”(naturalize)等用法。无论自然权利中的“自然”是否是自然科学意义上的“自然”,其只能具备一种或者部分意涵,无法证明自然权利的“自然”能够含括“自然”所有的意涵。因此,必须追本溯源,发掘词汇演变过程中的变化,正是这些变化与历史背景构成了特定内涵。“Nature 最接近的词源为古法文 nature 与拉丁文 natura;这两个词源自拉丁文 nasci(为过去分词)——意指出生的(从这个拉丁词也衍生出 nation, native, innate 等)。”[①]但古法文“nature”与拉丁文“natura”不是“nature”语义起点,作为自然语义的“nature”更早可以追溯到古希腊词汇“phusis”,这一词汇最早在公元前 8 世纪的《奥德赛》中就存在,指的是生长的结果,而到恩培多克勒和巴门尼德时就开始采用诞生的意涵。在晚些时候,在公元前5 世纪,希波克拉底医学著作中则具备了出生以来的体质含义,强调出生以来的“固有”。[②]所以,“nature”最开始的含义就是前述三重意涵中的第一种,从出生就具有的基本性质与特性,也就是本质。并且在中文中,“自”也有

① [英]雷蒙·威廉斯:《关键词:文化与社会的词汇》,刘建基译,生活·读书·新知三联书店 2016 年版,第 372 页。

② [法]皮埃尔·阿朵:《伊西斯的面纱——自然的观念史随笔》,张卜天译,华东师范大学出版社 2015 年版,第 24 ~25 页。

开始、开端的意思。在另一组词汇中，自然也常与本性搭配使用，如维柯在其《新科学》中就划分了三种自然本性：诗性或创造性的本性，也称为神性；英雄时代的自然本性，一种高贵的品质；人的自然本性，包括理智、谦恭、和善、讲理等。[①] 但随着时代的变迁，自然的第一重意涵被发展演变出后两种意涵。其中，第二重意涵与“非自然”相关，在科学知识尚未足以认知自然现象的同时，图腾以及自然崇拜开始兴起，人们开始将身边难以理解、不能解释的力量归入“神”、祖先以及“天”。这种主动进入迷蒙的行动与另一个概念相关，就是“原始”（brute），原始是进入迷蒙最坚实的力量，而原始与本质又具有天然的联系。作为本质的“nature”通过天然联系输入原始，人们习惯将“自然状态”理解为原初状态，或者某种原始主义。可无论何种原始主义，都是“用以凸显人类生活现有状况的缺陷或优越（这取决于这种‘原始主义’是进步还是退步，甚至衰弱的角度，来理解当时时代的性质）。但人类生活的原初状况，在古典神话、历史和哲学的叙述中，更多是作为虚拟的对照物出现，而非人类当前生活的现实出发点”。[②] 作为虚拟的对照物，原初状况是蒙昧的时代，对于当时的人们而言，周边有太多的不可知要素。为了寻求解释与安定，“自然”的第二重意涵就孕育其中了。但此时并未明确提出“自然”的第二重意涵，这中间存在一个不可回避的过程，这个过程就是“神”、祖先或者“天”的出现，人们将不能解释又必须进行解释的需求诉诸蒙昧的力量，用“神”、祖先或“天”指称这种蒙昧力量。尤其是“神”，其被世俗力量化，表现出人格化的趋势。在人格化或拟人化的过程中，自然的力量被神吸收，或言之被人“造”入神，出现

① ［意］维柯：《新科学》（下），朱光潜译，安徽教育出版社 2006 年版，第 181 ~ 182 页。

② 李猛：《自然社会：自然法与现代道德世界的形成》，生活 · 读书 · 新知三联书店 2016 年版，第 93 页。

了大自然之神（nature godness）和自然界众神（nature gods）等认识。[①] 再到中世纪，自然成为神的代理（agent），关于自然的第二重意涵得到不断地强化。

自然的第三重意涵则出现得要晚得多。从自然观察不能理解进而进入蒙昧，再从蒙昧中重新观察并正确认识自然，是自然的第三重意涵的显现过程。这种自然认识同科学的发展密切相关，也正是这种科学技术的发展，赋予了自然新的内涵。自然的第三重意涵是相当广泛的，有理性（reason）的原因，浪漫主义也不无贡献，社会科学投入对第二重自然意涵的反抗中。自然主义是其中最为集中的表现，这种自然主义与我们现在讨论的自然主义有一定的区别。在哲学与法哲学领域，自然主义表达的是"主张即使传统的形而上学论题和问题也应该用自然科学方法来解决的思想流派"。[②] 芝加哥大学法学院的布莱恩·莱特则在法哲学领域引入奎因自然化方法，反对继续运用概念分析的方式，提出应该用经验考察的方法。早先的自然主义是相对宗教哲学而言的，宗教信仰者或者宗教哲学研究者将异教徒、无神论的自然主义者放在一起。或者说，自然主义与超自然主义（supernaturalism）相对应，同另外两个概念不断互动——唯物主义与经验主义。日益壮大的生物、物理科学冲击着既有自然认知，哥白尼、伽利略等人的学说几乎颠覆了原有的社会认识。尤其是达尔文的"进化论"，将上帝更确切地剔除出权威的序列，"达尔文和地质学家们认为地球的年龄可以追溯到亿万年前，而非短短的六千年。人们不知所措，旧信仰牵着他们往东，而理性又告诉他们要往西，脚底下仿佛再无坚固之物可凭恃，让人变得如此

① [英]雷蒙·威廉斯：《关键词：文化与社会的词汇》，刘建基译，生活·读书·新知三联书店2016年版，第375页。

② [美]布赖恩·H.比克斯：《牛津法律理论词典》，邱昭继等译，法律出版社2007年版，第157页。

无助。但炸雷将人从昏睡中炸醒,功莫大焉”。[①] 斯特林堡更是借否定上帝来消除人类的原罪。几乎可以作出定论:这一切得益于科学的发展,科学(science)从学科转化到观察、论证与方法。戈德温在1794 年还在学科意义上使用“science”,但从 17 世纪中叶开始,“science”不断地具备科学的含义,同“art”对立起来,作为实用知识(practical knowledge)出现。这其中“experience”也起到了功不可没的作用,在同“art”对立以后,“science”不断走向“experience”,脱离主观,走向客观。最终“science”变成自然科学(natural science),专指具有客观性的经验研究。这个历程也影响了“nature”词汇的意涵变化。[②] 在这个过程中,“nature”的第三层意涵脱离神的控制,不断同“experience”“science”“objective”“materialism”靠拢,形成了第三层意涵。

“Nature”这个词的变化同人类历史近乎同步,所以洛夫乔伊才会说:“‘Nature’[本性]这个词,几乎不用说,它就是最极端的一个例子,是哲学语义学研究中含义最丰富的一个对象。”[③]

并且,特别值得注意的是,自然的词汇并非自始就有,三种意涵出现的时间也有不同。在英文中,第一种意涵出现在 13 世纪,第二种意涵出现在 14 世纪,第三种意涵则出现在 17 世纪。[④] 第一种意涵在英文中出现后,才有了“natural rights”或者“nature rights”的用法。可“natural rights”所强调的“nature”不是英文出现后才有,在一定程度上可以说“natural rights”反向赋予了“nature”一定的含义。这层

---

① [印度]尼赫鲁:《人类的历史》,高原译,北京大学出版社 2016 年版,第 155 页。

② 参见[英]雷蒙·威廉斯:《关键词:文化与社会的词汇》,刘建基译,生活·读书·新知三联书店 2016 年版,第 469 ~471 页。

③ [美]阿瑟·O.洛夫乔伊:《存在巨链——对一个观念的历史的研究》,商务印书馆 2015 年版,第 19 页。

④ [英]雷蒙·威廉斯:《关键词:文化与社会的词汇》,刘建基译,生活·读书·新知三联书店 2016 年版,第 373 页。

含义同前述第一种意涵存在密切联系,同时也与“right”以及 right 的翻译前身——拉丁文词汇“ius”具有密切联系。之所以在翻译“ius”为“right”时产生诸多争议的原因之一就是“right”并不能完全准确地对应“ius”。这也同主观权利、客观法以及正当性等问题相关,这将在本文第三部分得到阐述。此处,我们仍要围绕“自然”展开。自然权利的概念让我们更多地关注权利,从权利上寻找自然的定义,通过“ius”到“right”的转换考量,“right”本来应该具备的含义,进而传递到“nature”或“natural”上。但很早以前就有自然的讨论,亚里士多德的《物理学》的希腊原文的词源就是自然的含义,并且也谈到了运动等问题,在此处并非同权利相关。① 还有同为希腊先哲的伊壁鸠鲁谈到了自然界的观察问题,在古罗马时期也有卢克莱修探讨“原子”的问题。② 但这一系列的探讨都是在第一种意涵的视角下去谈的,“在亚里士多德的物理学中,自然意指实体、本质、物性和实质,它们与行为、活动、运动、生长和发展具有原则上的联系”。③

由此,可以明确地指出,自然权利非“自然”。自然权利并非建立在生物、物理事实意义上的,自然权利更多是惯习或者建构的产物。可能出现的反对意见是,早就有人主张自然法是所有生物的法,而自然权利是所有生物的权利。乌尔比安在《学说汇纂》中就讲道:“自然法是大自然教育一切动物的法:这个法不是人类特有的,而是出生于陆地、海洋的一切动物包括飞禽的共有法。”④西塞罗也

① 参见[古希腊]亚里士多德:《物理学》,张竹明译,商务印书馆 1982 年版,译者前言,第9~13页。

② [古希腊]伊壁鸠鲁、[古罗马]卢克来修:《自然与快乐:伊壁鸠鲁的哲学》,包利民等译,中国社会科学出版社 2004 年版。

③ [法]耶夫·西蒙:《自然法传统——一位哲学家的反思》,杨天江译,商务印书馆 2016 年版,第 84 页。

④ 《学说汇纂》(第 1 卷),罗智敏译,中国政法大学出版社 2008 年版,第 7 页。徐国栋教授译为:“自然法是自然教授给所有动物的法律。事实上,这一法律不是人类专有的,而是所有诞生在天空、陆地或海洋的动物的。”参见徐国栋:《优士丁尼〈法学阶梯〉评注》,北京大学出版社 2011 年版,第 38 页。

曾在《共和国》中主张："真正的法律乃是一种与自然相符合的正当理性；它具有普遍的适用性并且是不变而永恒的。"[①]人与其他生物并无不同，都是生物的一种。在这个意义上，自然权利就是一切自然生物的权利，从人到类人猿，从家禽再到野生动物，无一不具备自然权利。在更早的古希腊时期，泰勒斯、毕达哥拉斯以及巴门尼底斯都曾关注自然本原的问题，后来的德谟克里特和前文述及的古罗马的卢克莱修的原子论都是第三种意涵意义上的自然。此种规律性或自然法则被引入社会科学领域，人文世界、人类社会以及与之对应的自然组成了宇宙秩序，形成了自然正义观。"后期希腊各学派回到了希腊最伟大知识分子当时迷失的道路上，他们在'自然'的概念中，在物质世界上加上一个道德世界。他们把这个名词的范围加以扩展，使它不仅包括了有形的宇宙，而且包括了人类的思想、惯例和希望。"[②]社会世界的自然法与自然世界的自然法则在永恒与普遍意义上达成统一，这也是自然法则被扩展到自然法上的原因。因此，"在早期自然法思想里，自然法（natural law）与自然法则（natural laws）并无明显分际，自然法并不总是被说成是与人类社会规则相平行的规则"。这种质疑的确是有价值的，但前述亚里士多德的《物理学》与耶夫·西蒙的回答可以作为回应。自然法则被借鉴到自然法，不是因为规律的内容，而是规律的规律性所产生的普遍性与永恒性，是对自然事物本质认知的本质形式的认可，而非借鉴原子论解释自然法。自然法的具体内容还依赖于人们具体的解释与构建。并且在历史发展的前路上，上帝与后来的人们都对此予以了否认。

① ［美］E. 博登海默：《法理学：法律哲学与法律方法》，邓正来译，中国政法大学出版社 2004 年版，第 17 页。另有两个翻译的版本值得推荐："真正的法律乃是正确的理性，与自然相符合，适用于所有的人，稳定，恒常。"（参见［古罗马］西塞罗：《论共和国》，王焕生译，上海人民出版社 2006 年版，第 251 页。）"真正的法律是与本性（nature）相合的正确的理性；它是普遍适用的、不变的和永恒的。"（参见［古罗马］西塞罗：《国家篇、法律篇》，沈叔平、苏力译，商务印书馆 1999 年版，第 104 页。）

② ［英］梅因：《古代法》，沈景一译，商务印书馆 1959 年版，第 36 页。

《圣经》中写道，“神赐福给诺亚和他的儿子，对他们说：‘你们要生养众多，遍满这地……凡活着的动物，都可以做你们的食物，这一切我都赐给你们，如同菜蔬一样’。”①上帝站在全能的地位赋予了人类取用的“权利”。这种天赋权利，还只是自上而下意义上的；而普罗塔格拉的“人是万物的尺度”，则将人类从万物中择取出来。阿奎那更是说：“动物是为人而存在的，它们没有理性，与人不是同类；取用动物是合法的，博爱不涉及动物。”②前述两种差异强调的都是第一种意涵的“自然”，在本质上将人与动物区分开来。在第三种内涵上将人与动物区分开来，则主要是因为权利并非“本能”，尽管“人类从产生之初就有着‘我的’‘你的’或‘我们的’‘你们的’的观念……但是，这些直觉的观念只能算是‘权利’概念的个别反映，因为‘权利’观念涵盖了诸如‘支配’‘用益’‘处分’‘请求’‘抗辩’以及‘选择’等等观念”。③ 动物虽然有占有的本能或领地意识，却不是“权利”的体现。尽管自然，但非权利意识或观念的体现。即使是现代社会对动物权利有种种呼吁，也并非说“动物有自然权利”或者动物具有权利是“自然的”，而是一种从人的本体论上的敬畏生命，“我们会为我们赤裸裸的表现而感到震惊，感到犯罪，我们也会为人类施加给动物的那么多痛苦而深深感动”。④ 自然权利是在人的主体地位基础上的社会建构，无论“自然”的第一种意涵还是第二种意涵无疑都可以被运用到自然权利的表达上，但第三种意涵必然被排除出自然权利的范围之外，因为自然规律或者动物本能并非自然权利的表达。

---

① 《创世纪》9:1－3。

② ［古罗马］圣托马斯·阿奎那：《理性生物与物理性生物的差别》，载［澳］彼得·辛格、［美］汤姆·雷根编：《动物权利与人类义务》，曾建平、代峰译，北京大学出版社2010年版，第38页。

③ 李中原：《Ius和right的词义变迁——谈两大法系权利概念的历史演进》，载《中外法学》2008年第4期。

④ ［德］阿尔伯特·施韦泽：《敬畏生命的伦理》，载［澳］彼得·辛格、［美］汤姆·雷根编：《动物权利与人类义务》，曾建平、代峰译，北京大学出版社2010年版，第38页。

到此为止，“自然”概念的基本内涵、发展脉络就有了基本的思路，这也确立了自然权利中“自然”并不包含第三种意涵。

三、自然权利的“自然”

析清自然权利的“自然”不包括自然科学意义上的自然后，还必须明确，自然权利同“自然”的第一种观点意涵以及第二种意涵之间的关系。到底自然权利是第一种意涵下的自然权利，还是第二种意涵下的自然权利，或者是两种意涵交织下的自然权利。首先需要回顾自然权利的发展历史。

自然权利的最初来源或者发展来源历来存在争议，当代论争中存在三种主要观点：第一种观点以菲尼斯、马里旦为代表，认为自然权利来源于自然法；第二种观点以施特劳斯、麦金太尔为代表，否定自然法与自然权利之间的关系；第三种观点则以布莱恩·提尔尼（Brian Tierney）为代表，他既反对麦金太尔与施特劳斯的观点，认为《格拉提安教令集》中许可型自然法就是主观权利的开端，也否认菲尼斯认为的阿奎那的文本中就存在主观权利。[①] 但无论何种观点都集中于主观性的产生，自然权利的“自然”主要着眼的就是这个主观性。强调自然权利的自然着眼于主观性并非说自然权利的“自然”等同于主观或者主体性，而是说自然权利的“自然”的含义受到主观性输入的极大影响，这种主观性奠定了现代权利概念的核心。现代权利概念的产生大体经历了两个步骤：“首先是自然法的世俗化，其次是自由意志主义和权利概念的结合。”[②]这两个步骤经历了漫长的发展，而发展的开端就是前文述及的“ius”，这个发展的过程前期以“ius”到“right”的转变为表现形式，这个转变也就承担着世俗化与主观性输入的任务。

---

① 周濂：《后形而上学视阈下的西方权利理论》，载《中国社会科学》2012年第6期。

② 方新军：《权利概念的历史》，载《法学研究》2007年第4期。

麦金太尔在其《追寻美德:道德理论研究》一书中写道:“在中世纪临近结束之前的任何古代或中世纪语言,都没有可以准确地用我们的‘权利’(a right)一词来翻译的表达式……显然,这个事实并不意味着根本不存在任何自然的或人的权利;它只意味着没有人知道它们的存在。”[①]麦金太尔的批评并非毫无道理,至少指出了一定的问题。如果权利在中世纪以前并不存在,自然权利也很难存在。决定权利是否存在的关键点是“ius”的含义问题。“ius”是否具备现代意义上的权利内涵是值得探讨的,梅因与维利都极力反对罗马时代“ius”具有权利的含义,认为“ius”更多是作为正当、理性、法、应得等含义使用,而不是权利。维利还举出罗马法上译为“所有权”的“Dominium”是与“ius”分离使用为证,但罗马法上却存在“ius siccessions”(继承权)、“ius utendi fruendi”(用益权)、“ius obligations”(债权)等用法。[②] 尽管后述几种一般被理解为“利益”,或者侧重于“利益”的表达,但已与现代权利概念存在重合。之所以认为当时的“ius”不是权利在于认定权利概念必须具备主观性或者自由意志。如果缺乏自由意志,很难称为权利。这种观念反而印证了麦金太尔的观点,我们在古代是否存在权利这一问题上,在很大程度上是以现代权利概念为标准对古代权利概念的虚拟,或者是词源学对“权利”的虚构。从私法角度出发,权利很难不包含利益。反过来说,从耶林开始,利益就作为私法上“权利”的组成部分,在当代权利本质的争议中,也有利益说、资格说、自由说、意志说的不同观点。如果以意志说为圭臬,且意志是权利的唯一要素,则罗马法时代的确不存在权利,“ius”也不能表达权利,而只能是客观利益,同主观意志存在正面冲突。但意志并不直接排斥利益,现代私法权利通常被表达

① [美]A.麦金太尔:《追寻美德:道德理论研究》,宋继杰译,译林出版社2003年版,第88页。

② 李中原:《Ius和right的词义变迁——谈两大法系权利概念的历史演进》,载《中外法学》2008年第4期。

为对于利益的法律之力，是意志、利益与强制力的结合。因此，从这个角度看，古罗马是存在权利的。

得出这个结论并不等于说古罗马存在自然权利。“ius”存在正当的含义，“right”同样也有正当的含义。霍布斯认为古典到现代的发展的典型表现就是从自然法到自然权利，这个转变既是现代性的产生，也是公民权利的产生。在此之前，自然与权利并不搭配使用，即使如前所述“ius”中可以找出现代权利概念的内涵，但“ius”的权利（利益）内涵与正当内涵是在相对独立意义上使用的。并且，在语义上使用自然权利也存在困难，作为本质的“正当”无法进行自然权利（natural right）的表达，“right”多为正当，即“natural right”或者拉丁文“ius naturale”表达的自然的正义或者自然正当的含义。即使认定“right”或者“ius”具有权利的意涵，也仅限于利益的范围内，自然无法与利益搭配使用。因此，自然权利在此时尚未存在。

尽管自然权利并不存在，可“自然”却一直存在。自然权利的内涵就是自然法的核心，从自然法到自然权利的转变主要集中在权利概念之上，而自然的意涵则在一定程度上被保留在自然权利的概念之中。自然权利在古典自然法学派、启蒙运动以及近代资产阶级革命中起到了火把的作用，承担起抗争的理论之光的角色。依照施特劳斯的观点，霍布斯是现代权利观念第一人。在霍布斯的视野中，自然权利是个人性与社会性的正当性基础，尤其是“自我保存”[著作家们一般称为自然权利的，就是每一个人按照自己所愿意的的方式运用自己的力量保全自己的天性（也就是保全自己的生命）的自由。①]的权利在霍布斯的理论中支撑起整个理论体系，尽管霍布斯关于权利让渡方面的观点存在一定的矛盾或者紧张关系，权利的全

① ［英］霍布斯：《利维坦》，黎思复、黎廷弼译，商务印书馆1985年版，第97页。

部让渡与自我保存权利的保留必须得到有效协调。可无论如何，霍布斯都认为这一自然权利是先于国家权力的，既是自然状态下就存在的权利，也是进入文明社会之后仍得到保留的权利。“自我保存”的自然权利是人们得以反抗政府压力的最后权利，通过社会契约签订的瞬间转化为公民权利，防止利维坦违背国家设立的初衷。“与在自然状态中一样，自然权利仍然是政治社会的基础和正当根据。在新生的利维坦中，自然权利被个人所放弃，但是并未因此消失，而是转化并因此保存为国家权力和公民权利。”[①]和霍布斯不同，洛克始于“所有人都是上帝的创造物”这一前提。[②] 并且自然状态中“一切权利和管辖权都是相互的，没有一个人享有多于别人的权力”。[③]这些自然权利主要包括生命、自由与财产权。但洛克笔下的自然状态比较美好却并非完善，基于很多原因（缺乏法律、缺乏裁判者、缺乏必要的权力支持正确的判决等[④]），人们签订社会契约进入文明社会，可人们对自然权利的让渡不同于霍布斯的全部让渡，洛克认为：“任何人放弃自然自由并受制于公民社会的种种限制的唯一方法，是同其他人协议联合组成为一个共同体，以谋求彼此的舒适、安全和和平的生活，以便安稳的享受他们的财产并且更大的保障来防止共同体以外任何人的侵犯。”[⑤]这样的自然权利转化为公民权利之后，保留了自然权利的“自然性”。其他古典自然法学派的学者也保持了自然权利的基本品质——自然性，无论是格劳秀斯、斯宾诺莎，还是前述的霍布斯、洛克，以及后来的卢梭等人。自然权利都坚持了自然性，这种自然性既可以是“自然”的第一种意涵——事物的本

---

① 凌斌：《权利辩证法：霍布斯权利学说的论证逻辑》，载《华东政法大学学报》2015 年第 3 期。

② ［日］长谷部恭男：《法律是什么？法哲学的思辨旅程》，郭怡青译，中国政法大学出版社 2015 年版，第 47 ~ 49 页。

③ ［英］洛克：《政府论》（下篇），叶启芳、瞿菊农译，商务印书馆 1964 年版，第 3 页。

④ 同上书，第 77 ~ 78 页。

⑤ 同上书，第 59 页。

质，也可以是“自然”的第二种意涵——支配世界或人类内在的力量。第一种意涵主要表现为人类的理性，人类是有理性的生物，作为理性的生物，人类超出本能（反对第三种意涵上的“自然性”），追求生命安全、安稳生活与和谐相处。并且，这种自然本质得因古希腊时期的“phusis”具备恒常性、永久性的含义。依据恒常的理性签订社会契约，其中自然权利孕育于自然状态，由理性的人类所持有，是“人之为人”天生就有的，是我们的本质。第二种意涵则主要表现为上帝的意志或上帝创造力。上帝创造了人类，作为上帝的产物人类具有自然权利，这种上帝赋予的权利平等以及部分不可让渡。基于此，自然权利具备的自然性足以对抗新生利维坦或者其他世俗事物。这也是自然权利以及自然正当（ius naturale）具备长久生命力的根本原因，每当国家强力与世俗事物妨害我们的生活到一定程度时，自然权利与自然法的理论就呼之欲出，并为我们所借用。而古罗马意义上的“ius”权利限于利益，同自然权利的自然性存在巨大落差。因此，可以确定的是，自然权利的“自然”更多的是在自然的第一种和第二种意涵上探讨，这也能得到自然权利最初翻译到中国时的译法的辅证。“20 世纪初左右，自然权利概念在传入我国时是以‘天赋人权’这一术语表达。”[①]而“天赋”既可以认为是“天”赋（第二种意涵意义上），也可以理解为内在的、固有的（第一种意涵意义上）。更早时，中国古文中是存在权利的，如“按之以声色、权利、忿怒、患险，而观其能无离守也”。[②] 但更多的是指利益的含义，同古罗马时期的“ius”的利益类似。自然权利意义上的权利进入中国最早应是丁韪良翻译惠顿的《万国公法》（*Elements of International Law*），“与传统中国固有的‘权利’相比，丁韪良在《万国公法》中反

① 钟丽娟：《自然权利制度化研究》，山东人民出版社 2010 年版，第 41 页。

② 《荀子·君道》。

复运用又借《公法便览》之‘凡例’进一步解释的‘权利’概念，已经发生了实质性的改变，是指每个‘庶人本有之权利’”。[①]

所以，自然权利的“自然”与两次自然观察密切相关。第一次是古希腊的“phusis”，在希波克拉底和柏拉图以及亚里士多德那里抽象出普遍性、固有性，这种规律内容的品质被借鉴到“ius naturale”中，确保了自然权利最初的“王牌性”，使之虽经时代演变，但终极性却始终不变。第二次则是近代科学技术的发展引发的冲击，神学、上帝被不断抬出正殿，世俗化逐渐抬升；同时，与古希腊、古罗马强调个体对共同体义务不同，个体不断觉醒，主观性伴随世俗化与个体性占据主流。个体主观的意志天然主张独立自主，以个体为本位寻求保护，就预设了现代国家与现代权利的基本出发点。[②] 目的与工具之间的关系就明了了，国家作为工具保护个体作为目的具有永恒性、普遍性与固有性。

四、“自然”的演绎基础与路径

从自然的三种意涵到自然权利的自然，自然权利的概念得到了梳理，但自古典自然法学派到现在又过去了几百年。几百年间古典自然法学派、历史法学派、哲理法学派、分析法学派以及新自然法学

---

① 喻中：《论梁启超对权利义务理论的贡献》，载《法商研究》2016年第1期。

② 关于第二次关联的发生的详细论述可参见［美］罗杰·伯科威茨：《科学的馈赠——现代法律是如何演变为实在法的？》，田夫、徐丽丽译，法律出版社2011年版；朱晓喆：《格劳秀斯与自然法传统的近代转型》，载《东方法学》2010年第4期。第二次关联可以简单地理解为现代科学对“自然”认知的影响。这种影响是全方位的，如方法论的借鉴，经验实证的影响，在法学上就有实证法学的兴起；如库恩曾指出的范式移转，都体现了自然科学对社会科学的影响。尽管不能说自然科学对自然法中“自然”没有影响，但是现代科学逐渐将自然科学的内容从自然权利的“自然”中剥离出来。包括实证研究（定量抑或定性）对法学乃至自然法的研究都具有重大借鉴意义，但确是工具意义上的，自然科学的内容不再对自然法、自然权利具有内容上的直接借鉴意义。新自然法学派的兴起甚至可以说是对自然科学的反思，面对自然科学的“自然”对自然法的“自然”的忽视，产生了科学革命到“二战”之间各种社会问题。科学或物质性的回馈无法解决所有的问题，人的尊严、法的价值、自然法的“自然”都需要进行认真对待。因此，从反面来看，现代科学或自然科学的“自然”对自然法的“自然”依然有影响。只是不再是古希腊、古罗马时期的正向输入，而是一种批判性反思。因而，两者仍具有关系。但该问题涉及更多的论证以及更详细的材料辅证，并非本文的中心论题（框架性梳理，而非特定时期细节性考察），当另行撰文具体细致地分析。

派和新分析法学派风起云涌、各领风骚几多年。自然权利也在古典自然法学派之后踏上现代权利的路途,从自然状态到文明社会、从自然权利到公民权利、从古典性到现代性,自然权利去到哪里?自然权利向现代权利的转化之后是否就彻底消失了?

前述问题的答案是否定的。自然权利转化为现代权利是现代性的体现,并且,自然权利到现代权利的转变体现为主观性与世俗化的输入。自然权利转变为现代权利之后主要有两种表现形式:一是公民权利,通常通过法定化的形式表现,最典型的表现就是宪法规定的基本权利;在私法领域,具备强烈主观性与世俗化特征的各类私法权利更加突出。从萨维尼、普赫塔到耶林的"叛变",再从耶林到海克,其间又有不同程度的变化,不仅是德国概念法学—利益法学—价值法学的转变,更是现代权利转变。[①] 当然这个过程必须充分考虑康德的影响,但这不是此处论述的重点。自然权利更加具体化、可操作性增强,这也是资产阶级建国之后不可避免的结果。二是自然权利化作人权,在这个意义上自然权利并未消失。新生利维坦在现代民族国家表现为主权问题,而自然权利以人权的名义新生。主权与人权一直是当代的争议问题,自然权利的理论、思想、渊源寄居于或托身于人权展开。

自然权利现代性的表现不仅体现在上述形态的变化上,在内容上发展趋势上也开始分野。主要分成欧陆法系与英美法系两大分支。欧陆法系更多地强调形而上的韵味,主张意志、利益和理性的问题在权利概念中的位置及其相互之间的关系;而英美法系自霍布斯之后,就很少有人关注自然权利本身自然性的问题,"natural right"(自然正当)变成了"natural rights"(自然权利),而自然权利在

① 吴从周:《概念法学、利益法学与价值法学:探索一部民法方法论的演变史》,中国法制出版社2011年版。

英美法系终止于霍布斯。和欧陆法系主张权利的客观与主观分类不同，英美法系在资产阶级建国之后，走向了另一条道路。“如果你在和一位普通的英国法学家谈论时使用客观权利与主观权利的技术表述，他将不知道你在说什么。”①所以，边沁才不无讽刺地说“自然权利无非是踩在高跷上的胡说八道”。②

首先是欧陆法系的现代权利。经过自然权利到现代权利的转变之后，权利概念在欧陆法系又得到了进一步的发展：尤其是在德国，历史法学派的萨维尼、普赫塔以及温德莎伊德都十分强调意志在权利中的重要性，由于历史法学深受德国古典哲学，尤其是康德哲学的影响，所以权利理论也就被深深地打上了康德哲学的烙印。③在此之后又出现了意志说与利益说的争执，但这种现代权利并非前述自然权利的最突出表现，现代权利在德国的发展更多地表现为对私法权利的讨论。自然权利的功能、价值表现则是人权与基本权利。人权通常被表述为“人之为人所必不可少的权利”，是指人生而为人固有的、内在的权利，是一种道德权利，其根本价值在于承继来自自然权利的个体主义上主观性与世俗性，进而法定化。尤其是在宪法化之后，人权成为基本权利以及与此相关的其他权利。

其次是英美法系的现代权利。英美法系同欧陆法系最大的不同就是在私法领域，英美法系并不关注权利的意志性，或者说权利的主观性与客观性并未进入英美法系权利概念的眼帘。英美法系更着重权利的结构与权利的具体化，从16世纪到17世纪，约翰·拉

---

① Fredrick Lawson, “Das subjektive Recht im englishen Deliksrecht”, in Konrad Zweigert (ed.), Das subjektive Recht und der Rechtsschutz der Personlichkeit, 1959, p. 24. 转引自李中原：《Ius 和 right 的词义变迁——谈两大法系权利概念的历史演进》，载《中外法学》2008 年第 4 期。

② See Jeremy Bentham, “Supply Without Burthern”, in W. Stark (ed.), *Jeremy Bentham's Econimic Writings*, London, 1952, p. 334.

③ 李中原：《Ius 和 right 的词义变迁——谈两大法系权利概念的历史演进》，载《中外法学》2008 年第 4 期。

斯戴尔(John Rastell)的《法律术语》(*terms de la ley*)、约翰·科威尔的《翻译者》(*The Interpreter*)以及爱德华·科克的《英格兰法学阶梯》(*Institutes of the Laws of England*)依据英国法中令状界定权利。[①] 而现代英美法系的自然权利更倾向于权利的结构与体系,最典型的代表人物就是霍菲尔德、萨尔蒙德以及威尔曼。当然,自然权利让位于现代权利并未完全消失,前述对于现代权利的界定通常是私法意义上的。自然权利在英美法系中的位置同在欧陆法系中大致相当,就是转化为人权,前文述及的"natural rights"就曾被翻译为天赋人权。尽管天赋人权中的人权不等于人权,而是指"天"赋予人的权利,但"天"通常就具有自然的含义。正如有的学者论述道:在中国语义环境下,"天"的含义尽管复杂得多,但在一定程度上体现了自然权利的道义性或者应然性。如果将自然权利限缩于对抗利维坦的权力,人权的范围要比自然权利广泛得多;如果将自然权利的自然泛化到第三种意涵,自然权利的范围则要比人权要广泛得多。人权显然并不绝对限缩于对抗利维坦的道义权利,自然权利也不能扩张到第三种意涵上。

自然权利、人权、现代权利以及现代权利的意志性、利益性与体系结构都是惯习、道义以及社会结构的产物。尽管我们可能认为自然权利是天生的、固有的,但从非宗教角度出发,自然权利、人权以及现代权利都是社会事实的产物。生物、物理事实无法将人类或者现代智人同其他有机体区分开(权利意义上),区分的前提只能是社会事实。这个社会事实既可能是人类思维的构造,也可能只是故事的叙事。但正是社会惯习演进过程中的道义输入与思维演绎,才有了自然权利以及其他类似的概念、观念。"不论是民族还是消费大

① 李中原:《Ius 和 right 的词义变迁——谈两大法系权利概念的历史演进》,载《中外法学》2008 年第 4 期。

众,其实都和钱、有限公司和人权相同,是一种'主体间'的现实,虽然只存在于我们的集体想象中,但力量却无比巨大。"[①]凭借这种主体间的故事叙事与秩序建构,人们可以共同生活,叙述这个故事存在很多版本,既有霍布斯的自然状态,也有卢梭的自然状态,不同的假说承载着主体间的想象,形成拟制的认知,最终内化为道义态度与立场。而不同的道义态度与立场也不断成文化与法典化,最终将道义态度、立场以及主体间价值认知语义制度化,形成制度事实,通过生物、物理或者由两者组成的行为承载,表现出相应的制度实践。

自然权利、现代权利与人权作为制度事实与制度实践通常不是静态的,而是有其过去、现在与未来的逻辑的。从考古学与人类学的角度看,最早是不存在权利、自然权利、人权以及现代权利的概念的,前文业已述及生物本能并非权利认识,而是作为权利产生的生物、物理基础事实。有了本能也不能当然获得权利认识,更遑论权利概念与权利观念了。要想获得权利概念与权利观念以及最初的权利认知都要经历漫长的历程,这个历程迈出坚实的第一步就是社会性的开始。尽管社会性与权利认识并非完全同步,但社会性是权利认识的前提。换言之,权利存在于社会中,包括权利的对立面——义务,也必须存在于社会中。生存于自然状态(无论是狼与狼,还是互不侵犯的独立个体),并不能产生权利与义务,权利与义务首先是一种社会关系,而社会关系必须有两个或两个以上的共处的人;否则,仅有一个个体的自然状态不能形成权利,因为根本不存在相互关系,更不存在代际传递的问题。换言之,"人之所以享有权利、承担义务,乃是由于他既是一个个体的人,又是一个社会的人;既需要维护自己的人格、自由和利益,又需要一种有秩序的社会生

① [以色列]尤瓦尔·赫拉利:《人类简史:从动物到上帝》,林俊宏译,中信出版社2014年版,第355页。

活”。[①] 在社会中,交互的惯习活动不断形成道义权利以及以此为中心的制度性实践,不断惯习化形成习惯权利。在惯习化之后,惯习本身就成为社会行动的理由。也就是说,“惯习,作为社会规则,是具有规范意义的”。[②] 除该种惯习性实践之外,还有机构性实践,机构性实践更强调自觉的社会建构,同惯习性实践依赖系谱经验的调整性规则不同,机构性实践依赖于建构性规则。[③] 并且,在其他类型惯习性实践形成相应的制度性或机构性实践之后,其他类型制度实践发展出了有关权利、义务的机构性实践。并且,从先民社会开始就有相应的故事叙事相伴随,“从已有的考古学材料来看,大约25万~20万年前,人类就有了图腾崇拜……凡崇拜同一图腾的人,就是同一原始团体的成员。他们给图腾赋予的含义,往往就是该团体公共意志的宗教映现,也是公共意志最原始、最粗俗的抽象表达。这样一来,公共意志就有了某种超越现实的权威根据,人与人之间的权利义务关系开始超越直观的藩篱”。叙事的多元和故事的精彩与修辞,推动了权利概念的发展,自然权利就是其中浓墨重彩的一笔。而自然权利、现代权利以及人权的故事叙事、制度建构都未停止,用卢曼的话说,这就是一个自创生系统,权利概念、观念在面对不同时代的不同问题时,不断调整不同的姿态来应对。

在以上意义上,自然权利不变的永远都是“演变”,充满“本质”与“内在力量”,甚至发展至今日,开始含括“自然力量”的意涵,不断变化,以应对变动不居的社会。

五、结语

从“自然”的概念、自然权利的自然,再到自然权利的发展,自然

① 夏勇:《人权概念的起源——权利的历史哲学》,中国社会科学出版社2007年版,第19页。

② [美]安德瑞·马默:《社会惯习——从语言到法律》,程朝阳译,中国政法大学出版社2013年版,第19页。

③ 同上书,第36~42页。

权利一直在故事叙事与制度建构之间演绎着"自然"与"非自然"。在绵延的历史进程中，自然权利着眼于时代背景与"自然"的内涵。对于自然权利的历史，我们可以去考古，却"无法解释得斩钉截铁，无法预测得十拿九稳"。[①] 只能在努力的探索中讲好故事，把握好制度构建。

Study on"Nature"of Natural Rights

Lei Binshuo　Xu Xinlan

Abstract: As a concept, natural rights are composed of"nature" and"right". Many works on natural rights focus more on the meaning of right/ius, but little on"nature". In order to fully and accurately understand the meaning of"natural rights", it is necessary to explore the meaning of"nature"(triple connotation) and the meaning of "nature"of"natural rights". The analysis can reveal the deductive basis and path of"nature"of natural rights: natural rights, modern rights, human rights and other rights concepts are the result of social construction, even story narration. This kind of social construction and story narration promotes the concept of right(including natural rights) to develop smoothly and gradually, and constantly composes new "right"stories by combining the three connotations of nature with the nature of variable and invariabe.

Keywords: natural rights; nature; rights; construction

① [以色列]尤瓦尔·赫拉利:《人类简史:从动物到上帝》,林俊宏译,中信出版社 2014 年版,第 232 页。

拟制的动物权及其实现

刘浩然*

摘　要：在传统的法学理念中，动物被简单地视为民法意义上的“物”，人们对动物的保护，局限于财产权的范围。然而，这种理念不但忽视了与人在心理感觉和生理状况上具有巨大相似性的动物所具有的特殊性，而且很难适应当下环境保护严峻的现实。随着动物保护理论的进步，人们已经进行了制度层面的探索，并且展开了动物权的理论设想。尽管，动物并非完全的权利主体，却可以通过拟制理论来证立动物权。动物权的形成具有深厚的哲学基础和浓重的伦理情感积淀，同时，借助于监护理论，动物权的实现成为可能。

关键词：动物权；拟制；监护；动物亲属

从对待动物的态度可以窥见一个国家的伟大及其道德进步。

——圣雄甘地

我国目前虽然也给予了特殊动物一些保护，如制定《中华人民共和国野生动物保护法》（以下简称《野生动物保护法》），但尚未明

* 华东政法大学法律学院法学理论 2016 级硕士研究生。

确动物权利。动物权利早在18世纪就已经提出，而保护动物权利的社会运动也有40年的历史。哲学家彼得·辛格的《动物解放》一书，给动物保护运动提供了有力的支持。保护动物的思想可追溯至更早时期：从毕达哥拉斯"灵魂轮回"[①]理论的生命灵魂相互转化，到犬儒学派的狄奥根尼"像狗一样的活着"那种对动物的友爱，再到达尔文的生物进化论的"生命同源"，这些思想总能为动物保护提供理论支持。对动物的保护，大致可以从两个层面出发：在哲学上，自然主义的自然和谐，功利主义的对动物资源的持续利用效用论以及权利论者把动物权视为人权的拓展和延伸；在伦理上，动物作为人的伙伴，人类对动物的同情与友爱以及人类对自然和谐的感知，对动物善的感觉与接纳。

一、拟制与动物权

什么是拟制？拟制早在罗马法时代就已出现，最经典的拟制有收养和法人制度等，其中，收养是把原本没有血缘关系拟制为具有血缘，并且以法律赋予养子女继承权的方式保护养子女的权益，比照亲生关系来确认收养关系。罗马法规定："……在养父死亡而未留遗嘱时，允许养子女有继承权……所以养父的权利——既基于自然纽带的联系，又经收养而在法律上得到巩固——全然保持不受影响……"[②]通过拟制，不但保护了养子女的继承权，而且维持了家庭关系的稳固，解决了实际问题的需要，填补了法律的缺位。拟制比照不同主体具有的相似性，赋予原本没有资格的主体以某些资格性的保护，这就给最初的动物保护提供了理论支撑。尽管权利为人所专属的观点盛行，动物的保护很难上升到制度层面的权利设置，但根据人与动物之间的相似性和保护动物严峻的现实状况，拟制理论

① [英]罗素：《西方哲学史》(上卷)，何兆武、李约瑟译，商务印书馆1963年版，第38页。

② [古罗马]查士丁尼：《法学总论：法学阶梯》，张企泰译，商务印书馆1989年版，第23页。

契合动物权的生成路径，为动物保护提供了制度便利。具体而言，拟制是法律适用层面的一种模拟性决断或决断性虚构。[①] 拟制一方面描述完整主体与其他主体间的差异和相似；另一方面展开构造功能，依据不同主体间既有的联系，构造并确认新的关系，从而实现法律问题的解决。人与动物不仅在生物学意义上存在惊人的相似，而且两者的群体性活动也彼此相仿。人与动物之间不再是主宰与被主宰的关系，而是和谐共生的关系。在很大程度上，拟制更多是广义的，只有广义的拟制，才能涵盖社会新变化下的动物权主张。梅因坚持认为："我在应用'拟制'这个词时，其含义比英国法学家习用的意义要广泛一些，比罗马的'拟制'（fictiones）则要广泛得多。"[②]他认为，尽管法律发生了很大改变，但拟制则仍旧和以前一样，基本的内在保持不变，却能特别适应社会新变化。从罗马法对拟制最初的设计和梅因系统的总结和发展来看，拟制在本质上是一种虚构，它在法律发展中，对于法律的改进、法律现实问题的解决（特别是新问题）具有重要作用。动物权正是一种虚构的权利，它本身并非是先在的，动物权的形成是一个权利拟制过程。

拟制特殊的功能和价值，能够满足动物权的生成。首先，拟制具有建构性和调整性的功能，可以利用生造和再造的技术来达到法律所需要的理想效果，要么比照理想效果来推定，要么比拟已知事物来进行假定。[③] 动物正是基于与人类具有的种种相似，比照人类的主体性和人的权利来给动物提供保护，并实质上以拟制的方式赋予了动物某些权利。这样避免了激进主义者直接主张通过立法确立动物权利的极端和突兀，因为动物权利发展是一个相当缓慢的过程，需要通过妥善的方式进行。况且，即便动物权利发展到相当完

① 参见卢鹏：《拟制问题研究》，上海人民出版社2009年版，第24页。

② ［英］亨利·萨姆奈·梅因：《古代法》，沈景一译，商务印书馆1959年版，第18页。

③ 参见卢鹏：《拟制问题研究》，上海人民出版社2009年版，第58页。

善的地步，人和动物也不可能完全平等。其次，拟制的诗性虚构，利用比拟的修辞和拟制的法学思维解决动物主体性的问题，通过拟制这种“人文”方式，[①]实现动物权利主张。动物的主体性的探索，除动物在自然属性上与人具有一些相似的感受和反应外，还需要一种拟人的法律观作为指导。刘风景教授认为拟人的法律观是“法学家们以人为喻体，通过专业化的法律思维和法律术语，对各种法律现象进行概括与描述的法学方法，以及以此为基础而形成的调整社会关系的法律制度与法律方法”。[②] 以人作为喻体，以法律问题或事物作为本体，把动物拟人化，实际上，拟人法律观的内在依据是类比推理。拟制的诗性虚构与其在比拟修辞上的表达，把动物比拟成人，拟人化的手段巧妙地给动物主体性提供了依据和支撑。最后，拟制有助于动物权利的法律关系形成，它的“灵活性”适应了动物权发展的需要，能够实现“柔性且稳妥”的进步，这为本就艰难的动物权利理论前进提供了可行和可能的契机。拟制不仅对于新的法律关系的形成与人们正确的判断和行动具有指导意义，[③]而且明示着法律的修辞属性，[④]动物权最终制度化，离不开作为制度修辞的法律的前提预设，即法律拟制。

二、动物权的理论渊源

动物保护的观念最早可以追溯到古希腊的毕达哥拉斯及其学派，其认为人和动物在灵魂上具有一致性，这一观点给予了动物权拟制形而上的支撑。毕达哥拉斯是一个素食主义者，“不吃肉，因为毕达哥拉斯认为，人的灵魂会转化投胎为动物；信仰灵魂不朽”。[⑤]

---

① 参见卢鹏：《拟制问题研究》，上海人民出版社2009年版，第56～57页。

② 刘风景：《拟人法律观的方法论意义》，载《法制与社会发展》2014年第4期。

③ 参见卢鹏：《法律拟制正名》，载《比较法研究》2005年第1期。

④ 参见谢晖：《论法律拟制、法律虚拟与制度修辞》，载《现代法学》2016年第5期。

⑤ ［法］马泰伊：《毕达哥拉斯和毕达哥拉斯学派》，管震湖译，商务印书馆1997年版，第26页。

柏拉图从毕达哥拉斯那里得来了“宗教的倾向、灵魂不朽的信仰、出世的精神、僧侣的情调”，[①]他们二人都相信灵魂的不朽，相信人和动物在灵魂上是具有同一性的，从而形成关怀动物也是对人自己的一种关怀的理论。与毕达哥拉斯有所不同的是，柏拉图认为植物也有灵魂，动物和植物的灵魂是低级、有限和非理性的，并且“动物的灵魂同奴隶的灵魂相似，可以理解简单的、主人发出的指令”。[②] 狄奥根尼所开创的犬儒学派，把人的友爱推及动物，“他宣扬友爱，不仅仅是全人类之间的友爱，而且还有人与动物之间的友爱”。[③] 这一观念非常可贵与超前，它把人类这种博爱与同情扩展为超脱“人类中心主义”的生命关怀。罗马法时期，动物也成了罗马人的私有财产，“罗马法学家认为所有权是物权的核心，是权利人得直接行使于物上的最完全的权利，具有绝对性、排他性和永续性三个特征”。[④] 因此，罗马法时代对动物的保护主要是基于对私有财产的保护。

18 世纪以降，随着工业革命的兴起，科学主义盛行，分析实证的方法被惯用到各个领域，人类对动物的态度发生了变化。人对动物的依赖被效率更高的机器逐渐打破，机器取代了动物，火车替代了马，拖拉机替代了牛，时至今日，甚至宠物都能由机器代替。机器运转需要化石能源的使用，大量的煤炭、石油利用所造成的环境污染、生态恶化，又严重危及动物的生存环境，造成大量的动物濒临灭绝。到了 19 世纪 50 年代末，随着达尔文的《物种起源》一书的出版，人们对动物及生命起源有了新的认识，人与动物之间的关系也随之有了新的变化。达尔文的进化论主要是建立在生物的遗传变异和自然选择的理论上的，强调生物和环境的相互作用，他的理论又包含

① [英]罗素:《西方哲学史》(上卷)，何兆武、李约瑟译，商务印书馆 1963 年版，第 133 页。
② 曹菡艾:《动物非物:动物法在西方》，法律出版社 2016 年版，第 111 页。
③ [英]罗素:《西方哲学史》(上卷)，何兆武、李约瑟译，商务印书馆 1963 年版，第 269 页。
④ 何勤华主编:《外国法制史》，法律出版社 2016 年版，第 67 页。

了“共同祖先说”,即生命同源。达尔文还认为“人和高级动物的心智差别再大,也肯定只是程度而非类别的差异”,[①]他支持高级动物也会有一些感情反应,并坚信人和动物只存在量和程度上的差别,不存在本质的差别。由于各种生命具有共同的祖先,所以事实上,人和动物都是“亲属”,人们该怎样对待自己的“动物亲属”便具有了科学主义上的论证,又由于人和动物不存在的本质上的差别,人与“动物亲属”在生命本质上具有最为朴素的平等。

到20世纪人们才开始认真地对待起动物来,其中,真正意义上的“动物解放”运动一直到20世纪70年代才开始兴起,是以美国生物伦理学教授彼得·辛格在《纽约书评》上发表的《动物解放》一文作为标志的。辛格教授认为动物解放是继黑人解放、同性恋解放和妇女解放之后的又一重大解放运动;他还认为人们对动物存在着最后一种歧视,即“物种歧视”(Specisism),[②]在辛格看来,物种歧视是一种偏见、一种偏颇的态度,偏袒人类成员的利益,压制其他物种成员。辛格把人类平等扩展到物种平等,其理论推动了动物解放运动。早在400年前就有人提及动物福利问题,但直到20世纪70年代以后才有了较系统的动物福利法规,上百个国家相继完善了动物保护法律法规。[③] 无疑,辛格具有的世界主义生命伦理思想,在动物保护和动物权利上贡献卓越。边沁的功利主义动物观对辛格产生了重要影响,尽管辛格有更进步、系统的动物解放理论,但从本质上讲,他的动物观仍是功利主义的,边沁的功利主义正是辛格动物思想的理论前提。[④] 边沁关于动物权利明确的观点见诸他的《道德与

---

① 转引自[美]加里·L.弗兰西恩:《动物权利导论:孩子和狗之间》,张守东、刘耳译,中国政法大学出版社2004年版,第207页。

② [美]彼得·辛格:《动物解放》,祖述宪译,青岛出版社1990年版,第13页。

③ 参见林红梅:《关于辛格动物解放主义的分析和批判》,载《自然辩证法研究》2008年第2期。

④ 参见林海红:《动物解放论与以往动物保护主义之比较》,载《西南大学学报》(人文社会科学版)2006年第4期。

立法之原理》一书中的一个注释里:“有没有理由允许我们去折磨它们(动物)? 我看不出任何理由。有没有理由不允许我们去折磨它们? 有的,有若干理由……可能有一天,其余动物生灵终会获得除非暴君使然就决不可能不给它们的那些权利……然而,完全长大了的马和狗,较之出生才一天、一周甚至一个月的婴儿,在理性程度和交谈能力上强得不可比拟。”①显然,边沁认为动物是拥有权利的,而且他反对虐待动物,他把成年期的动物同婴儿作比较,似乎要用“类比”的方法去支持动物权利。动物权利并非是先在的,而是因其同人权的诸多相似,从而拟制为权利的。辛格吸收了边沁的功利主义理论中的“平等原则”,并把它进一步扩展和强化。辛格在《动物解放》一书中称:“这个平等原则的一项自然引申,就是我们对他者的关怀、我们考虑他们利益的意愿,不应该系于他们是何许人(或生物)、或者他们有什么能力。”辛格进一步把原本只属于人类“特权”的平等推及动物,他的观点是视“平等”为超普遍的,无论黑人与白人、男人与女人,抑或人类与非人类都能够适用“平等”这一原则。边沁的这种理论在当时看起来相当激进,不过也许对于未来而言,有时候激进更具有前瞻性。边沁利用人和动物感觉上的共同性来论证动物权利的正当性,我们可以忽略动物非理性这个问题,因为在边沁看来,动物和人一样能够感知痛苦,即便假设反对者所持有动物没有理性或者语言的观点是对的,这尚不能阻碍人与动物之间的一个平等伦理关系的构成,“动物有不受痛苦的利益要求,而由于人的残暴而将痛苦强加给动物……而且他所说的动物权利指的是法律权利,而非仅指道德权利”。② 根据以上将边沁和辛格二人作比较的分析可以看出,无论是边沁对动物权利给予立法上肯定从而使

① [英]边沁:《道德与立法原理导论》,时殷弘译,商务印书馆2005年版,第349页。

② 曹菡艾:《动物非物:动物法在西方》,法律出版社2007年版,第127页。

之明确为法律权利，还是辛格极力提倡的动物解放，他们都是动物权利理论的支持者、建构者，都是以功利主义作为理论前设，他们都为善待动物、动物保护、动物解放提供了极其重要的理论基础。

与动物共处地球环境中，人们对动物具有浓厚的感情，并且往往借助诗歌来表达这种情感。诗歌"言之有物"的追求，往往诉诸动物，或是直接而较为纯粹地赞美某种动物，如龙、马、鹤、大雁、燕子、蝉等；或是把动物作为诗的意象，通过拟人、比喻、移情、借代、映衬等修辞，寄托于动物某种情感，并营造优美的意境，从而间接地传情言志。古代保留至今的诗歌更多是属于后者，这些诗歌的含蓄之美，曲径通幽令人神往，其精炼传神则增强了意境深远的美感，"中国古典诗歌是极其精炼的语言艺术，言约而意丰是历代诗人共同的追求目标"。[①] 诗性表达以动物为意象，不仅是中国诗歌"言之有物"的追求，而且还是中国人喜欢善假于物、爱屋及乌式的委婉表露内心情感的需要，颇具写实之风的《诗经》充分地印证了这一点。《诗经》中直接出现动物的诗共计 157 篇，占了总篇幅的一半之多，其中，马、鸟、鸡、羊这几种动物反复出现，多以轻松欢快的格调来铺陈叙事。人们认为动物也是有感觉和情感的，至少在诗里面是这样，于是往往利用拟人和移情的修辞来表达人们对动物的这种"信仰"。如唐诗："蓬山此去无多路，青鸟殷勤为探看。"[②]"感时花溅泪，恨别鸟惊心。"[③]"流水如有意，暮禽相与还。"[④]这些拟人的诗句，是把人的感情推及动物，把动物人格化，视动物为有生命、有感情的生物，这也是通过移情把人和动物的感觉融为一体，与边沁的人与动物的"同感"理论有所共通之处。

---

① 莫砺锋：《论唐诗意象的密度》，载《学术月刊》2010 年第 11 期。
② （唐）李商隐：《无题》。
③ （唐）杜甫：《春望》。
④ （唐）王维：《归嵩山作》。

三、监护与动物权实现

要探讨动物权的实现问题，还需暂且回顾一下动物权利的拟制。动物不仅在感觉上对痛苦和快乐的反应和人十分相似，而且在智力上某些高级动物又与婴幼儿智力相近。人们出于对动物的关怀和人类长远发展的需要，把原本并没有权利或不具备完整权利的动物视为权利的主体，并把保护动物确定为一项权利。如同非完全行为能力人或无行为能力人，动物的行为能力的限制是个显著的问题。动物虽然不能明确对人或其他动物提出权利主张，亦不能走进法院，为维护和实现自己的权利而说服法官相信而展开辩论，但是这并不代表动物就不具备权利主体资格，更不影响动物权利的实现。与人类婴幼儿类似，动物虽拥有权利，却尚不能独立实现权利一样，动物权利的实现需要由人类代为行使。在动物权的实现上，人和动物的关系是监护和被监护关系。人是动物实际的监护人，而动物一直都处于人的监护和管理之下。

事实上，监护理论运用到人和动物之间是恰当和符合物种关系逻辑的。在生命同源的基础上，我们需要把动物作为人的“亲属”来看待，并且认真对待二者相互之间的“亲属”关系。现实中，一些动物权保护案例正是借助于监护理论来实现动物权利的。德沃金在《法律帝国》一书中讨论过一个案例，即蜗牛鱼案。案件存在一个冲突，即保护蜗牛鱼与继续完成大坝之间的冲突。环保团体说服内政部部长指定蜗牛鱼为濒临灭绝的物种，并诉诸法院要求阻止大坝的修建。最终，美国联邦最高法院支持了环保团体的诉请。德沃金对此评论道：“这种长仅三英寸的小鱼既不特别美丽，也无生物学上的价值，同时也无普遍的生态重要性。”[①]并且，“最高法院还是不顾公

① [美]罗纳德·德沃金：《法律帝国》，许杨勇译，上海三联书店2016年版，第16页。

共资金的巨大浪费，命令停止建设水坝”。[①] 显然，相比于耗资过亿的大坝，蜗牛鱼似乎显得微不足道。但是从长远来看，蜗牛鱼不仅是生命共同体中的一员，还是人们特殊的“亲属”。人们对这种特殊的亲属负有监护的义务，若为了暂时的经济考量而主张灭绝一些动物，那将是不当的和不可弥补的。实质上，环保团体充当的是蜗牛鱼的监护人的角色，而蜗牛鱼则是被监护的动物。蜗牛鱼的生存和生命的权利，需要由人们代为行使救济。动物不仅是权利的主体，而且它们权利的实现是可以得到保障的，人们有义务和责任给动物提供监护以及保障它们正当权利的实现。

通过监护理论，动物权利的实现成为可能。动物权利与监护理论重要关系的另一个重要支撑，即动物和人一样也具有道德地位。德格拉齐亚总结了三种逐渐增强的动物权利，即道德意义上的、平等意义上的和超越功利意义上的动物权利。其中，第一种动物权利是初级的，也是最为本质、关键的。动物是具有道德地位的，它们非但不是仅仅为了人类使用而存在，并且它们必须因自身的主体性的缘故而被善待。[②] 人们和动物的道德属性具有一致性，监护能够从更深层次展开。基于一种平等的考虑，人们应该对动物和自己相似的利益给予平等关怀。在生理感觉上，动物和人具有“同感”。动物感知痛苦和快乐与人类相似，监护关系才会比较稳定。人们善待动物是一个道德要求。“那种把动物视为人们所有的物和财产的观念是一种精神分裂，是我们关于动物的道德上的病态。”[③]要治愈这种病态需要人们平等考虑动物利益，给予其人道的待遇。在人对于动

① [美]罗纳德·德沃金：《法律帝国》，许杨勇译，上海三联书店2016年版，第16页。

② [美]戴维·德格拉齐亚：《动物权利》，杨通进译，外语教学与研究出版社2007年版，第151页。

③ [美]加里·L.弗兰西恩：《动物权利导论：孩子和狗之间》，张守东、刘耳译，中国政法大学出版社2004年版，第35~38页。

物的道德和动物不可忽视的道德地位上,更为进步的理论是超越功利主义的,尽管它是激进的,却能为动物保护提供一种可能且具有前瞻性的切实路径。动物权利的实现不仅具有道德上的基础,而且具有法律上的融通性和道德指引。富勒认为,法律的道德性隐含着关于人的理解。法律并非仅为人所制定,权利也非人所专属。动物同样可以成为法律的主体和权利的拥有者。富勒强调,遵循法律的道德性关乎人生目标的实现。人们服从规则治理的事业,需要信奉一个信念,即"人是或者能够变成一个负责的理性行为主体,能够理解和遵循规则,并且能够对自己的过错负责"。[①] 动物同样能够遵循规则,尤其是自然规则,并且动物违背规则也会受到自然和法律的制裁。在道德属性上,人和动物之间的监护关系可以被表述为,人有人性,动物有动物的道德性。

关于动物权利的保障及其实现的保障,人们较早进行了法律制度探索,并且不断进行完善。英国被认为是最早为动物福利而专门立法的国家,早在1800年英国议会就对旨在取消残忍的斗牛风俗的《斗牛法案》的议案进行辩论。虽然议案最终未被通过,但它在英国,甚至在世界范围内引起了人们对动物保护的重视。1822年英国议会通过了《马丁法案》,禁止残酷地对待家畜,这是世界上第一部专门保护动物的立法。自此,法国、美国、德国紧跟其后也纷纷制定了专门的动物保护法律,今天世界上100多个国家和地区已经建立了比较完善的动物保护法律体系。[②] 其中,德国的动物保护立法是非常值得一提的,德国把人之外的动物纳入道德关怀的领域,现行的德国《动物保护法》第1条就明确规定:"从人对动物作为同类的职责出发来保护其生命和生活质量。任何人都不允许对动物无正

① [美]富勒:《法律的道德性》,郑戈译,商务印书馆2005年版,第188页。

② 参见常纪文:《动物福利法:中国与欧盟之比较》,中国环境科学出版社2006年版,第37~38页。

当理由的施加痛苦或损害。”德国的动物保护制度把动物视为人的同类，给予它们应有的尊重和关怀。我国的动物保护立法主要是立足于动物资源的保护。1989 年中国实施了《野生动物保护法》，还积极地加入了动物保护的国际条约，如 1946 年的《国际捕鲸规则条约》。世界上这些动物保护立法不断完善，事实上早已经明确了或者实质上承认了动物权利，并为动物权的实现提供了制度保障。

动物权保障制度的关键是禁止虐待和滥杀动物。1887 年，美国印第安纳州最高法院审理了一起虐待动物的刑事案件，即布鲁纳案。该案中的被告人把一只鹅浇上松油活活烧死，下级法院判处被告人有罪。被告人上诉并胜诉，公诉方则上诉到印第安纳州最高法院，最终印第安纳州最高法院维持了有罪的原判。法院区分了虐待动物和破坏财产，并认为虐待动物应受到惩罚是为了保护动物而不论其属谁所有。① 动物虐待的案件，是基于保护动物的权利，由人来代为诉讼而主张其权利的。普通个人、环保团体、政府都可以作为动物权利实现的代理者，履行对动物的监护义务。近年来，网络曝光的一些虐待动物的事件引起广泛的关注。一些虐猫、虐狗等虐待动物的行为受到社会舆论严厉的批评。人们的动物权利保护意识逐渐增强，这也为动物权利的实现提供了社会力量。人负有道德上保护“同类”的责任和法律上尊重动物的权利，履行对“动物亲属”监护的义务。其实，作为动物权利主体的动物，不仅是权利的享有者，也负有不侵害人的义务。在一些动物侵害人的案件处理中，实施侵害的动物面临的，可能是被监禁，也可能是被执行死刑。动物履行义务更多是消极的、被动的。它们尚不具有独立法律行为能力，所以需要人来采取一定的措施（如设置专门的动物保护区、防护栏，防止动物伤人）。人们通过这些措施来提醒并辅助动物履行义务，就

---

① 参见曹菡艾：《动物非物：动物法在西方》，法律出版社 2007 年版，第 337 页。

像家长需要教育自己的孩子，既不要伤害自己，也不要伤害其他小朋友一样。作为特殊权利主体的动物，其权利的实现是依据监护理论来完成的，人们负有监护动物和保障其权利实现的法律义务和道德责任。放眼未来，动物权利保障及其实现的法律制度将继续不断地完善，动物权利的发展也将拥有一个开阔的前景。

四、结语

关爱和保护动物不应当只停留在道德提倡上，而应适应时代的发展要求，进行制度层面的建构。尽管作为拟制的动物权尚存在一定的理论争议，但这并不影响它的证立和实践。首先，仅从财产权的角度寻求保护动物的传统理论，已经不能满足当今时代的要求。无论是从功利主义的立场出发，还是从动物本身自觉的角度探讨，动物与人具有极大的相似性，在特定的场合，动物能够成为权利的主体。这种权利并非绝对或先在，而是比照人的权利，通过拟制的过程而逐渐形成的。其次，借助于监护理论的应用，拟制的动物权具有较强的"生命力"，能够在司法实践中获得有效的保障从而得以实现。最后，动物保护以权利论来进行制度设置，更能有效地保护动物，有益于自然和谐。同时，这也是人们运用权利来保护自我、保护"动物亲属"而彰显的人性的光辉。

The Fictional Animal Rights and the Realization of Fictional Animal Rights

Liu Haoran

Abstract: In the traditional jurisprudence, the animal is simply regarded as "the object" in the sense of civil law. People's protection to the animal is limited to the scope of the property rights. However, this notion not only ignores the particularity of animals which have great similarity in human psychological and physiological conditions, but is difficult to adapt to the serious reality of environmental protection. With the progress of animal protection theory, people have explored the institutional level and have launched the theoretical assumption of animal rights. Although the animal is not a complete subject of rights, it can be justified by the theory of fiction. The formation of animal rights has a profound philosophical foundation and the deep accumulation of ethical emotions. At the same time, with the help of guardianship theory, the realization of animal rights is possible.

Keywords: animal rights; fiction; custody; animal relatives

社会契约论的源起与流变

——一种政治学说的古今之变再评述

刘晨光*

摘　要：中世纪的神学政治在经过唯名论的冲击与宗教改革的洗礼之后，被迫退出世俗社会组织。同时，以市民契约为模型的社会契约论迅速弥补了这一巨大的权力真空。这种以自然状态为起点并立足于公民个人的理性同意所构建起来的国家理论，试图替代上帝的关怀，描绘新的社会组织蓝图。契约式的国家学说在经过霍布斯、洛克等数代启蒙思想家的理论加工后已然成为西方民族国家产生及其政权合法性的基石。然而，政治理论本身为了保证自然状态下的公民享有权利的正当性以及遵守契约的必要性而在社会契约之上悬设一种新的道德体系——自然法，这种将道德置于契约之上的形而上学的抽象预设，无疑形成了新的"上帝关怀"。同时，这种以主观价值判断代替客观历史规律的理论设计，不仅混淆了事实与价值的界限，而且由此导致霍布斯等人古典契约论的衰落与以罗尔斯为代表的现代社会契约论的兴起。现代社会契约通过对原有契约模式的方向性倒置为自己确立了客观逻辑，使现代社会的政治

* 西南政法大学人权研究院研究员，法学硕士。

制度设计从“先道德后契约”的自然状态向“先契约后道德”的原初状态的转向，同时又进一步为社会秩序确定了基本的道德准则。

关键词：社会契约；自然状态；原初状态；现代契约；古今之变

中世纪的神学政治在经过唯名论的冲击与宗教改革的洗礼之后，被迫退出了世俗社会组织。同时，以市民契约为模型的社会契约论迅速弥补了这一巨大的权力真空。这种以自然状态为起点并立足于公民个人的理性同意所构建起来的国家理论，在试图取代神学秩序的基础上，努力描绘着新的政治组织蓝图。这种新的政治蓝图试图切断宗教神学与世俗政治的联系，主张从人的理性出发去构建一套根植人的本性、反映人的利益的新式规则秩序。因此，契约式的国家学说在经过霍布斯、洛克等数代启蒙思想家的理论加工后，已然成为民族国家政权合法性的基石。政治理论本身只是出于政治功利的目的而被看作工具，却最终成为世俗权力的真正来源与本质所在。最终，先验的社会契约理论由于自身的不确定性与虚妄，最终流于形式而难免被抛弃的历史宿命。

一、社会契约论的起源

古典基督教教义在划分上帝之城与世俗之城的基础上，论证了上帝的存在与神学政治的正当性。而后，托马斯·阿奎那借助亚里士多德哲学的理性与经验主义传统将理性与信仰、哲学与神学紧密地结合在一起，从而将中世纪经院哲学的光芒推向极致。但这种试图为世俗社会秩序提供一种形而上学根据的努力最终会失败，原因之一即这种有意识的置神性于理性之上并赋予信仰以巨大的魔力的建构行为，并没有给世俗社会带来一种存在的确定性。相反，其对于经验生活的制度性安排是灾难性的。

因此，以基督教内部所产生的唯名论革命与阿奎那神学体系的理念冲突为起点，由此演变为人文主义在基督教内部的复苏。在民族复兴、解放人性的旗帜下，最终经由宗教改革的推进，理性与信仰的逐渐分离，民族国家已然成型。因此，社会契约论的起源与当时的历史发展趋势有关。社会契约论应运而生，顺应了社会需求与时代要求。同时，其兴起之由又是复杂的，笔者将从三个方面进行阐释。

1. 唯名理论的冲击引发理性与信仰的分离

托马斯·阿奎那改变了奥古斯丁单纯主张上帝意志的古典理念，转而更加重视人的理性。他在继受亚里士多德"理性优先于意志"理论的基础上，将理性判断作为行为的第一要因。行为首先由理性引导，其次才是由意志引导，最后上升到上帝及其恩宠。这种一步分为两步走的宗教哲学思想不仅使关于人的终极目的导向了上帝理性的安排，更在人的自然本性之上安置了信仰的高级位阶，从而构建了信仰与理性相统一的经院哲学体系。这种流行了几百年的中世纪价值观念在早期社会分裂、蛮族入侵的大环境下或许具备合法性，但是随着西欧封建制不再适应资本市场自由化的发展趋势，加之民族情绪的普遍高涨以及世俗王权的迅速增强而终致教权日益衰落。此消彼长之间，唯名理论的出现加速了这一进程，并最终导致理性与信仰的分离。

唯名论的理念与经院哲学思想是恰恰相反的，后者主张理性优先于意志，人与社会的发展有其必然性与规律性，因而要求我们服从这一共同的价值体系与道德规范。从某种意义上说，这便是否认了个人的独立性与自主性，主张个人是依附于社会的存在，是价值理念的载体。这很容易让我们想到古希腊的城邦理念，"城邦作为自然的产物，并且先于个人，其证据在于，当个人被隔离开时他就不再是自足的；就像部分之于整体一样"。[①] 这种理念承认社会的共性

① ［古希腊］亚里士多德：《政治学》，颜一、秦典华译，中国人民大学出版社 2003 年版，第 5 页。

而否认个体的特性,禁锢了个人意志的自由,为教会的权威性提供了合理证成。而唯名论所反对的便是中世纪普遍存在的基督教会的专制主义,所追求的便是基督徒的意志自由。在唯名论者看来,意志本身便是自由的,不但不依附于理性,而且在价值位阶上高于理性。人因为意志而享受自由,并通过意志的自由能力脱离理性的束缚而达至幸福。而由理性所构建的信仰则属于超自然的事物,不为经验所证明,仅仅是一种道德理念,需要借助于天启神学才能认知。因此,唯名论者如邓斯・司各脱(Johannes Duns Scotus)、威廉・奥卡姆(William of Ockham)都拒绝追问上帝是否存在这一问题,而主张唯有个人的存在才是真实的、可感知的。基督教的信仰应当有助于个体的意志自由与独立,而不是以上帝的名义吞噬之。

唯名论的这种意志优于理性的革命性观念将人的自然理性与上帝关怀从原有的一体而二分,分置于不同的层次,从而导致了理性与信仰的二元分离。这种努力所达至的总的效果是摧毁了托马斯的思想体系:理性由于证明了庞大而幽暗的不可知王国应属于信仰的范围而赢得了自己的自由。[①] 无可置否,唯名论在将一切归于上帝的意志,并由此否认了理性至上的意志依附性学说,从而使理性不再从属信仰的范畴,由此刮起一场承认个体独立性的旋风。但身处中世纪的唯名论者却始终没有超越时代视野的局限,没能提出更进一步的革命观点,亦没有质疑社会价值理念的合法性。因此,普遍的上帝伦理虽为个体意志所解构,但是个人仅充当社会载体的宗教理念依旧不可动摇。仅有革命的理念是不够的,仍需要进一步开拓新的领域。

① [美]萨拜因:《政治学说史:城邦与世界社会》,[美]索尔森修订,邓正来译,上海人民出版社2015年版,第467页。

2. 人文主义的觉醒释放人性与信仰的张力

唯名论的革命理念虽然使信仰与理性分离，但中世纪的欧洲所确立的权利、义务、规则依旧是针对社会而非个人。如何进一步确立个人自由的正当性与个体存在的真实性，成为社会发展亟须解决的问题。从14世纪开始的以人文主义为核心的文艺复兴与宗教改革两大运动，不仅成功地解决了这一难题，并在理念上将对信仰的热诚建基于人性上。人文主义在本质上便是一种解放人性的理论，在信仰的高贵纯洁性与人性欲望的物质需求之间，努力探索改善人类生活并达至幸福的目的。所以，"'人文主义'一词可以用来指代一种建立在人类高贵品性上的伦理。转用于研究和行动，它承认和超越了人类天才的伟大和创造力，而反对无生命自然之原始力量。具有本质之意义的仍然是，个人通过严格的、有条不紊的纪律发展自己之所有人类机能，以不失任何能够扩展和提升人类的努力"。[①]人文主义的核心思想在于提高人性的价值与地位。文艺复兴运动在这里起到了很好的作用，在教育、文化，乃至个人生活等方面动摇了经院哲学的垄断地位。正是借助文艺复兴运动中对于古希腊、古罗马文化的传播和古典文献的重新诠释，最终使由唯名论所谱写的个体实在性在文化领域被释放出来。西欧诸国不仅重拾了被遗弃近千年的人文教育与古代哲学，并重新建立起对人类才能与理智的信心。它逆转了经院哲学和神学的传统教导，这是确确实实的。同样可以肯定的是，它喜欢完全属于异教的古典文学，它的思想趋势是提升人性。[②] 同时，文艺复兴运动之后的宗教改革更是将人文主义的动力与激情由对人性的深刻认识转入对上帝本身的关怀或再认识。

① [法]布罗代尔：《文明史》，常绍民、冯棠、张文英等译，中信出版社2014年版，第362页。
② 同上书，第368页。

值得一提的是，宗教改革本身所具有的新教伦理是一种纯粹基督教文化的内部道德认知。那么，为什么一场旨在捍卫基督教的信仰与权威、维护教会在宗教文化领域的独立与自足的改革却无比强化了世俗王权，并最终导致中世纪的落幕与民族国家的形成？这在新教徒看来是匪夷所思的，但这一切在当时却是情势所致。无论是路德还是加尔文，在他们的心中皆没有人民主权的概念，也反对天赋人权的观念。新教徒依旧主张君权神授，一切权利的正当性均源出上帝。这一观点与中世纪早期基督教义没有多大区别，但是他们反对罗马教会的无能与腐烂、鄙夷教皇和神职人员的专横与特权，他们似乎希望回到古代基督教所宣扬的人人平等、和谐美好的博爱时代，而不愿再受教皇专制主义的控制。因此，宗教改革者们将原属于牧师、僧侣所主持的宗教仪式的权威转移至《圣经》文本本身。他们宣称通过对于《圣经》的自由研究，每一个人都可以独自面对上帝而不再需要教会作为中介。因此，新教主义几乎脱离了中世纪以来的教会威权束缚而使个体的独立人格得以彰显，从而捍卫了个体的人性尊严，以达至意识自由、信仰自由的目的。但是，新教徒也意识到仅凭文化领域的宣传无法改变教会的混乱现状，亦无法对教皇和神职人员实行强制，更加难以在短时间内形成新的公共理念与宗教精神。为了新教的利益，他们必须向世俗王权求助，将改革引入政治生活之中。

3. 民族国家的崛起终致权利对信仰的解构

教权与王权的冲突一直贯穿着中世纪千年的进程，与宗教改革者在人文领域对基督教正统话语权的争夺不同，世俗王权的斗争主要是基于政治经济因素的考量。中世纪的西欧由于蛮族入侵、宗教战争等因素的影响，从原有的大一统帝国进入分裂的封建社会。封建，即封土建邦。此时的欧洲犹如千年之前的古希腊，由一个个城堡或领地组成。实际上，欧洲那时已经忘记了欧洲之名。它变成了一个彼此分隔的世界，在那里起作用的都是小的地区，是狭窄有限的母邦。[①] 由此，封建社会在经济上是一种纯粹的人身依附关系，人与人之间仅进行简单的贸易往来。这种贸易也是纯粹区域性的，不涉及市场大宗买卖，交易方式也仅限于土地租金、契约买卖等初始形式。然而，经济形势的两种重要的变化却彻底颠覆了封建主义的制度基石。首先，城市的出现形成了现代意义上的资产阶级与中产阶层。西欧的基层区划经由"采邑—城镇—城市—都市—超级都市"的演变，使原有领主的封地在物质繁荣、人口增长的基础上超越了地方的界限，最终聚集起来形成相对自由，经济独立的领地。这些领地根据面积的不同或称为城镇，或称为城市，甚至是都市。相对于传统的封建领土制，城市拥有较大经济自由性，城市居民亦享有宽泛的个体独立性，并由此成为中世纪城市国家的支柱力量。[②] 其次，交通工具的发达促进了自由贸易与资本市场的开拓。交通便利打破了原有的地方性市场垄断，使西欧成为冒险家的乐园。商人为了获取更大的利益而积极开拓市场，寻求商机，客观上促进了全球自由贸易的发展。城市化面貌的出现形成了最初的资产阶级，而国内外自由贸易的发展带来的是资本主义市场的规模化、制度化。二者都需求稳定的社会秩序、稳健的国家政策来维护他们既得的和未来还会得到的利益。这便是由经济变化而带来的社会影响，反映到政治领域上即表现为日益增长的对国家统一的诉求。他们的利益促使他们必然倒向"强"政府的一边。因此，国王成了他们天然的政治盟友。就当时的情形而言，他们乐于见到国王的权力得到加

① [法]布罗代尔：《文明史》，常绍民、冯棠、张文英等译，中信出版社 2014 年版，第 338 页。

② 参见[法]布罗代尔：《文明史》，常绍民、冯棠、张文英等译，中信出版社 2014 年版，第339～348 页。

强，因为这能够打破束缚中世纪君主之手脚的种种制约和限制。[①]基督教会由于主张将世俗王权置于教皇的至上权力控制之下，由此产生的宗教战争更是阻碍了国家的统一。同时，教廷当局在教会财产以及税收、土地等方面的腐败亦严重阻碍着市场经济的发展。在宗教改革后，无论是新教徒还是新兴的资产阶级，都将教会作为民族分裂和社会失序的天敌。他们面对共同的敌人并在某些方面达成了共识：唯有强大统一的国家才能改变这一失序的政治格局，也唯有世俗的君王才能保障人民的权利不受侵犯。

二、社会契约论及其立国模式

从根本上讲，西欧封建制度下的政治法律思想在神学大幕的笼罩下倾向于将权利和义务的主体定位为社会，而非作为社会载体的个人。因此，中世纪的个体之存在是不真实的，个人的欲望是不合理的，唯有在上帝终极关怀下的社会制度才是正当的。个人的一切诉求若不能服务于这一大局便都是不合法的。但是，由唯名论革命所引爆的意志独立为始，个人自由渐从宗教束缚中挣脱出来，个体欲求的正当性随之得到承认。个人不再是某一社会理念的载体，相反，社会存续的合法性在于能够制定相关法律来保护个人之合法所得、维护个体之独立自由。因此，一旦个人权利这一潘多拉魔盒被打开，民族国家便完全从上帝的意志中独立出来，成为和神学政治无关的政治实体而存在。社会本身所标榜的终极关怀将被抛弃，个人权利的至上性取代了上帝，成为新的终极关怀。社会契约论便在上帝理念淡化乃至泯灭的情势中应运而生。它不仅承担着为民族国家的合法性提供理论说明的重要使命，也负有为个人权利的正当性存续提供体系论证的历史责任。

---

① ［美］萨拜因：《政治学说史：民族国家》（上），［美］索尔森修订，邓正来译，上海人民出版社2015年版，第5页。

从社会契约诞生前的政治环境描述中可以看出，无论是开始于基督教内部的唯名论革命，还是推翻基督教神权秩序而形成的民族国家，否认共性，弘扬个性已经成为新时代的主旋律。个体不再依附于社会或某种终极理念而存在，个体本身的存在就已然构成其正当性的存在理由。我们从宗教改革者处得到的可能还是关于自由的模糊理念，但是从民族国家形成的过程中我们可以明确感知，个体理念作为一个真实的价值存在，关键在于对于人性欲望正当性的承认、对个人权利合法性的保护。当民族国家的起源学说以社会契约的形式展现在世人眼前时，这种承认与保护也成了社会契约论的目的。所以，一旦人文主义的国家不再是为神权所笼罩的国家，它便很容易变成社会契约之载体而非上帝意志之产物。① 新理性时代的理论家们纷纷拒斥神学的理念，抛弃教会的形式，转而高举人性、自由、平等的大旗。他们以契约为模型、以自然法为理念、以自然权利为核心，试图通过社会契约的国家学说来达成这一目的。

然而，契约论者所勾画的政治制度千差万别，如果尝试将他们的理论调和起来，打造一种通用的国家学说，这几无可能。因此，与其把"社会契约"称为国家学说，倒不如将其视为一种共享的政治理念或一种共同的原则、态度与情感。这便要求彻底摧毁宗教神学的思想权威与合法性架构，坚信人类所拥有的理性能力，并致力于维护由此所带来的自由、权利与平等。所以，当我们把具体观念放在一边，只是关注中心理念，那么他们关注的问题还是相同的，思路也

① 把社会用于交易的经济契约上升到构建国家的政治契约，这并不是牵强附会而是有将二者联系起来的共同的桥梁。这一桥梁便是共同拥有的契约精神。换言之，一般契约所蕴含的主体地位平等、自由合意选择、互利互惠等原则与民族国家所欲构建的自由、平等、进取的精神不谋而合，"契约具有世俗性，它隐含了平等、自由、功利和理性的原则。以契约作为一种构建组织秩序的方式，与中世纪秩序组织的神学色彩以及命令为社会特征和权力组成方式是根本不同的。因此，契约模式有可能作为一种新的基本模式被用来构建国家和社会"。参见朱苏力：《从契约理论到社会契约理论——一种国家学说的知识考古学》，载《中国社会科学》1996 年第 3 期。

是一致的。因此,有必要进一步介绍两位学者的社会契约理论,以他们的政治逻辑为范例来展现基督教文明衰退之后的新时代的启蒙与理性。①

1. 霍布斯:个人情感的政治隐喻

《利维坦》所利用的正是这些对人类品性的世俗化解读奠定了霍布斯式的经验主义模式和科学实证主义的叙事方法。换句话说,通过对于人类的感觉、想象、语言等方面的描述,使个体开始脱离作为形而上学的附属而存在的中世纪传统,并进一步意识到人类自己的理性与独立。当然,由于受到17世纪自然科学巨大成就的影响,霍布斯对于人性的观察与研究方法也是自然科学式的,其中伽利略的几何学理论对其影响颇深。所以,霍布斯才会认为:"从古到今,几何学是上帝眷顾而赐给人类的唯一科学。人类在几何学中便是从确定词语的定义开始的。这种确定的意义的过程被称为定义,是人类计算的开始。"②这种几何定义法贯穿霍布斯著作始终,一旦某些构思假设无法符合事实或经验的考察,这种方法便会发挥功效。众所周知,几何学是一门关于事物运动、发展的,具有严密逻辑体系的科学。它首先处理最简单的事物,而当它向比较复杂的问题推进

① 之所以选择霍布斯、洛克这两位学者的思想进行阐释,一方面,因为他们的思想贯穿了整个16世纪至18世纪的契约文明。霍布斯是这一理论的开创者,先行人。他第一个提出了契约式的国家假设,并在人的本能欲求与生理情感的基础上诠释着社会契约论的完整架构。洛克则是契约理论的集大成者,他继承了霍布斯的契约架构,并注入了自然权利、民主理念等要素,从本质上通过契约表现出对人民意愿的尊重、对自由与权利的维护。洛克使社会契约的理念得以普遍化并通行世界。另一方面,两人虽同样借助社会契约的逻辑来阐述国家主权的正当性,却得出完全相反的政治主张。因此,进一步解读霍布斯与洛克契约思想,从侧面也可以揭示出社会契约论从创建之初便存在的张力,这是还原该政治理论本真的一把钥匙。当然,在此之前的格劳秀斯首先提出自然法与权利理论,但他的主要理论架构是在国际法领域,关于国内法的契约思想着墨较少。在此之后的卢梭虽然以"社会契约论"作为书名,可他的浪漫主义哲学思想实际上是反理性主义的,并且其在论证人与人的不平等起源问题上意图以处于共同体中的平等来代替作为契约里的个人自由。卢梭似乎愿意回到类似古希腊城邦式的美德生活,因而他事实上是摧毁了社会契约的正当性传统而意欲构建一个新的世界。至于斯宾诺莎与普芬道夫,他们完全是拾霍布斯的牙慧。

② [英]霍布斯:《利维坦》,黎思复、黎廷弼译,商务印书馆1985年版,第22页。

时,它只会运用在此前业已证明了的东西。这样,它就被建立在了一个稳固的基础之上,因为它绝不把任何东西视为当然,而且它的步骤也都是由前一个步骤所保障的,这一直可以追溯至该结构最初依凭的那项不证自明的事实。[①] 霍布斯同样沿用了这种方式,在他看来,人类生存发展也是一项运动。这一运动的原始起点便是人的情感,由这种情感驱使着人类的所有行为,决定着人的价值判断,构成了人类最初的心理动机。同时,善恶是非的人性标准始于两种最原始的感觉反应——欲望与嫌恶,并最终由人的情感来决定。霍布斯的这种演绎方法起到了两个效果:第一,彻底颠覆中世纪哲学的意志理论。传统的经院哲学,乃至古希腊罗马传统都认为人是通过意志来决定是非,控制欲求的。而这一意志可以是宇宙间的自然规律,也可以是抽象的终极关怀。但是霍布斯的人性观否认意志决定论而主张"意志便是斟酌中的最后一个欲望"。[②] 第二,承认人性情感的价值需求,特别是欲望动机。霍布斯的种种看法颠覆了传统的哲学理念,在他眼中,人不再是古希腊至善论或中世纪目的论等理念的产物,而是要自己创造整个世纪!一个不同于以往的,能够体现人类真实状态的自然社会呼之欲出。

在揭示人性情感本质的同时,霍布斯主张物体的运动是恒定、守常的,必然是朝向某一中心的运动,所以人的欲望需求也必然是朝向某一目的发展。霍布斯在简单指出人的欲求是无限之后便表示,基于自然资源的有限性,人类必然在欲望的驱使下而时刻处于战争的状态,并因此生活在恐惧、孤独、贫困的原始状态中。因此,

① [美]萨拜因:《政治学说史:民族国家》(上),[美]索尔森修订,邓正来译,上海人民出版社2015年版,第177页。

② 霍布斯认为由意志来定义理性欲望的观点是不正确的。相反,意志是人的理性在考虑各种行为后果之后所作出的反应,是基于心理动机对个体生命遭受刺激后的价值选择而已。参见[英]霍布斯:《利维坦》,黎思复、黎廷弼译,商务印书馆1985年版,第44页。

自我保存或安全便成了最大的欲望，是运动的最终目的。霍布斯很巧妙地把人类的自然欲求与自我保全的理性诉求嫁接起来，顺势提出了一种为了自己的利益，根据自己的欲望行事的前社会状态——自然状态，并以此促使理性与欲望的分离，进而引申出基于社会契约而成立的民族国家。在他看来，“如果要建立这样一种能抵御外来侵略和制止相互侵害的共同权力，以便保障大家能够通过自己的辛苦和土地的丰产为生并生活得很满意，那就只有一条道路——把大家所有的权力和力量托付给某一个人或一个能通过多数的意见把大家的意志化为一个意志的多人组成的集体……这一点办到之后，像这样统一在一个人格之中的一群人就称为国家，在拉丁文中称为城邦。这就是伟大的利维坦（Leviathan）的诞生——用更尊敬的方式来说，这就是活的上帝的诞生；我们在永生不朽的上帝之下所获得的和平和安全保障就是从它那里得来的”。[①] 在这里，霍布斯的面纱才真正掀开。他之所以武断地把社会契约与成立国家这两个互不信任的因素强行融合在一起，[②]并不意味着他是契约和自然法理论的爱好者，也不能认为他就是君主专制的拥护者，乃是因为霍布斯是一个极端功利的个人主义者。他认为，之所以要成立国家并制定法律，目的只有一个，即对国家权力与法律正当性的证成有利于个体的自我保存。因此，社会契约本身只是个形式，但是遵守契约却十分重要。同样，自然法或自然权利都不具备实质性，但人们必须遵守依据自然法所制定的法律。进一步说，一个人格化的主权者意志也只是一般性的，其权力基础来自人民的同意。同时，由

① ［英］霍布斯：《利维坦》，黎思复、黎廷弼译，商务印书馆1985年版，第131～132页。

② 社会契约脱胎于古罗马时期的市民契约或称经济契约，也就是现代意义上的合同。但是契约本身强调的是缔约主体的地位平等、缔约过程的意识自治、缔约结果的平等互利，而这与社会契约的国家学说之产物——民族国家所要求的绝对的权威与绝对地服从相比，似乎二者之间是不可相容的。但既然可以通过社会契约使自然状态过渡到国家主权，便意味着二者在精神上有互通之处，因此，对采用此理论的霍布斯亦不能简单地一元化视之。

同意而产生的国家必须承担起自己的职责，即保障人民的安全，使人民过上更好的生活。因此，国家的权力与法律是要创造一种新的社会组织结构，使政治权力处于一个新的阿基米德支点上。这一支点便是，以强权开创一个稳定安全的正义制度，用法律保障一个自由适度的社会空间。

霍布斯是一个性恶论者，他坚信如果没有强制力的威慑，人类的自利本性就不会产生服从。利维坦就象征着这一绝对的强制，是所有恐惧的总和。人类也唯有因为恐惧才会产生服从，而服从所换来的必须是安全的保障。其实，从人性恶与自我保全出发的霍布斯并没有否认人民拥有反抗权，他提出："臣民对于主权者的义务应理解为只存在于主权者能用以保卫他们的权力持续存在的时期。因为在没有其他人能保卫自己时，人们的天赋自卫权力是不能根据契约放弃的。"[①]霍布斯的秘密就在于此，它发现了将新教伦理演变为世俗真理的标准，那便是首先要满足作为主体的理性个人之需求。契约、权利、强力、国家、主权者等所有的要素都是手段，他们都服务于一种从上帝意志中分离出来的、拥有独立理性与意志的，并要以自己的能力来改造这个世界的新公民观！而霍布斯所要做的仅仅是为这种认知做充分理性说明，以及由此为利维坦的诞生提供合法性的基础。

对于霍布斯来说，对个人情感正当性的承认有着重要的意义，否则人类依旧要生活在中世纪原罪与救赎的神学本体论中，无法构建新的社会秩序。然而，利维坦在瓦解上帝之城的同时，以契约为依据的新道德规范却有着致命的缺陷。因为新的道德以强权为依据，法律成了主权者的意志所发布的命令。那么，主权者的权力基础又在哪？是自然法吗？显然霍布斯并没有把自然法作为目的，在

① ［英］霍布斯：《利维坦》，黎思复、黎廷弼译，商务印书馆1985年版，第172页。

他看来，人的行为本质是受情感与欲望所主导的，自然法只是完善其逻辑体系的条件之一。接受利维坦只是为了安全起见，自然法也只具有工具理性的作用。是契约本身吗？也不是。霍布斯承认人性本恶，因此，如不能借助绝对权力进行压制，人们可能会放弃业已缔结的契约而回到战争状态，所以才需要强力制止这一预期。由此可见，强力才是产生于这一目的的协议。可是又以已经成立的契约国家的运行状况来决定强力本身的正当性，难免给人循环论证之嫌；同样，谁又能担保主权者同样会信奉“己所不欲，勿施于人”等自然法则，而不会滥用手中的权力……针对这些质疑，霍布斯不可能没有一点意识，但这并不是他所关心的地方。霍布斯十分确信自己的时代任务，那便是用启蒙理性的权威来替换终极关怀的权威，至于构成这一权威的合法性基础是什么，他最终选择存而不论。[①] 他只愿意开辟一个新的社会伦理的发展方向，即迈向自由与法治的未来。

2. 洛克：对自由与权力的调和

霍布斯的社会契约论以其无懈可击的逻辑体系以及隐而不显的功利型个人主义理念，构建了一个前无古人的现代政治制度模型。然而，无论是基于其个人品性还是其身处之时代局限，霍布斯的契约式国家学说在逻辑结构上都有一个严重的缺陷，即他犯了假两难推理的谬误。[②] 这种谬误在于其所提出的待选项并不是穷尽的。因此，在霍布斯的政治蓝图里，要么是君主专制政体，要么是无政府状态，似乎没有第三条道路。无可置否，身处神学秩序衰落的动荡年代，霍布斯必须迎合大众对于生存、安全的需求而主张建立

① 这一思路影响了后来的边沁、穆勒甚至包括奥斯丁在内的一大批功利主义哲学家与法学家，法律实证主义也多少沿着霍布斯开创的体系架构来展开自己的逻辑体系。

② 假两难推理是逻辑学中的一个概念，属于逻辑谬误推理的范畴，基本模式为非 A 即 B，没有第三选择。但这一推理所提供的选项并不能够排斥所有其他的可能，因而是谬误。

一个强权国家。但绝对的权力集中必然导致腐化,主权者毕竟也是一个功利的个体,很难避免这一情况。因此,权力制衡成为束缚利维坦的重要手段。洛克不仅继承了霍布斯关于国家权力源自人民同意的理念,更进一步以契约式的语言推动契约支点从自然法向自然权利的位移。

洛克致力于为英国光荣革命及其以后所开展的系列宪政改革提供合法性的理论证明,为了这一信念,他甚至放弃逻辑体系的完整性而取政治上的正确性。为此,洛克对霍布斯的契约理论做了一些改动,但他没有触及这一理论的核心部分,即国家权力的合法性乃是基于人民之间的同意而缔结契约之产物。他也认可实在法必须符合的上位法——自然法的权威,并承认由自然法所衍生出来的自然权利的先验性。唯一的区别在于他认为统治者也是缔约者之一,亦属于社会契约的范畴。若统治者做出了有违契约内容之行径,则人民有权解约并重新建立一个符合人民意愿和利益的,并愿意遵守契约原则的新政府。可在霍布斯的理论架构中,国家权力是绝对的,统治者并不是缔约者,其也不会犯错,人民亦不得抵抗。洛克反对这种将统治者排除于契约之外的观点,但这样修改的后果却是灾难性的。恰恰是这样一种改动,使霍布斯那极为严密的理论架构被瞬间撕开一个伤口而注定无法弥合。不过洛克是有意为之,他是为了自由与权力的平衡再造而选择了向现实政治妥协。

洛克妥协的第一步便是预设一个完全不同的自然状态。在霍布斯眼中,未形成社会之前的生活状态是一种原始状态。在这种状态里,人与人之间的关系是狼与狼一样的关系,人有为所欲为的自由,因而是处于战争的状态。而洛克却认为在自然状态中人们是自由、平等、独立的,因此自然状态其实是一种和平、自在的和谐状态。之所以这样界定自然状态,洛克自有他的理由。在他看来,自然状态之所以会是和谐的,是因为自然法在起作用。自然法不仅规定了人人生而平等,而且表达了天赋人权的重要理念。因此,在理性的主导下,人类不仅愿意在自然法主导的秩序下生存,而且明白自然法赋予了人们一些不被剥夺、不可转让的基本权利——生命、自由、财产,这也就是自然权利理论。洛克对于后世最大的贡献莫过于提出了自然权利理论。他认为,自然状态下的人是自由平等的,人人都拥有天赋的自然权利,并有权惩罚侵犯自己权利的人。这与霍布斯"一切人对一切人的战争"的自然状态有着本质性的区别。在这里,洛克有一个隐而不显的政治目的,即通过这样一种预设,使自然状态不再是一个原始状态而是一个具有道德约束的社会共同体,只是尚不存在公权力机关而已。洛克之所以如此依赖自然法这一先验的理念,其目的就在于提前将以自然权利为核心的道德规范嵌入自然状态之中,使之成为以后限制政府权力的重要武器。而这些权利、法规在霍布斯的自然状态下几乎是不存在的。人们拥有的仅仅是大体上的平等和放弃个人所有权利的无奈。只是为了确保基本的安全,怎敢在原始状态下奢谈权利?洛克的目标表露无遗,就是为了给拥有绝对权力的主权者戴上紧箍咒,即以基本权利的不可侵犯性作为国家权力行使的界限。洛克这样做,使他不得不借助于自然法这一理念——由自然法来提供自然状态的和平环境,由自然法来规定不可剥夺的自然权利。由此,我们可以发现,原本仅是充当工具理性的自然法突然被洛克赋予了巨大的功效与德行。我们不得不再次质疑,自然法的合法性基础又在哪里?作为一个先验的理念要在经验生活中得到证实是不可能的,因而洛克又祭出了宗教的大旗,把被霍布斯赶走的上帝又请了回来,主张自然权利是由上帝赋予的。这表明洛克也意识到自己的逻辑体系是不完善的,但为了顺理成章地把统治者也拉入缔约的范畴,他已然无法兼顾。

洛克在成功为自然状态注入道德规范的因素之后,便开展他的第二步,即对国家成立后的社会契约进行改造,令政府也成为立约一方。因此，洛克首先指出人们要离开自然状态而进入社会的原因，即自然状态缺少公认的法律、公正的裁判以及执行官，有太多的不便，因而需要缔结契约来改善这一不便之处境。紧接着，洛克又确立了缔结契约的共同底线，即“当每个人和其他人同意建立一个由一个政府统辖的国家的时候，他使自己对这个社会的每一个成员负有服从大多数决定和取决于大多数的义务；否则他和其他人为结合成一个社会而订立的那个原始契约便没有意义，而如果他仍然像以前在自然状态中”。①

洛克这样做的目的在于打破自由与权力的樊篱，令公民的个人自由与政府的行政权力达至真正的和谐与稳定。至少在洛克看来，他已经通过规定一套天赋的不可剥夺与转让的自然权利（特别是财产权）作为公权力行使的限度，而且他与霍布斯一样主张统治者的权力合法性源自人民的同意。而人民愿意离开自然状态进入社会的主要原因，也是因为按契约建立起的主权国家能够保护人民的利益不受侵犯。不同点在于，霍布斯拒绝承认进入社会后的人民还可以回到自然状态，而洛克却主张由于统治者也是缔约一方，一旦统治者没有尽到职责甚至滥用权力，那么人民可以因政府违约而推翻政府，重新缔结契约。在这里，洛克已经达成了他的预定目标，自然状态下的人类所拥有的基本权利已经成了民族国家中政府所要承担的责任。这套权利理论有效地限制了公权力的适用范围，同时也赋予了政府权力的合法性基础。但他的理论不得不令人生出更多的疑问：现实的政治生态是否如他所言保护了个人的权利就能够维护政府的权威和公共利益？洛克把成立国家之前的自然状态视为一种道德规范化的社会，而成立国家后，这种道德规范化的社会是否还有存在的必要？他与有了政府的社会又有什么区别？这种区

① ［英］洛克：《政府论》（下篇），叶启芳、瞿菊农译，商务印书馆 1964 年版，第 60 页。

分的逻辑依据又在哪？还有，政府滥用权力到了何种程度人民才能反抗？洛克对这些问题都没有给出令人满意的回答，有些问题他甚至忽略不计。

洛克其实一直在自由与权力之间充当调和者的角色，企图保持一种平衡。为此他赋予了人们普遍的反抗权，这也是霍布斯之前想做而一直没做的事。两人有一个共同的信念：个人自由与公共利益是一致的，政府或社会都是为了维护个人的权利而存在。霍布斯豪迈地声称："公私利益结合得最紧密的地方，公共利益所得到的也推进的最大。"[①]同样，洛克也宣称："而这一切都没有别的目的，只是为了人民的和平、安全和公众福利。"[②]可以说，洛克和霍布斯的理论在本质上是一致的，但霍布斯至少在逻辑上保持了其契约理论的完整性，只留下了如何束缚住主权者的尾巴，洛克却是以牺牲自身学说的逻辑体系来为这一问题提供通俗性的回答。这虽满足了一时的要求，却连自然法的先验根据，甚至是国家与社会的基本区别都没有搞清楚。因而他对于自由与权力的调和貌似充满真知灼见，其实严重缺乏哲理基础，犹如建筑在沙滩上的阁楼，一遇风浪，终将被摧毁。

三、社会契约的理论困境

霍布斯的另一部传世之作《论公民》，同样写于英国内战时期。他除继续以弘扬理性来瓦解基督教神学的合法性外，竟花了两到三个章节来诠释人民主权的思想。霍布斯似乎试图将《利维坦》中所压抑的民主情怀在这里释放出来，尽管仍是诉诸自然法原理，却能够毫不避忌地指出自然状态的缺陷。无独有偶，在《人类理解论》中，洛克完全站在经验主义的立场，不仅暗示自然法的不证自明是

---

① [英]霍布斯：《利维坦》，黎思复、黎廷弼译，商务印书馆1985年版，第144页。

② [英]洛克：《政府论》（下篇），叶启芳、瞿菊农译，商务印书馆1964年版，第80页。

违背常识的，更公开表明任何观念都不是天赋的，而是由人类的感官经验所决定，知识源自经验的积累。霍布斯、洛克都意识到社会契约的国家学说及其预设都是在经验上无法得到证实的，他们也清楚自己是为了获得逻辑上的合理性或政治上的正确性。因为这样一种强行由“是”推向“应当”的先验法规相当于在人类的心中再造上帝一样，只不过换了一名字（理性）而已。所以，当霍布斯等人为了彻底肃清旧制度的影响，便以理性万能的名义彻底摧毁经院哲学的神学秩序，却没有给人类本性留下一丝存续的历史空间——这一空间包括经验、习俗或习惯等。也正是因为这一斩草除根式的政治功利主义之成功，从而造就了契约学说本身难以克服的困境，最终也导致社会契约论自提出之日起就埋下了覆灭的火种。这一火种随之以自然状态为起点的先验法则而日益燎原，最终摧毁整个契约理论本身。

1. 社会契约论不可避免地走向理性独断的方向

无论是霍布斯还是洛克，在构建自己的逻辑体系时，都先悬设一个抽象的自然法作为社会契约的基石。这样做的目的虽然是出于一种政治上的功利动机，但唯有如此才能证成处于前社会状态下的个人拥有一种天赋的权利。如果没有这种权利的合法性来源，也就不具备缔结契约所需的讨价还价的资本。而这种合法性的来源却不得不诉诸一种高度抽象的理性主义的形而上学。换言之，自然状态、自然法、自然权利等一整套构成社会契约论的理念都是先验的、抽象的、唯理性的。理论创作者们将自己的主观价值判断直接提升为客观的价值规律，并视之为永恒不变的普适法则。究其本质，不过是主观理念的客观化而已。一方面，它是自然法则、客观规律，是无可怀疑的事实；另一方面，它又确确实实只是特定时代、特定人群的信仰、理想，是变动不居的价值判断。作为自然法则，它是永恒的、普遍的和单一的；作为价值信念，它又是暂时的、特殊的和多样的。就是这样一个自相矛盾的观念,同时提出了是什么和应当是什么的问题,并且把二者巧妙地糅合在一个概念当中,价值被宣布为事实,事实实际上只是应该的。[①] 这种完全诉诸形而上学的观念,武断地把人分为理性和非理性两个部分,如柏拉图把世界分为理念的和现实的一样,并认为人类间的所有纠纷都是由理性与非理性的冲突所致。究其根源是没有遵循理性的正确引导,却受制于非理性的因素如情感、欲望等,因而必须确保理性在人的行为准则中的主导地位。

理性主义的万能理论最早源自笛卡尔,他认为:“哲学转变为关于如何控制自然的规划,美德转变为关于激情的科学,完善的理论美德和实用美德转变为单一的具有美德的特征的宽宏这一激情。”[②] 这一激情在自然科学领域取得的巨大成就很快被运用到社会科学领域。社会科学家自认为可以像自然科学家成功预测自然一样来对社会进行精确地计算,从而达到控制与改造的目的。这种试图改造社会的想法类似于建筑师对待木料、石块一样,但是真正的社会是这样吗?应当清楚的是,我们的知识是有限的,并不足以对社会整体达至精准的认识。如果把社会仅仅看作一个城市,而自己充当设计师来试图规划一切,那么注定是要失败的。因此,这种认为理性可以决断一切的独断式思考本身就有压制自由的可能性,并导致心灵强制。由理念发展而来的契约式国家学说在卢梭的公意理论中发展到了极致,他特别强调任何人,如果拒不服从公意,那么全体就要迫使他服从公意。[③] 当这种“理性足以审判一切”的观念成为法国大革命时期雅各宾派的指导思想,随之而来的政治灾难则无法避

① 梁治平:《法辩:法律文化论集》,广西师范大学出版社 2015 年版,第 174 页。

② [美]克罗波西、施特劳斯主编:《政治哲学史》,李洪润等译,法律出版社 2009 年版,第 432 页。

③ [法]卢梭:《社会契约论》,何兆武译,商务印书馆 1963 年版,第 24 页。

免。因此，社会契约论本身所蕴含的先验的、形而上的理性独断不仅在理论上存在缺陷，客观史实也验证了这一点。

2. 社会契约论混淆了自由与权利的界限

16 世纪以来的社会契约理论虽然以自然法作为理论的基石，但是这种自然法则的内涵已不再是努力符合宇宙间的自然秩序或积极接受上帝意志的指引，而是关于自然权利的理论。正确地说，近代自然法理论根本就不是关于法律的一套理论，而是有关权利的一套理论。在相似的名词掩护之下，一番重大的变迁已经发生。[①] 的确如此，民族国家的主要目的就是维护个人的自由与利益，而维护自由所采取的手段莫过于对权利的制度性保障。因此，社会契约论者特别重视人的权利，特别是洛克。他以财产权为例，明确指出："劳动使它们同公共的东西有所区别，劳动在万物之母的自然所已完成的作业上面加上一些东西，这样它们就成为他的私有的权利了。"[②]因此，"为了约束所有的人不侵犯他人的权利、不互相伤害，大家都遵守旨在维护和平和保卫全人类的自然法"。[③] 从这个角度看，人的自由已经被视为权利本身，而权利也被当作自由最充分发展的一种形式。在他们眼中，自由与权利是一回事。然而事实是这样吗？柏林对于自由有一个经典的划分，即消极自由与积极自由。前者指的是不受外在的束缚与限制，后者指的是人的自主权，如参政的自由。社会契约论所倡导的自由就是一种消极的自由，即不受外在禁锢的自由。一般而言，权利必然包括消极自由，正如每一个人都应当拥有权利一样，每一个人的自由也不应当受到他人的限制。在这种自由观主导下的基本权利理念，实际只是一种价值判断。人

① ［意］登特列夫：《自然法：法律哲学导论》，李日章、梁捷、王利译，新星出版社 2008 年版，第 68 页。

② ［英］洛克：《政府论》（下篇），叶启芳、瞿菊农译，商务印书馆 1959 年版，第 18 ~ 19 页。

③ 同上书，第 5 页。

人应当拥有不可侵犯的基本权利如天赋人权,并没有事实经验来证明它的真假,其本身亦并非不证自明的。而我们在现实生活中所拥有的权利是一种事实判断,它意味着一种对他人或社会的合理索取。一旦主张权利,相应的另一方必然要承担等价的义务,这是一种客观的现实。因此,契约自由主义表征的背后是政治功利语境下的个人主义,权利就意味着更多地争取个人的利益。因此,主张自然权利实际上是在主张一种利益越多越好的价值判断,这反而忘记了主张权利本初的目的:制止人为的恶,防止集体的伤害。在自然法保障下的自然权利理论反而导致了权利本身的泛化。究其根源是混淆了自由与权利的界限,没有正确区分权利的事实判断与价值判断。

3. 社会契约论没有正确对待平等的理念

无论是经济契约还是社会契约,无论是契约主体还是契约内容,平等都是契约的本质属性,一旦有不平等的因素存在,契约就很难达成合意。所以,霍布斯特别强调缔约主体的平等地位,“自然使得人在身心两个方面的能力都十分相等,以致有时某人的体力虽然显然比另一人强,或是脑力比另一人敏捷;但这一切总加在一起,也不会使人与人之间的差别大到使这人能要求获得不能像他一样要求的任何利益,因为就体力而论,最弱的人运用密谋或者与其他处在同一种危险下的人联合起来,就能具有足够的能力来杀死最强的人”。[①] 洛克则重点论述缔约内容的平等性。可以说,无论是缔约主体的平等,还是交易内容的平等,平等都是社会契约论在构建国家学说时的必要前提与条件,也正是在平等的基础上国家得以成立,新的社会秩序得以形成。但是这种平等是一种观念上的平等而不是事实上的平等,“既然自然法不外乎一套具有绝对效力的规律,有

① [英]霍布斯:《利维坦》,黎思复、黎廷弼译,商务印书馆1985年版,第92页。

关它的论述便应该完全基于内在的一贯性与必然性。为了要成为一门学问,法律不该依于经验,而该依于定义,不该依于事实,而该依于逻辑演绎”。[①] 因此,这种政治逻辑没有严格区分事实意义上的平等和观念意义上的平等。契约论向我们宣誓的平等,其实在现实生活中很难得到证成。因为在现实中我们每一个人都是独特的、有差异的个体,无论在样貌、才智、身高还是在家庭出身、教育背景上,都存在很大的差别。我们生活在一个由个体组成的社会,但绝不是一个平等人组成的社会,至少平等在当前社会状态下是根本不存在的。现在所倡导的法律面前人人平等恰恰表明了我们是不平等的,所以才要平等对待每一个不平等的人,而不是每一个人是平等的。霍布斯等人的社会契约论从一开始就把这种在观念上平等待人的理念直接视为事实上的平等,他们甚至在理性观念的主导下,将平等性作为衡量社会是否进步的标准。观念上的平等被视作平等的属性,事实上的平等反而被选择性地忽略,最终伤及的是平等自身,导致更加的不平等。

概言之,社会契约论的阿基米德支点是形而上的理性主义。因此,从唯理论的角度来论证国家权力的合法性起源,其自然状态的出发点就是先验的,自然法的逻辑基础也是抽象的,甚至关于自然权利的道德目标也是一种武断的、非历史的演绎。社会契约式的国家学说只是当时经济发展与社会进步的运动式反映。当新的生产关系出现时,古典契约理论在论证国家与政府的正当性上所取得的成就则不复存在。

四、社会契约论与古今之变

“契约”的英文“contract”,其词根发源于拉丁文“contractus”,原

---

① [意]登特列夫:《自然法:法律哲学导论》,李日章、梁捷、王利译,新星出版社 2008 年版,第 60 页。

意是指遵守信用，经过罗马法世俗化的演变而具备现代意义上的买卖契约精神，因此也可翻译为"agreement"。无论是"contract"还是"agreement"，西方的契约主义实质是一种基于契约精神的理论泛化。这种泛化式契约不是指代契约双方的买卖合意，而是对于整体社会关系的规制及其一整套制度化的政治理念。这种制度虚拟化的契约理念古已有之。古希腊时期，苏格拉底甘愿遵守不正义的雅典陪审团的裁决也不愿意逃离监狱的行为，即表明了一种作为城邦公民与城邦法律之间形成了契约关系；同样，《圣经》文本本身即逃离埃及的以色列人与上帝之间订立的契约。通过这一神圣契约使以色列人成为上帝选民从而获得救赎。上述两种契约虽然俱是观念性的而非现实的，但都具有巨大的约束力，而非无效。即便是在"黑暗的中世纪"，社会契约在关乎世俗统治的合法性以及教权高于王权的约束力上也丝毫没有减弱。托马斯·阿奎那认为国家的产生不仅仅出自上帝的意志或人类的原罪，"人类的天性引导人过城邦的生活，于是，即便不以人类始祖的堕落对天性的隳坏为前提，某种形式的政治组织对个人来说也是自然而然的"。[①] 这种形式便表现为王权统治者与其臣民之间基于相互性与义务性的契约关系。在进入现代社会之后，霍布斯等人在解释国家和社会的合法性起源时，以自然状态作为原始起点来构建一个前社会状态的客观环境，从而为人们提供了愿意以缔结契约的方式来进入社会的理由。

然而，古典契约理论意图论证国家起源及其权力合法性的政治逻辑，即以自然状态作为其逻辑起点与理论基础从而诉诸一种先验的自然法、自然权利的道德预设，力图实现逻辑体系之完满。这种形而上的理性主义方法不仅严重脱离现实与经验，更在追求社会公

---

① ［爱尔兰］约翰·莫里斯·凯利：《西方法律思想简史》，王笑红译，法律出版社2010年版，第106页。

正和某种理性主义式平等的过程中严重损害自由本身，导致自由与平等之间的张力无限扩大。洛克以后的法律与政治学者纷纷指责这种纯粹形而上的历史性假设，从而掀起了一波波对社会契约论及其自然法原理的批判风潮。卢梭作为社会契约与启蒙运动的反叛者，提出了与霍布斯等人完全相反的契约理论。在他看来，我们不仅要解释国家与社会的起源，更要论证其存在的正当性。因此，卢梭进一步推动了社会契约论从论证合法性向正当性的演进，不仅仅是因为对纯粹利益的他欲追求而进入社会，而是应当寻求公民自身的意志自由，即通过公意来“寻求一种结合的形式，使他能以全部共同的力量来卫护和保证每个结合者的人身财富”。[①] 而这种形式便是将自己的全部自由放弃以服从集体便是服从你自己的自律意志。卢梭在法国大革命爆发前便去世了，深受卢梭现代思潮影响的伊曼纽尔·康德对卢梭的自律理念作出了更加明确的阐释：“除非所选择的准则同时也被理解为普遍的规律，就不要做出选择。”[②]康德在晚年亲眼目睹由法国大革命带来的一系列政治灾难，为此，他严格区分了“是”与“应当”，在他看来，在命题里用一个“是”字（sein）把主语和谓语联系起来……在命令式的命题里，用来表示必要性、普遍性这些情态的，不是用“是”字，而是用“应当”（sollen）。[③] 这实际上是在批判霍布斯等人对事实判断与价值判断的混淆，同时也指出社会契约论从自然状态下的“是”直接推导出社会状态下的“应当”的谬误。康德进一步指出了古典社会契约论的缺陷，从而启迪了后世。特别是当追求公正、平等的社会思潮出现在现代社会后，主权、理性以及自由主义传统必然受到挑战，资本主义世界的经济危机与现代政治哲学的演进，呼唤着新的契约理论，以康德门徒自称的美

① ［法］卢梭：《社会契约论》，何兆武译，商务印书馆2008年版，第19页。
② ［德］康德：《道德形而上学原理》，苗力田译，上海人民出版社2012年版，第46页。
③ 同上书，第18～19页。

国政治哲学家约翰·罗尔斯便是这其中的杰出代表,并成为现代契约理论体系的开创者。

罗尔斯在其著作《正义论》中拟置了一种完全不同于自然状态的社会契约的新起点——原初状态。罗尔斯正是通过构建“原初状态”以形成种种的约束条件,在批判性继承传统社会契约论的基础上形成自己的新契约理论。简言之,罗尔斯的社会契约论即以虚拟的原初状态为起点,采取契约论的进路来选择一组共同接受的公正原则,以合理地分配社会利益。在这里,我们应当注意到,原初状态并不是真实的历史存在而是一种思想实验。虽然其地位类似于传统社会契约论中所讲的自然状态,但是已有很大的不同,其中最主要的是“无知之幕”的设计。罗尔斯假设身处原初状态下的缔约者被无知之幕遮蔽,不仅不知道自己的具体情况,也不知道自己所处社会的具体情况,仅仅知道关乎社会的一般情况,如政治经济知识、一般心理状况以及自己所欲求的人生理想等。罗尔斯之所以这样做是因为他考虑到传统的社会契约论为了国家政权的合法性而借助一种先验的、抽象的、唯理性的道德体系来使人民同意授权建立政府,而这样一种逻辑在激进的革命任务完成后已经因其无法避免的缺陷而式微。罗尔斯通过无知之幕的限制,使公民个人在连自己的具体身份和能力都无法知晓的不确定情况下,必然会采取相对保守的态度。因为根本不具备计算风险的能力同时又惧怕自己会成为获利最少的一方,因此,理性的缔约者便不会冒险去选择某些道德原则,更不会尝试为他人和社会作出决定。他们只有站在社会最不利者的立场上,采取最大最小值规则从最坏的可能情况中选择出最好的选项,以实现占社会基本善最少阶层利益的最大化。因此,罗尔斯构思无知之幕的合理性即在于吸取了霍布斯等人社会契约的理性独断的教训,因为现实生活中不同的人对于公平正义的看法是不同的,我们必须承认个人利益的差异性,所以无知之幕将个人的特殊性与利益过滤之后,由无知达到了无私,从而实现正义原则的理性共识。原初状态实际上是在承认人类差异性的实质存在的不平等的基础上构建一种起点上的形式平等,以实现平等对待每一个不平等的人。因此,现代契约论重视平等多过自由。

契约的精神在于正义的原则来自人民的同意,而选择公正原则的理据则在于契约。因此,产生这一结果的方式必须是符合一种纯粹的程序正义的要求。纯粹程序正义的一个明确特征是:决定正当结构的程序必须实际被执行,因为在这些情形中没有任何独立的、参照它即可知道一个确定的结果是否正义的标准。[①] 因此,纯粹程序正义是在我们并不知道何为正义的前提下,通过一种公正的程序,保证每一个人依照这个程序所得出的任何结果都是公正的。罗尔斯的原初状态在为我们提供一个平等的起点的同时,也提供了一个纯粹的正义程序。虽然缔约者并不知道什么是公平正义的原则,但是通过原初状态这一纯粹公正的程序所得出的,也是必然会选择的就是正义原则。现代契约论在作为道德原则上不证自明的自然法则衰减后,开始向一种程序同意转变,即从实质道德向程序正义的转向。因此,罗尔斯声称自己是“进一步概括了以洛克、卢梭、康德为代表的契约论,使之上升到更高的抽象水平”。[②]

罗尔斯对现代契约论的“原初状态”式设计,其目的在于防止重蹈理性独断的覆辙,并在进行社会整体制度设计的方面摒弃不证自明的永恒真理。这也是适应时代要求,满足社会需求的产物。但是,这一制度构想却引起了同一时代不同阵营学者的批评。社群主义阵营的迈克尔·桑德尔,以批判罗尔斯的《正义论》而闻名。在其成名作《自由主义与正义的局限》中提出:“在原初状态中最终所发

---

① [美]罗尔斯:《正义论》,何怀宏等译,中国社会科学出版社 1988 年版,第 87 页。

② 同上书,第 6 页。

生的不是契约的订立，而是一个主体间的存在物之自我意识的产生。”[①]在他看来，已经完全虚拟化、假设性的原初状态理论根本无法具备基本契约所拥有的对缔约双方的约束力，因而也只是罗尔斯个人的主观臆断与自由意志表现而已。作为同一阵营的自由主义内部的另一位杰出学者罗纳德·德沃金也提出了类似的反思，他认为：“假定的契约并不能够提供为了公平而强迫缔约者履约的独立理由。假定的契约不是实际契约的简单形式；它根本就不是契约。”[②]如果我们进一步推演，甚至可以从根本上否决现代社会契约成立的合法性，因为原初状态下的缔约各方都处于无知之幕的遮蔽中，既然都是一无所知，又如何讨价还价，进行缔结契约的交易呢？

应当指出，社会契约论的古今之变就在于罗尔斯吸取了霍布斯等人在设计自然状态等契约学说时独断式说教与先验论的预设，他承认在现实中不同的人都是有差异的个体存在，他们对于自由、公平、正义的看法都是不同的，而这些不同的看法往往与个人的利益有关。因此，必须通过无知之幕将个人的特殊利益需求抽象掉，寻求一种对各方皆有利的理性共识，所以，正是共同的无知才带来了真正的有知。而不是似霍布斯等人通过一种抽象的自然法原理和形而上的理性主义独断式的替所有的其他人来作出生活在怎样的制度下以及在此制度下应该怎样生活的决定。因此，单就原初状态的虚拟性质来指责罗尔斯的契约理论无约束力，甚至是不合理的观点是不成立的。罗尔斯把原初状态视为一种思想实验恰恰是基于自己对现代契约论如何超越古典、弥合不足的考量。

因此，契约论古今之变的实质是一种契约模式的方向性倒置，即由“先道德后契约”的自然状态向“先契约后道德”的原初状态的

① ［美］桑德尔：《自由主义与正义的局限》，万俊人等译，译林出版社 2001 年版，第 133 页。

② ［美］罗纳德·德沃金：《认真对待权利》，信春鹰等译，上海三联书店 2013 年版，第 206 页。

转向。将先验的自然法与权利理论通过无知之幕的遮蔽而置于契约环境的约束之下,通过这种约束使前置的也是必须遵循或待同意的道德原则,不再是达成契约之前的预设而是订立契约之后的共同选择。换句话说,原来处于社会契约之上的先为预设的道德体系如今被置于一种现代契约理论之下,成为达成契约之后的结果而非前提。为此,罗尔斯赋予了原初状态无比重要的作用,基于原初状态这一虚拟的、非历史的契约状态,才使社会契约论从主观的理性独断转换为客观的理性选择。原初状态是罗尔斯的一种思想实验,虽然其地位类似传统契约论中的自然状态,但契约的目的已并非选择建立某一种特殊的制度或进入某一特定的社会,而是选择确立一种指导社会基本结构设计的根本道德原则。而这样一种选择行为本身已经不再受自然法自身的不确定性所导致的理论预设的独断性和无法避免的历史性的束缚,即不再是"自然状态"下基于恐惧的他律选择,而是"原初状态"出于个人意志自由的自律抉择。这种自律是对倡导源自人民同意的社会契约为何会导致极端的政治功利主义的无情鞭挞,亦是对作为个人利益与公共利益相一致的正义观念及其制度化的社会秩序发自内心的承认。现代社会契约的合理性在于它已不再是强力胁迫或对功利的妥协的结果,而是发自内心地去追求兼顾人性与善的更为基本的公正原则。罗尔斯将契约论推向了一个更高的抽象阶层。

五、结语

传统的契约理论通过在契约架构之上悬设一种新的道德体系的模式保证了自然状态下的公民享有权利的正当性以及遵守契约的必要性。而这种做法却是将道德置于契约之上的形而上学的抽象预设,以主观价值判断代替客观历史规律的理论设计,不仅混淆了事实与价值的界限,而且由此导致古典社会契约论的衰落与以罗尔斯为代表的现代社会契约论的兴起。与霍布斯等人相比,罗尔斯的现代契约理论拒斥功利主义的诱惑，反对以基于个体利益存续与保障为目的的纯粹政治功利考量，而真正诉诸基于人民内心同意的自由选择论，契约理论的古今之变即在于此。但是，在变与不变之间存在贯穿社会契约理论的通则。换句话说，对公民自由与权利的保障，对公民个体尊严的维护始终是政治契约构建的基础，从霍布斯到罗尔斯都存在这一不变的理念与恒定的准则。

因此，一种进行社会制度设计的政治学说需要的不是不证自明的永恒真理，而是适应时代要求，同时满足社会需求的产物。从更为宽广的理论谱系上说，一方面，在关乎国家与社会发展的上层建筑领域不应当过度诉诸功利主义的理念；另一方面，在追求社会进步与经济发展的过程中，不能以牺牲平等为代价来换取自由利益的扩增。

The Origin and Evolution of Social Contract Theory

—A Review of Changes of a Political Theory

Liu Chenguang

Abstract: After the impact of nominalism and the baptism of religious reform, the medieval theological politics was forced to withdraw from the secular social organizations. At the same time, the social contract theory based on the citizen contract quickly makes up the huge power vacuum. This state theory, which starts from natural state and is based on the rational consent of individual citizens, attempts to replace god's care and portray a new blueprint for social organization. After several generations of enlightenment thinkers such as Hobbes and Locke, the contractual state theory has become the cornerstone of the emergence of the western nation state and its political legitimacy. However, in order to guarantee the legitimacy of citizens' rights in the natural state and the necessity of abiding by the contract, the political theory itself suspends a new moral system-natural lawabove the social contract. This metaphysical abstract assumption of morality on the contract undoubtedly forms a new "God Concern". Meanwhile, this theoretical design of replacing objective historical laws with subjective value judgment not only confuses the boundary between fact and value, but leads to the decline of classical contract theory of Hobbes and others and the rise of modern social contract theory represented by Rawls. The modern social contract establishes objective logic for itself by inverting the direction of the original contract mode, which makes the political system design of modern society change from the natural state of "first morality after contract" to the original state of "first contract after morality", and at the same time further determines the basic moral standards for the social order.

Keywords: social contract; the natural state; the original state; modern contract; the change of ancient and modern

【民商法专论】

预告登记之破产保护效力研究

钱　宁*

摘　要:《物权法》第20条与《企业破产法》第18条存在价值取向上的冲突,一方面,考察《物权法》第20条的立法目的,预告登记应当具有破产保护的效力;另一方面,《企业破产法》亦应当为预告登记之下的请求权提供相应的保护。然而,我国两部法律均未提及预告登记的破产保护问题,由此导致在司法实践中相关案件的裁判呈现乱象。鉴于此,明确预告登记在破产程序中的优先保护效力,并对破产管理人的选择权作限缩解释,实有必要。预告登记的性质和目的决定了对其进行破产保护救济时应有别于破产法上的取回权与别除权制度。当企业陷入破产时,可根据破产申请受理、破产清算、破产重整与破产和解的不同阶段对预告登记的破产保护效力分别予以认定。

关键词:预告登记;管理人选择权;优先受偿;破产保护

预告登记制度在德国已运行百余年,在现实中富有生命力,《中华人民共和国物权法》(以下简称《物权法》)第20条以德国经验为

* 武汉大学法学院2015级硕士研究生,陕西省宝鸡市陈仓区人民法院法官助理。
本文在写作过程中得到了恩师张善斌教授的悉心指导,在此特表感谢。

范本，将预告登记制度确立并付诸实践。[①] 一般认为，当不动产物权的受让人在其请求权尚未实现之前，转让人破产的，受让人将基于其预告登记的请求权，对预告登记的不动产享有优先权。[②] 然而，关于预告登记的破产保护效力，却并未在《中华人民共和国企业破产法》(以下简称《企业破产法》)中得到体现，尤其是《企业破产法》第18条赋予的破产管理人之选择权，使预告登记的破产保护效力面临落空的风险。在司法实践中，预告登记的破产保护一旦与破产管理人的选择权交锋，并不明晰的法律条文规定常常引发同案异判的现象。

一、预告登记在破产案件司法实践中的效力认定

(一)预告登记可排除包括强制执行在内的处分权[③]

在某案例中，被告与某公司签订了房屋买卖合同，在银行办理了房屋按揭贷款，并就该房产办理了预告登记，而后公司陷入破产。该公司的其他债权人向法院起诉请求拍卖尚未过户的该公司房产，法院经审理认为，依据《物权法》第20条之规定，当事人签订房屋买卖或者其他不动产物权的协议，为了保障将来实现物权，可以按照约定向登记机构申请预告登记。预告登记完成之后，未经预告登记的权利人同意，处分该不动产的，不发生物权效力。换言之，违背预告登记的处分行为不发生物权效力，在预告登记义务人破产或者被强制执行时，预告登记可排除包括强制执行在内的处分权。最终，

---

① 常鹏翱：《物权法的展开与反思》，法律出版社2017年版，第390页。

② 陈本寒：《担保物权法比较研究》，武汉大学出版社2003年版，第217页。

③ 此观点在理论界存在较大争议，世界各国和地区立法实践亦存在不同，认为预告登记可对抗因公权力行使而产生的不动产物权变动的典型国家如德国，其法律明确规定见之于《德国民法典》第883条第2款：所有妨碍预告登记担保请求权的处分都会无效；采相反观点的地区如我国台湾地区，其“土地法”第79条第3款规定了预告登记并不具有排除因公权力而产生的不动产物权变动的效力。鉴于此非本文论述的重点，故而笔者仅是取我国司法实践中的一例案例略以说明，囿于篇幅并不详加论述。

法院判决不得执行已经办理了预告登记的涉案房产。[①]

(二)预告登记之下的债权请求权具有优先受偿效力

被告某公司为融资需要,与许某虚构商品房买卖事实并签订商品房买卖合同,后许某向原告某银行申请贷款,并以所购房屋办理了预告抵押登记,同时约定被告公司为上述贷款承担连带保证责任,合同签订后原告某银行按约发放贷款,但该款项一直为被告公司使用,后被告公司破产,经破产管理人确认该银行债权为普通债权,不具有优先性,遂引发诉讼。法院认为,依照《物权法》之规定,预告登记制度旨在保障将来物权的实现,属于债权保全措施,具有排除他人处分标的物的物权效力,预告登记完成以后,在债权消灭或者能够进行不动产登记之日起3个月内未申请正式登记,预告登记失效。但是,涉案商品房抵押权经过预告登记之后,抵押权在客观上无法依登记设立的原因并非是原告银行怠于办理抵押登记,也即抵押权未依法登记设立不能归责于原告。在此情况下,应当赋予原告对涉案商品房享有优先权。并且,法官强调,抵押权预告登记虽非正式设立抵押权,但系给予被登记的债权请求权以物权效力,即原告某银行的请求权具有对世及排他的效力,因而对预告登记抵押物折价或拍卖、变卖的价款具有优先受偿权。如前所述,法院最终确认原告银行的破产债权具有优先受偿性。[②]

(三)预告登记之下的债权请求权不具有优先受偿效力

原告吴某与被告房产公司签订房屋买卖合同为其民间借贷合同提供担保,而后办理了房屋预告登记手续。而后房产公司进入破产程序,原告的债权被破产管理人确定为普通债权,原告遂诉至法院。法院经审理后认为破产管理人对原告债权的审查结论正确,原

① 参见陕西省延安市中级人民法院(2017)陕06民终1861号民事判决书。

② 参见浙江省台州市天台县人民法院(2017)浙1023民初2418号民事判决书。

告无权就其签订的《商品房买卖合同》项下的房屋享有优先受偿权。理由有三：第一，商品房预售合同登记备案是行政管理部门的行政管理手段，不能产生设定物权的效力。第二，预告登记与本登记是对应的概念，预告登记是对将来发生的不动产物权变动的目的请求权的登记，本登记则是对已发生的物权变动进行的登记。预告登记所登记的不是物权本身，不发生物权变动的效力。如确定不能办理本登记，则预告登记失效。本案是破产清算案件，破产企业的资产已被处置完毕，已无办理本登记的可能，预告登记失效，权利人享有的系债权而非物权请求权。第三，《中华人民共和国担保法》（以下简称《担保法》）规定的担保方式为保证、抵押、质押、留置和定金，本案原告主张的情形不符合《担保法》的规定，不能发生《担保法》的效力。[①]

二、预告登记在破产案件中效力认定的理论分析

（一）预告登记基本理论简析及实践冲突

预告登记制度起源于西方国家，[②]后逐步在世界范围内被广泛认可。在我国，随着2007年《物权法》的颁布正式确立了该项制度，其规定在我国《物权法》第20条中，具有使处分其所有权的登记请求权的行为归于无效的效力。随后，2008年出台的《房屋登记办法》第68条第1款也追随以上规则，规定“预告登记后，未经预告登记的权利人书面同意，处分该房屋申请登记的，房屋登记机构应当不予办理”。该条规定被解读为限制现时登记的权利人处分其权利。[③]

---

① 参见浙江省湖州市吴兴区人民法院（2017）浙0502民初4357号民事判决书。

② 预告登记制度至今已有200余年历史，有关其法律规定最早可追溯至1783年颁布的《普鲁士抵押条例》与《普通邦法》。参见程啸：《不动产登记法研究》，法律出版社2011年版，第520页。

③ 马俊驹、余延满：《民法原论》，法律出版社2010年版，第312页。转引自庄加园：《预告登记在强制执行程序中的效力》，载《当代法学》2016年第4期。

关于预告登记的法律性质归属，学界一直存在争议，[①]一般认为，预告登记兼具物权和债权的双重性质表征，其以保全对不动产物权的请求权为目的，具有若干物权效力的制度。[②]

传统民法理论将物权和债权作了明确区分，前者具有绝对性，后者具有相对性，二者共同构成了财产法的两大支柱。然而，商品经济的繁荣使当事人在进行民事活动时往往面临着各种各样的风险，如常见的房产交易领域中的"一房多卖"现象。依照物权法原则，不动产物权变动因登记而发生，在进行本登记之前，为了最大限度地保障债权人的期待利益，预告登记制度应运而生。预告登记的设立，从制度上有效防止了不动产原所有人将其房屋"一屋多卖"的行为，保障了不动产的交易安全。由此，债权人保全对未来物权的请求权的可能性，因债权物权化的发展，借预告登记制度的确立而大大加强。

依照《物权法》关于预告登记的规定，经过预告登记，未经预告登记的权利人同意而处分该不动产的，不发生物权效力。然而，法律并未将预告登记的效力程度予以明确，尤其是在某些特定情形下，诸如涉及破产因素，当事人一方进入破产程序，此前经过预告登记的债权人请求权因本登记不能而自然转为破产债权，此破产债权在破产程序中的地位如何，在破产程序的各个阶段，经过预告登记的债权应该受到法律何种程度的保护，这些均对预告登记制度功能和目的的实现具有重大意义。在我国，因为法律规定的缺位使司法实践中各法院的做法并不一致，以至于出现了本文前述的三类典型

① 学界对于预告登记性质的分析，大致可分为两类：一类分析预告登记本身的性质，另一类分析预告登记的权利的性质。前者得出预告登记是债权担保手段、物权性质的登记、特殊等级等观点，后者得出预告登记是物权、债权物权化、特殊债权等观点。参见王荣珍：《不动产预告登记制度研究》，武汉大学法学院 2013 年博士学位论文，第 19 ~ 20 页。其跨越了物权法和债权法的分界，构造上极为复杂，限于篇幅，本文不予详述。

② 参见王泽鉴：《民法物权》，北京大学出版社 2010 年版，第 92 页。

案例。经过预告登记的破产债权，是否因其具有物权效力而可以排除包括强制执行在内的处分权？或其在对破产债权的清偿中是否应当优先受偿？这里存在与我国破产法中的破产管理人选择权的冲突问题。

（二）预告登记进入破产程序后所可能导致的法律后果

根据《企业破产法》第18条有关破产管理人选择权的规定，可将预告登记后企业破产的情形按当事人双方合同履行的进度分为双方义务均未履行完毕、预告登记权利人单方义务履行完毕两种。[①]

当双方合同均未履行完毕，此时预告登记权利人负有向企业支付剩余对价的义务，企业对预告登记权利人也负有相应义务。依照《企业破产法》第18条的规定，破产管理人对双方均尚未履行完毕的合同，有权决定解除或者继续履行。在实务中，引发当事人之间的纠纷的往往是在破产管理人决定解除先前的合同后，此时预告登记的权利人则会因为合同被解除面临预告登记的目的落空的境况。由于现行法律对此情况下预告登记权利人的救济缺位，致使权利人的债权请求权只能作为普通债权获得救济。纵然亦有法律条文规定，破产企业解除合同给相对人造成损害的，可就损害赔偿额纳入破产债权，[②]然而，企业一旦进入破产程序，普通债权获得足额清偿的可能性微乎其微，若不能确定预告登记之下请求权具有优先受偿的效力，这样的规定实际上对预告登记权利人而言意义不大。

《企业破产法》第18条所赋予的破产管理人的选择权并未涉及

---

① 由于是当事人双方签订房屋买卖合同，从企业一方讲，其义务为办理预告登记后，待条件成熟时协助对方办理房屋物权的本登记，一旦本登记办理完成，则预告登记自然不复存在，在此情况下无论对方当事人有无完整支付房屋对价，此时企业对对方的债权因企业破产则可被纳入破产财产之中，其请求权由破产管理人行使。鉴于本文只研讨预告登记存在之下的情形，故而在此情形下只存在双方义务均未履行完毕及预告登记权利人单方义务履行完毕两种情况。

② 我国《企业破产法》第53条规定："管理人或者债务人依照本法规定解除合同的，对方当事人以因合同解除所产生的损害赔偿请求权申报债权。"

企业进入破产程序时，预告登记权利人依照合同已经就其单方义务履行完毕后的情形。究竟破产管理人能否将选择权适用于此情形，甚至破产管理人能否以其选择权对抗尚未完全履行义务的预告登记权利人，现皆尚未形成定论。按照法理分析，如果承认管理人选择权的适用，则完全可能导致因管理人选择解除合同而使其免于履行合同对应义务，而预告登记权利人却因此无法有效实现相应权利进而陷入被动的尴尬境地。此时预告登记权利人纵然可依《企业破产法》第53条就其损害申报债权，然如前段所述，这样的规定对预告登记权利人的实际意义不大。[①] 因此，如何理解破产管理人的选择权，当成为预告登记进入破产程序后的问题的关键。

（三）预告登记与破产管理人选择权的平衡

预告登记制度与破产制度，作为民商法领域不同层面的两项制度，各自发挥着重要的作用。然而，当两项制度发生交融甚至冲突时，对预告登记所做的破产保护效力分析，关系实践中各方当事人的利益平衡。就预告登记制度而言，有学者指出，预告登记后的债权属于新兴的权利类型，预告登记制度的确立打破了破产法中传统权利格局，为破产法权利体系增加了新的“成员”。[②] 故而，如前所述，预告登记就其本质而言仍然是一种债权物权化的体现，预告登记权利人通过这一制度使其请求权获得了物权化的法律效力，其最终目的仍然是为了待条件成熟时为进行本登记做准备，因而就其效力而言，不能超越本登记所产生物权的效力。

---

① 有学者认为当预告登记权利人已完全履行其单方义务，管理人若行使选择权解除此前合同，此时预告登记人可依照《企业破产法》第42条第3项将其债权作为破产企业的共益债务而主张优先受偿，根据共益债务的法理含义，共益债务是为破产程序中为债权人的共同利益所负担的债务，显然与此情形不符，合同相对人部分履行所引起的给付，不能适用《企业破产法》第42条第3项。参见庄加园：《预告登记的破产保护效力》，载《南京大学学报》（哲学·人文科学·社会科学）2014年第6期。

② 吴春岐：《论预告登记之债权在破产程序中的法律地位和保障》，载《法学论坛》2012年第1期。

《物权法》第20条固然强化了预告登记权利人的权利，降低了其交易风险，却并未明确预告登记权利人之于破产程序中的救济路径。而《企业破产法》第18条赋予了破产管理人面对双方当事人均未履行完毕的合同之情形，享有决定解除或继续履行的选择权。在一般破产情形下，如果双方当事人均未履行完毕合同义务，为了最大限度平衡诸多债权人之间的利益，赋予破产管理人选择权无可厚非，然而此种选择权限是否应当受到诸如预告登记制度的限制呢？在民事实践中，一旦企业进入破产程序，破产管理人往往会通过法律赋予其的选择权而与预告登记权利人解除合同，从而使预告登记权利人面临极其不利的处境。然而，依照《企业破产法》第18条的规定，如果破产管理人选择解除与预告登记权利人之间的房屋买卖合同，则意味着房屋买卖一旦涉及当事企业破产，管理人解除合同后，预告登记势必会因为本登记不能而失效，此时预告登记权利人要想获得救济，只能依照企业破产程序向管理人申报债权。由于现有法律并未规定此情形下的破产债权是否具有优先受偿的效力，预告登记权利人的权利救济困境旋即造成。[①]

破产法之目的在于维护债权人之间利益的均衡。[②]《企业破产法》第18条赋予破产管理人选择权，当履行合同能够使破产企业的财产得到积极增加从而有利于众多债权人时，破产管理人有权选择继续履行；反之，当履行合同将使破产企业的财产减少从而不利于众多债权人时，破产管理人有权选择拒绝履行或解除合同，以此使企业在面临破产时的众多破产债权受到平等保护。然而，该条所确认的这种“保护平等性”并非适用于任何情形，当破产债权的权利人

① 从实务现状来看，破产管理人往往会确认预告登记权利人的破产债权为普通债权，由此引发的诉讼案例并不少见，如本文所举的典型案例那样，法院在民事审判中的裁判也往往不尽一致，这严重影响了我国的法律秩序与司法权威。

② 吴传颐编著：《比较破产法》，商务印书馆2013年版，第7页。

与预告登记的权利人的利益发生冲突时,就需要对二者作出平衡。《物权法》第20条强调了预告登记制度之目的在于保障预告登记的权利人将来实现物权,在从预告登记到物权实现的过程中,包括预告登记相对人陷入破产这一情形在内的法律风险自然应当被考虑在内。并且,预告登记的效力,并不因权利人是否已完全履行其对应义务而受影响。换言之,预告登记一旦发生法律效力,除去因法定事由而使其归于消灭或受限制外,即使预告登记权利人未完全履行其支付相应对价的义务,预告登记的效力亦不发生任何减损。据此,当企业陷入破产时,破产管理人的选择权不应当依《企业破产法》第18条而作出无限解释,[①]如果是预告登记的相对义务人陷入破产的,一般破产债权的权利人的利益应当让位于已经完成预告登记的权利人的利益。

三、预告登记的破产保护进路

(一)预告登记之破产保护的正当性

不动产财产利益是人类赖以生存的基础,在民事活动中,涉及不动产交易时,不同的法律价值取向将会对各方当事人造成重大影响。预告登记制度虽经《物权法》正式确立,但该法第20条的规定却过于简略,并未涉及预告登记的破产保护。《企业破产法》作为我国一部系统的破产法律,亦未对预告登记的破产保护效力作出规定,但即便如此,这并不意味着预告登记缺乏破产保护的正当性。

① 也有学者对此情形下破产管理人对合同的解除权应当受到限制提出过两点理由:第一,若破产管理人可以解除已经办理预告登记的房屋买卖合同,则买受人依照该买卖合同请求出卖人办理本登记的请求权,将随着买卖合同的解除而丧失,买受人将无法获得房屋的所有权,预告登记制度所期望达到的目的将彻底落空,预告登记制度的实用价值将大打折扣。第二,买受人在买卖合同生效后对合同标的物的所有权享有期待权,买受人正是为了保障该期待权的实现才去办理了预告登记。如果允许破产管理人对办理了预告登记的房屋买卖合同行使解除权,买受人对合同标的物所有权的期待权将将无法实现,买受人通过预告登记的方式保护其期待权的努力也将变得毫无意义。参见陈本寒、陈超然:《破产管理人合同解除权限制问题研究》,载《烟台大学学报》(哲学社会科学版)2018年第3期。

有学者指出,在一个普遍接受了破产规则且有其他辅助性规则的社会中,其规则意义并不在于如同某些破产法学者所宣称的那样,是对投资者、债权人、债务人的最好保护,而在于减少了所需要的交易成本。[①] 预告登记的破产保护效力,正体现于此。学界普遍认为,破产保护是预告登记的一项基本效力。[②] 预告登记以引致不动产物权变动的请求权为对象,这是它与物权登记的根本差异,而请求权的形成和存续,并不受制于其标的物或义务人的现实状态,只要有技术手段能将该请求权呈现于不动产登记簿,就不妨碍预告登记制度的适用。[③] 因此,即使在债务人被宣告破产的情况下,因预告登记而受保护的债权人,仍有权请求履行预告登记中所指定的请求权,[④]世界各国和地区的众多立法例也足以说明预告登记在破产保护程序中效力的正当性。[⑤] 显而易见,在不动产交易过程中,存在各种风险,预告登记制度的产生即为了保障交易安全,赋予预告登记破产保护效力,符合该项制度创立的初衷。如前文所述,通过考察《物权法》第20条的立法目的亦能说明于此。而考察《企业破产法》第18条所规定的破产管理人的选择权,其正当性正是来源于债权平等原则中实质公平的考量。[⑥] 因此,从实质公平的视角考量,赋予预告登记破产保护效力,并无不妥。综上,如果在破产程序中不认可预告登记的优先保护效力,不但会导致预告登记制度陷入一旦因破产程序介入即丧失法律意义的尴尬境地,亦有违立法者在制定《企业破产法》第18条时基于实质公平的考量。鉴于《物权法》关于预告登

---

① 参见苏力:《法治及其本土资源》,北京大学出版社2015年版,第97~98页。

② 参见孙宪忠:《中国物权法总论》,法律出版社2004年版,第235页。

③ 常鹏翱:《物权法的展开与反思》,法律出版社2017年版,第373页。

④ 马俊驹、陈本寒主编:《物权法》,复旦大学出版社2016年版,第49页。

⑤ 世界各国和地区立法的典型代表如德国,在其民法典及破产法中明确认可了预告登记的破产保护效力。再者,在日本,对于预告等级的破产保护虽然没有明确的立法规定,但其历来为学说和判例所肯定。参见杨雪飞:《预告登记制度比较考察》,载《河北法学》2006年第11期。

⑥ 许德风:《破产法论——解释与功能比较的视角》,北京大学出版社2015年版,第135页。

记制度的规定过于简略，可以预见，在未来的立法实践中，预告登记的破产保护效力势必会为我国立法所明确。

（二）预告登记之破产保护的可行性

1. 预告登记之破产保护应有别于取回、别除权救济制度

有学者指出，相对人破产，而请求权的履行期限尚未届至或履行条件并未成就时，权利人可要求将作为请求权标的的不动产不列入破产财产，以便请求权发生预定的效果。[①] 在实践中，常常有当事人双方签订房屋买卖合同，并就房屋所有权办理了预告登记，而后企业破产，在此种情形下，支付相应对价的买房当事人即预告登记权利人，其有权向预告登记义务人主张办理房产过户。[②] 需要指出的是，我国《企业破产法》确立了债权人取回权制度，并且有学者据此认为，考察取回权制度的法律规定内容，不能否认预告登记债权人享有取回权的可能。持此观点的学者欲通过取回权制度实现对预告登记权利人在面临相对义务人陷入破产时的法律救济，[③]然而通过法理分析不难发现，这样的说法存在认识错误：经过预告登记的债权虽然具有一定的物权效力，但其本质上仍为债权，其被赋予的物权效力实质上仅为保全债权的需要所设，而取回权的权利基础为物权，其明显不同于预告登记的债权请求权，二者之间具有本质区别。此外，预告登记的债权亦不同于破产法上的别除权，我国《企

① 张艳：《预告登记的物权效力》，载《西南政法大学学报》2007 年第 6 期。

② 最高人民法院《关于人民法院办理执行异议和复议案件若干问题的规定》第 30 条规定："金钱债权执行中，对被查封的办理了受让物权预告登记的不动产，受让人提出停止处分异议的，人民法院应予支持；符合物权登记条件，受让人提出排除执行异议的，应予支持。"对此规定，笔者认为，虽是规定在执行过程中对预告登记权利人的救济，但通过类比，从学理上讲，将在执行过程中对预告登记权利人的救济措施引申至破产程序，亦无不可。

③ 我国《企业破产法》第 38 条规定："人民法院受理破产申请后，债务人占有的不属于债务人的财产，该财产的权利人可以通过管理人取回。"依照该条规定，预告登记权利人虽仅享有债法请求权，依预告登记兼具物权与债权双重性质的属性，不可否认其享有取回权的可能。参见庄加园：《预告登记的破产保护效力》，载《南京大学学报》（哲学 · 人文科学 · 社会科学）2014 年第 6 期。

业破产法》第109条确立了别除权制度，[①]虽然理论界与实务部门对破产别除权的权利基础及其范围认识尚存在一定分歧，然而通过考察世界各国和地区立法案例可以发现，除将典型担保物权确认为破产别除权的权利基础外，有不少国家和地区将破产别除权的权利基础不同程度地扩展到非典型担保物权及优先权。[②] 在我国，《企业破产法》中的别除权产生的基础权利主要是约定担保物权，[③]其目的在于保障债权的实现，而预告登记的目的则在于保障与预告登记标的物相关物权的取得，明显有别于别除权产生的基础权利的目的。因此，综上所述，在对已经过预告登记的请求权进行破产保护时，应当有别于《企业破产法》上的取回权与别除权的救济制度。

2. 预告登记之破产保护的适用情形

如前所述，在破产程序中，预告登记具有正当的优先性保护效力，《企业破产法》第18条所赋予的破产管理人的选择权应当受到相应限制。根据时阶不同，在具体操作中，可以将预告登记的破产保护效力从各破产阶段分别予以认定。

在破产受理阶段，经过预告登记的相关请求权不受有关个别清偿无效的法律条款规定的限制。在此阶段，预告登记权利人有权要求破产管理人继续履行合同并配合其完成本登记，而配合预告登记权利人完成本登记的清偿行为自然不受《企业破产法》第16条的约束。在破产清算阶段，除非因预告登记标的物灭失等致使物权不可能实现而使预告登记失去发挥其效力的可能性，否则预告登记权利人有权要求破产管理人完成本登记行为义务，并且如果破产管理人

---

① 我国《企业破产法》第109条规定："对破产人的特定财产享有担保权的权利人，对该特定财产享有优先受偿的权利。"

② 参见汪铁山：《论破产别除权的权力基础及其裁判规则的选择》，载《南京社会科学》2015年第3期。

③ 王欣新主编：《破产法》，中国人民大学出版社2011年版，第292页。

擅自处分预告登记标的物的,预告登记权利人有权否定其处分行为的效力。而当预告登记标的物不存在或物权不可能实现时,如果破产管理人不存在免责事由,其权利人将获得请求损害赔偿的权利,此请求权和其他破产债权具有同等效力。在破产重整阶段,依照破产重整程序的目标,诸如担保物权等或其他享有优先受偿性的权利应当受到相应限制,以便为债务人提供有利的财产基础以使其能够继续经营,[①]从而为债务人避免破产、获得重生创造条件,这亦符合全体债权人的利益。因此,当债务人进入破产重整程序时,和其他优先债权的权利人一样,预告登记权利人也受到相应限制,在重整程序完成前,其暂时不得请求破产管理人履行本登记义务。在破产和解阶段,由于预告登记具有物权效力的属性,其优先性自毋庸置疑,其他当事人所达成的和解协议不能对抗预告登记权利人行使其权利,即预告登记权利人仍可要求破产管理人履行完成本登记行为的义务。

四、结语

平衡和保护各方当事人的利益是民事立法的宗旨和价值尺度。[②]《物权法》第20条对预告登记的效力规定过于简略,导致预告登记的破产保护效力并未在该法中得到应有体现。而《企业破产法》第18条赋予了破产管理人强大的选择权,亦未涉及预告登记的破产保护问题。面对民事审判中的乱象,唯有明确预告登记的破产保护效力,并将破产管理人的选择权限制在合理范围内,方能科学地平衡预告登记与破产管理人选择权间的法律价值冲突。《企业破产法》关于破产管理人的选择权规定在"债务人和对方当事人均未履行完毕"这一前提之下,从立法时间来看,《企业破产法》的起草和

① 参见李永军、王欣新、邹海林:《破产法》,中国政法大学出版社2009年版,第193页。

② 孟勤国:《物权二元结构论——中国物权制度的理论重构》,人民法院出版社2002年版,第132页。

颁布要早于《物权法》，其法律规则的制定中并未涉及预告登记的破产保护问题。考察预告登记的立法目的，破产管理人的选择权应作限缩解释。鉴于预告登记兼具物权和债权的双重性质表征，确立预告登记之破产保护效力的正当性毋庸置疑。然而，预告登记之下的请求权究其本质仍为债权，故在相对人陷入破产之时，对预告登记权利人的法律救济应当有别于破产法中的取回权制度；囿于目的之异，预告登记破产保护亦应当有别于破产法中的别除权制度。在破产受理阶段，预告登记权利人有权要求破产管理人继续履行合同义务，完成本登记行为以实现预告登记的目的。管理人完成本登记行为的，不受破产法有关个别清偿无效的法律条款规定的约束。在破产清算阶段，如果破产管理人处分预告登记标的物，预告登记的权利人可否定其处分效力，且有权要求管理人完成本登记；如果因预告登记标的物灭失等致使预告登记目的实现不能的，其权利人将可能获得相应的损害赔偿请求权，且该请求权与其他破产债权效力等位。在破产重整程序进行之时，根据破产重整的目的，预告登记权利人将暂时不能要求破产管理人进行本登记。在破产和解阶段，和解协议不具有对抗预告登记权利人的效力，预告登记权利人依然有权要求破产管理人完成本登记。

Research on the Effectiveness of Bankruptcy Protection in Advance Notice Registration

Qian Ning

Abstract: There is a conflict of value orientation between Article 20 of the Property Law and Article 18 of the Enterprise Bankruptcy Law. On the one hand, examining the legislative purpose of Article 20 of the Property Law, notice registration should have the effect of bankruptcy protection. On the other hand, the Enterprise Bankruptcy Law should also provide corresponding protection for claims under advance notice registration. However, neither of the two laws mentioned the issue of bankruptcy protection in advance notice registration, which leads to the confusion in the judgment of related cases in judicial practice. In view of this, it is necessary to clarify the priority protection effect of advance notice registration in bankruptcy proceedings and to give a restrictive explanation to the bankruptcy administrator's option. The nature and purpose of advance notice registration determine that it should be different from the right of recall and right of exclusion in bankruptcy law. When the enterprise falls into bankruptcy, the bankruptcy protection effectiveness of advance notice registration can be determined according to the different stages of bankruptcy application acceptance, bankruptcy liquidation, bankruptcy reorganization and bankruptcy settlement.

Keywords: advance notice registration; the bankruptcy administrator's option; priority of compensation; bankruptcy protection

论 C2C 平台提供商构成商标帮助侵权的连带责任

王 丹*

摘 要：C2C 平台提供商商标帮助侵权的侵权责任形态是否为连带责任，若为连带责任，连带责任的法理基础是共同侵权还是帮助侵权，连带责任的方式又该如何认定，已成为理论界与实务界亟待解决的问题。因此准确地界定 C2C 平台提供商构成商标帮助侵权的侵权责任，对及时有效地解决网络商标侵权纠纷，维护商标权人的合法权益，促进电子商务健康有序发展，具有很大的现实意义。

关键词：C2C 平台提供商；商标帮助侵权；法理基础；侵权责任形态；连带责任方式

互联网大大改变了人们的生活方式，最典型的就是购物方式的革新。淘宝网、京东商城、拍拍网等一系列网络购物平台为人们带来极大便利的同时，也为一些不法分子销售假冒、侵权产品提供了便捷的途径，如淘宝网曾一度被外界称为知识产权侵权的重灾区。由于网络交易主体的匿名性、空间的虚拟性以及交易的非即时性，

* 西南政法大学民商法学院 2015 级研究生。

使现有的知识产权法律体系在网络空间的适用上受到了极大的挑战。C2C 平台提供商又称“电子商务平台”“第三方交易平台经营者”“网络零售第三方平台经营者”,指的是为各类网络交易提供互联网空间及技术和交易服务(包括提供网络空间、供网络用户上传各种信息、阅读他人上传的信息或自己发布的信息,以及进行实时信息交流等),为交易各方提供虚拟经营场所、商品或服务推荐、交易规则、交易撮合、信息发布等服务,供交易各方独立开展交易活动的信息网络系统。按照网络交易平台监管能力不同细分为企业与消费者之间(Business to Consumer,B2C)和消费者之间(Consumer to Consumer,C2C),B2C 和 C2C 这两种网络交易模式,存在三方当事人。C2C 平台提供商为买卖双方提供一个全天候的交易平台,消费者与站内经营者仅需在该交易平台上进行注册后,便可以使用该网络交易平台进行买卖交易,而网络交易平台提供者本身既无法接触商品也不参与现金结算,直接的交易对象是消费者与站内经营者。如果在网络交易平台上发生侵权,站内经营者是直接侵权责任人,只有在法律规定的特定条件下,网络交易平台才承担法定的民事责任。C2C 平台提供商仅提供技术服务行为,不收取除技术服务费之外的其他费用。在网络平台经营的门槛较低,以淘宝网为例,如果网络用户在淘宝网开店,淘宝公司仅对网络用户收取技术服务费,不从每笔交易中收取任何费用。B2C 平台提供商对站内经营者及交易具有较强的监管能力,表现为平台商对站内经营者资格严格审查、从交易额中收取佣金、帮助站内经营者广告宣传等。一种以天猫商城为例,只有具有公司注册资质的企业并且在缴纳一定保证金的情况下才能入驻天猫商城,必须提供相关资质证明文件、授权书等。天猫商城帮助站内经营者进行品牌宣传,从每一笔交易中收取佣金。另一种为平台商直接作为卖家在平台上销售自营产品,平台商与站内经营者合二为一,直接对自己经营的产品负责,比如京东、国美、凡客等。平台自营经营的销售方式与传统的商品交易相比,只是将线下实体交易变为通过电子商务平台进行的网络交易,其自然要为自己销售的侵权产品承担侵权责任,这与传统的商家售假应承担的侵权责任并无二致,因此本文不予讨论。本文探讨的是淘宝网、拍拍网等 C2C 模式下,C2C 平台提供商因网络卖家实施商标侵权行为而承担的连带责任问题,下文将围绕 C2C 平台提供商商标帮助侵权的侵权责任形态、连带责任的方式以及法理基础展开论述。

一、C2C 平台提供商构成商标帮助侵权的侵权责任形态

侵权责任形态是指侵权法律关系的当事人所承担侵权责任的不同表现形式。侵权责任形态所研究的内容,就是侵权责任在不同的当事人之间的分配。[①]《中华人民共和国商标法》(以下简称《商标法》)第 57 条第 6 项未规定商标帮助侵权的侵权责任形态,C2C 平台提供商商标帮助侵权的侵权责任形态,应优先适用《中华人民共和国侵权责任法》(以下简称《侵权责任法》)第 36 条规定的“连带责任”。关于《侵权责任法》第 36 条网络服务提供者的侵权责任形态是否为连带责任,目前学界有按份责任说、补充责任说以及连带责任说。相应地,C2C 平台提供商商标帮助侵权的侵权责任形态也同样有以下几种学说,下文将分别加以论述。

(一)按份责任说

关于网络服务提供者的侵权责任形态,有学者认为,为体现直接侵权与间接侵权之区别,体现公平原则,应根据其过错与对损害后果的原因力承担“按份责任”。[②] 危险控制理论与原因力理论等都是该说的理论基础,并非承担连带责任的基础。如果让网络服务提

① 杨立新编著:《侵权责任法原理与案例教程》,中国人民大学出版社 2013 年版,第 195 ~ 197 页。

② 申屠彩芳:《网络服务提供者侵权责任研究》,浙江大学出版社 2014 年版,第 90 ~ 92 页。

供者承担连带责任,当无法确定直接侵权人或者侵权人无力清偿时,被侵权人往往会选择起诉网络服务提供者,而网络服务提供者先行承担赔偿责任后,会产生追偿不能的风险,最终可能导致网络服务提供者就得对本不是其实施的侵权行为全部埋单,这对网络服务提供者而言是不公平的。

(二)补充责任说

网络服务提供者违反了安全保障义务,承担补充责任。网络服务提供者作为“网络”这个虚拟空间的管理者,在本质上与运营一家宾馆或者商场的管理者并无不同。[①] 网络服务提供商对网络空间具有一定的控制能力,作为网络服务提供者承担补充责任的法理基础。网络服务提供商承担侵权补充责任并不是承担连带责任,二者之间是有本质区别的,不应混为一谈。[②] 江平教授认为,网络服务提供者基于对网络空间的支配而负有安全保障义务,该义务与现实生活中的安全保障义务无本质区别。[③] 与前述观点不同的是,网络服务提供者未尽到安全保障义务,应承担连带责任。

(三)连带责任说

我国立法采取的是连带责任,笔者赞同立法规定。从法律适用的角度来看,《北京市高级人民法院侵害著作权案件审理指南》第21条规定C2C平台提供商与网络卖家承担“连带责任”,[④]此处的“连带责任”应理解为《侵权责任法》第36条规定的连带责任。可能会有学者认为,若让网络服务提供者与网络用户承担连带责任,不符合责任自负原则,会出现网络服务提供者具有赔偿能力但过错程度

① 刘淑波:《民法各论》,中国政法大学出版社2014年版,第513页。

② 唐先锋:《特殊领域侵权行为专题研究》,法律出版社2008年版,第211~212页。

③ 江平主编:《民法学》,中国政法大学出版社2015年版,第534页。

④ 《北京市高级人民法院侵害著作权案件审理指南》第21条规定:“平台服务商在提供网络服务时,教唆或者帮助网络卖家实施侵害商标权行为的,应当与网络卖家承担连带责任。”

较轻而承担较重侵权责任的现象,从而破坏网络服务提供者与网络用户之间的利益平衡,当网络用户没有经济能力时,网络服务提供者赔偿后将面临追偿不能的风险。而且,连带责任会鼓励被侵权人在诉讼中起诉“深口袋”的网络服务提供者,即以有清偿能力的网络服务提供者作为被告,尽管网络服务提供者过错程度是轻微的,只因网络服务提供者比网络用户更有支付能力,就要承担全部的损害赔偿责任。笔者认为,网络服务提供者与网络用户承担连带责任较合理,分析如下:

第一,从连带责任制度的价值来看。首先,由于网络用户的分散性、隐蔽性,在网络侵权损害赔偿中,时常会出现被侵权人无法找到实施侵权的网络用户,赔偿不能的风险始终是困扰网络侵权损害赔偿领域中的难题。为保护被侵权人的合法权益,连带责任通过增加责任主体的数量以增加责任财产的额度,从而体现连带责任所具有的担保价值,尤其是在我国保险制度还不健全的情况下,有利于充分保护被侵权人的合法权益。其次,具有诉讼程序意义上的价值,便利司法程序的运作。被侵权人举证网络用户侵权的证据类型通常是电子数据,电子数据是一个极具衍生性与扩展性的概括性的统称,其表现形式纷繁复杂,与传统的证据类型相比较,电子数据具有数字性、巨量性、隐蔽性、易变性、脆弱性和载体多样性等特点。[①] 实践中,收集电子数据还要进行保全,电子数据或其复制件要想获得法院的认可,通常需要经过公证,公证费高昂以及操作难度大无疑增加了被侵权人举证难度。网络服务提供者与网络用户承担连带责任,可以减轻被侵权人的举证责任,被侵权人可以选择向网络服务提供者与网络用户一个或者全体主张赔偿的权利,而不管网络服务提供者与网络用户内部责任分担份额的大小。最后,具有转移

① 毕玉谦:《电子数据庭审证据调查模式识辨》,载《国家检察官学院学报》2016年第1期。

和分散风险的价值，即由被侵权人承担的求偿不能的风险，转由网络服务提供者承担。

第二，从网络服务提供者消极不作为的后果来看，网络服务提供者的侵权责任不同于安保义务人的侵权责任。首先，有的 C2C 平台提供商从卖家的侵权行为中直接获利。而安保义务人不会从侵权行为中直接获利，反而受害。在于己不利的情况下，一般不会对侵权活动持希望、放任的态度，不会引发道德风险。然而，在法律责任过轻的情况下，网络服务提供者更倾向于对侵权行为持希望、追求的态度，引发道德风险。其次，两者未尽到注意义务的后果不同。网络服务提供未尽到注意义务会制造、开启危险，即实际上是加剧了直接加害人有意制造的违反法律的危险，①为侵权人实施侵权行为提供了便利条件，但安保义务人的过错仅仅为侵权人实施侵权行为增加了机会抑或可乘之机。未尽到注意义务的危害后果越严重，侵权责任理应越重。网络服务提供者承担按份责任、补充责任可能会引发道德风险，也与因其自身过错造成的损害后果不相适应。因此，网络服务提供者与网络用户承担连带责任与其自身所造成的危害后果相适应。

总之，网络服务提供者与网络用户承担连带责任，完全符合连带责任的制度价值，并且减轻了被侵权人的举证责任。此外，对网络服务提供者而言也并非不公平，不履行民事义务的网络服务提供者对侵权结果的发生应具有预见性，内部的追偿制度也能导致最终责任的公平分摊。最后，也与其自身所造成的危害后果相适应。因此，网络服务提供者与网络用户承担连带责任较合理。

二、C2C 平台提供商承担连带责任的法理基础

C2C 平台提供商商标帮助侵权承担连带责任的法理基础关乎

① ［德］多伊奇、阿伦斯：《德国侵权法——侵权行为、损害赔偿及痛苦抚慰金》，叶名怡、温大军译，中国人民大学出版社 2016 年版，第 149 页。

连带责任的方式。具体而言，若C2C平台提供商商标帮助侵权承担连带责任的法理基础为共同侵权，则为真正连带责任；C2C平台提供商商标帮助侵权承担连带责任的法理基础若为帮助侵权，既可能是真正连带责任，也可能为不真正连带责任。因此，有必要对网络交易平台商标帮助侵权所承担连带责任的法理基础加以探讨。笔者认为，从《侵权责任法》第8条、第9条、第36条之间的适用来看，C2C平台提供商构成商标帮助侵权的侵权责任形态应适用《侵权责任法》第36条规定的“连带责任”。《侵权责任法》第36条规定“连带责任”的法理基础为帮助侵权，C2C平台提供商商标帮助侵权承担连带责任的法理基础为帮助侵权。

（一）帮助侵权与共同侵权的分歧

关于C2C平台提供商商标帮助侵权承担连带责任的法理基础，学界有共同侵权说和帮助侵权说。支持共同侵权说的学者，比如吴汉东教授，他提出：“从事这些分工协作的行为人虽然不是直接侵权商品的经营者……必须追究其共同侵权人的法律责任。”[①]杜颖教授则认为，在我国，判断商标帮助侵权行为是否成立，除适用《商标法》之外，还要运用民法关于共同侵权的规定，考虑《中华人民共和国民法通则》（以下简称《民法通则》）关于共同侵权规则的运用。[②] 赞成帮助侵权说的学者，比如张玉敏教授则认为，从某种意义上说，这种行为是一种帮助侵权行为。[③] 王太平教授指出，为侵犯他人注册商标专用权行为提供便利条件的行为本质上是侵犯商标权行为的帮助行为，在民法上属于帮助侵权行为。[④] 冯晓青教授也认为，与直接侵权行为相比，这是一种帮助侵权行为，这种行为，虽然没有直接侵

① 吴汉东主编：《知识产权法》，法律出版社2014年版，第299页。
② 杜颖：《商标法》，北京大学出版社2014年版，第158页。
③ 张玉敏主编：《知识产权法学》，法律出版社2016年版，第366页。
④ 王太平：《商标法：原理与案例》，北京大学出版社2015年版，第312页。

权，但从本质上对侵权行为起到了帮助作用。[①] 司法实践中也存在帮助侵权与共同侵权的分歧。[②] 笔者赞同“帮助侵权说”，从《侵权责任法》第 8 条、第 9 条、第 36 条之间的关系来看，C2C 平台提供商商标帮助侵权承担连带责任的法理基础为帮助侵权，并非共同侵权。关于《侵权责任法》第 8 条、第 9 条、第 36 条之间关系的认定，首先探讨帮助侵权的分类。

(二) 帮助侵权的分类

帮助者主观上一般出于故意，与被帮助者具有共同致人损害的意思联络，但在特殊情况下，不知他人的行为为侵权行为而提供帮助，对加害行为起到了辅助作用的，亦构成共同侵权。[③] 加害人不知帮助人提供的帮助，双方即使没有相互沟通，也不妨碍共同侵权的构成。[④] 全国人大常委会法制工作委员会认为，如果被帮助人不知道存在帮助行为，也并不影响帮助行为的成立。[⑤] 说明立法者将主观上无意思联络的片面帮助侵权行为也纳入了帮助侵权，因此，《侵权责任法》第 9 条规定的帮助侵权，理论上可分为有意思联络的帮助侵权与无意思联络的帮助侵权。

(三) 帮助侵权与共同侵权的关系

全国人大常委会法制工作委员会指出，共同侵权行为中的“共同”主要包括三层含义：其一，共同故意；其二，共同过失；其三，故意

① 冯晓青主编：《知识产权法》，武汉大学出版社 2014 年版，第 263 页。

② 衣念（上海）时装贸易有限公司诉浙江淘宝网络有限公司、杜某某侵害商标权纠纷案，上海市第一中级人民法院（2011）沪一中民五（知）终字第 40 号民事判决书。一审法院认为，（淘宝公司）其故意为杜某某销售侵权商品提供便利条件，构成帮助侵权，具有主观过错，应承担连带赔偿责任。二审法院认为，（淘宝公司）其主观上具有过错，客观上帮助了杜某某实施侵权行为，构成共同侵权，应当与杜某某承担连带责任。可见，关于淘宝公司与杜某某承担连带责任的法理基础，一审法院认为是帮助侵权，二审法院认为是共同侵权。针对同一案件，一审法院与二审法院对此作出了截然相反的判断。

③ 魏振瀛主编：《民法》，北京大学出版社 2017 年版，第 716 ~ 717 页。

④ 王利明：《侵权责任法》，中国人民大学出版社 2016 年版，第 139 页。

⑤ 王胜明主编：《中华人民共和国侵权责任法释义》，法律出版社 2013 年版，第 67 页。

行为与过失行为相结合。[①]《侵权责任法》第8条规定的共同侵权仅限于有意思联络的情形，共同侵权应以意思联络、共同过错为必要条件。立法者之所以采取保守的态度，意在防止连带责任的扩大。然而帮助行为人与实行人之间可能并不存在意思联络这一共同侵权的基本特征，比如上文所谈到的无意思联络的片面帮助侵权，如果将帮助侵权纳入共同侵权，则意味着帮助侵权也局限于有意思联络或共同过错，这在一定程度上限缩了帮助侵权的适用范围，不利于制裁、遏制帮助侵权行为。《中华人民共和国民法总则》（以下简称《民法总则》）与《民法通则》对教唆、帮助行为均未规定，针对帮助侵权与共同侵权的关系，最高人民法院侵权责任法研究小组指出，《侵权责任法》第9条的规定与《关于贯彻执行〈中华人民共和国民法通则〉若干问题的意见（试行）》相比，删掉了“为共同侵权人”的规定，也没有采取“视为共同侵权行为人”这一立法技术，而是在共同侵权条款之外，将“教唆、帮助”作了单独规定，因此可以将帮助侵权作为一种独立的侵权行为类型对待。[②] 梁慧星老师也指出，值得注意的是，《侵权责任法》草案未采取“视为”这一立法技术，而是在共同侵权行为概念之外，将“帮助、教唆”规定为一种独立的侵权行为类型。[③] 说明立法者考虑到帮助侵权的内在机理较为复杂，将帮助侵权作为一种特殊类型的共同侵权加以规定，与典型的共同侵权行为相区别。有学者提出，至于帮助人出于故意对加害人提供帮助，而加害人不知帮助人提供的帮助，应当不构成共同侵权。[④] 笔者赞同这一观点，帮助侵权与共同侵权的区别在于是否存在共同过

---

① 王胜明主编：《中华人民共和国侵权责任法释义》，法律出版社2013年版，第64页。

② 最高人民法院侵权责任法研究小组编著：《〈中华人民共和国侵权责任法〉条文理解与适用》，人民法院出版社2016年版，第78页。

③ 梁慧星：《中国民事立法评说：民法典、物权法、侵权责任法》，法律出版社2010年版，第324页。

④ 汪渊智：《侵权责任法学》，法律出版社2008年版，第157页。

错，无意思联络的帮助侵权不构成共同侵权，共同侵权仅包括有意思联络的帮助侵权，有意思联络的帮助侵权属于复杂的、特殊的共同侵权，对于帮助侵权行为优先适用《侵权责任法》第 9 条。

（四）网络服务提供者帮助侵权与帮助侵权的关系

关于侵权连带责任制度的结构体例，《侵权责任法》采取的是"总—分结构"，在总—分结构的大框架下，形成了目前的一般侵权连带责任制度与特殊侵权连带责任制度。并且《侵权责任法》第 8 条、第 9 条属于一般侵权连带责任，《侵权责任法》第 36 条属于特别侵权连带责任。学者普遍认为《侵权责任法》总则与分则是抽象与具体、一般与个别、普遍与特殊的关系，总则统领分则，分则应与总则保持协调一致，总则对分则还起到补充解释的作用，分则对于具体侵权连带责任没有规定或规定不明确、不具体时，应当以《侵权责任法》总则的一般规定进行补充，特殊侵权连带责任制度的类型与构成要件原则上应当符合一般侵权连带责任制度的宗旨与理论基础。[①] 由此可见，相对于《侵权责任法》第 9 条帮助侵权的一般条款，第 36 条是网络服务提供者帮助侵权的特别条款，对于网络服务提供者的帮助侵权责任，优先适用《侵权责任法》第 36 条规定的"连带责任"。

（五）C2C 平台提供商商标帮助侵权承担连带责任的法理基础为帮助侵权

C2C 平台提供商构成商标帮助侵权的侵权责任形态应适用《侵权责任法》第 36 条规定的"连带责任"。因此，C2C 平台提供商商标帮助侵权责任的法理基础，实质上是《侵权责任法》第 36 条规定的"连带责任"的法理基础。针对《侵权责任法》第 36 条规定的连带责任，全国人大常委会法制工作委员会指出，如果网络服务提供者明

① 侯雪梅：《侵权连带责任制度研究》，北京大学出版社 2016 年版，第 61～65 页。

知网络用户利用其网络服务实施侵权行为,却不采取必要措施,可以认定为构成帮助侵权,应当对全部损害与网络用户承担连带责任。[①] 从全国人大常委会法制工作委员会的立法说明中可以看出,《侵权责任法》第36条规定"连带责任"的法理基础为帮助侵权,因此,C2C平台提供商商标帮助侵权承担连带责任的法理基础亦为帮助侵权。C2C平台提供商所承担连带责任的方式,可能为真正连带责任,也可能是不真正连带责任,下文将详加论述。

三、C2C平台提供商构成商标帮助侵权承担连带责任的方式

至于C2C平台提供商在承担连带责任后,就其超过责任范围的部分是否可以对网络卖家追偿,如果可以追偿,具体是全额追偿抑或部分追偿,《商标法》第57条以及《侵权责任法》第36条没有明确规定,司法实践中法院的态度也并不明朗。比如,浙江淘宝网络有限公司因侵害商标专用权纠纷案,[②]法院判决淘宝公司与钱某承担连带责任,但此处的"连带责任"该如何理解,真正连带责任抑或不真正连带责任,法院并未作出进一步的论证说明。针对《侵权责任法》第36条网络服务提供者承担的"连带责任",学界尚有真正连带责任、不真正连带责任的争议。此外,能否以不真正连带债务(责任)解释现行法,学界也存有分歧。本文从侵权责任法的角度剖析真正连带责任与不真正连带责任,我国理论界与实务界几乎一致认为共同侵权行为人承担的连带责任是真正连带责任。笔者认为,网络交易平台提供商与网络卖家之间是否构成共同侵权,是区别真正连带责任与不真正连带责任的关键,由于共同侵权须以行为人之间有意思联络、共同过错为必要条件,网络卖家的直接故意与网络交易平台提供商的间接故意是否构成共同故意,是认定共同侵权的前

① 王胜明主编:《中华人民共和国侵权责任法释义》,法律出版社2013年版,第218页。
② 上海市第一中级人民法院(2011)沪一中民五(知)终字第159号民事判决书。

提。并且网络交易平台提供商与网络卖家之间一般是通过默示的方式实现“共谋”，可推定网络交易平台提供商与网络卖家之间存在共同故意，该推定为事实推定，结合事实推定规则，进一步确定网络交易平台提供商与网络卖家之间是否存在共同故意，最终予以认定网络交易平台提供商与网络卖家承担连带责任的方式。

（一）国内学界关于网络服务提供者承担连带责任方式的争论

1. 真正连带责任

王利明教授持该观点，对所造成的后果中，就有网络服务提供者的责任份额。[①] 网络服务提供者承担超出自己的责任份额后可向网络用户追偿，要求网络服务提供者承担连带责任，有利于督促其加强对网络的管控，防止损害进一步扩大。但因网络服务提供者与网络用户内部是按过错程度、原因力分摊的，网络服务提供者向被侵权人作出全部赔偿后，不能向网络用户全额追偿。

2. 不真正连带责任

杨立新教授持此说，《侵权责任法》第 36 条规定的这两个连带责任似乎并不是连带责任，更像是不真正连带责任。[②] 该说认为，网络用户对损害结果发生的原因力与过错程度均为 100%，即网络用户是终局责任人。尽管网络服务提供者也有一定的过错、原因力，但其过错与原因力是间接的，并非直接的。网络服务提供者向被侵权人全赔之后有权向网络用户全额追偿。网络用户承担全部赔偿责任之后为最终责任，无权向网络服务提供者追偿。张铁薇教授也支持这一观点，《侵权责任法》第 36 条规定的网络侵权责任被认为是具有不真正连带责任性质的规定。[③]

① 王利明等：《民法学》，法律出版社 2017 年版，第 926 页。

② 杨立新：《侵权责任法规定的网络侵权责任的理解与解释》，载《国家检察官学院学报》2010 年第 2 期。

③ 张铁薇：《共同侵权制度研究》，人民法院出版社 2013 年版，第 223 页。

(二)国内外法律关于"不真正连带债务"的规定

1. 德国民法上的不真正连带债务

不真正连带债务是德国民法学上的概念,在《德国民法典》颁布之前,已有学者提出区别连带债务与不真正连带债务。不真正连带债务是对连带债务的否定性概念,《德国民法典》颁布后,学者在解释《德国民法典》第421条关于连带债务概念时,采用"不真正连带债务"的概念,指称虽然符合《德国民法典》第421条的规定,但区别于真正连带债务。学者认为,第421条关于连带债务概念的规定过于抽象、宽泛,符合第421条关于连带债务规定的并不都属于连带债务。比如,保险人的赔偿义务与加害人的赔偿义务,违约人的赔偿义务与侵权人的赔偿义务等并不属于连带债务。因此,有必要对第421条进行限制,将一些虽然符合第421条的规定但不属于其本来意义的连带债务的情形排除,即不真正连带债务。但问题是对第421条进行限缩的标准较为混乱。艾泽勒(Eisele)是第一个提出不真正连带债务这一概念的学者,即要求数个债务基于同一原因、同一请求权基础方可成立真正连带债务。目的共同说有三种不同的观点,即克林穆勒(Klingmüller)的主观目的共同说、西贝尔(Siber)的法律意义上目的共同说和艾内克鲁斯(Enneccerus)及其学生莱曼(Lehmann)的客观目的共同说。清偿共同理论的主要代表为莱昂哈德(Leonhard)与尤尔根(Jürgens),该理论否定不真正连带债务存在的合理性,认为在被称为不真正连带债务的案型中,债权人只能主张一次给付。履行共同说的代表人物泽尔布(Selb)认为,债权人可选择多个债务人中的任何一个,每个债务人就同一给付承担全部的责任,但在总量上,债权人只能主张一次给付。义务的同一层次性理论代表人物是拉伦茨(Larenz)和泽尔布(Selb),该说认为当债务人的义务不处于同一层次时,不存在连带债务。不管是基于哪一种理论产生的不真正连带债务,都是对连带债务的适用范围进行限缩的产物。[①]

总之,由于连带责任在实务中呈现广泛性和复杂性,理论上有必要对纷繁复杂的连带责任进行类型化研究。尽管随着时代的变迁,对同一性理念的解释可谓众说纷纭,但是作为一种不甚完美的理论,它始终影响着民法理论与实践,因此,采取抛弃抑或回避它的态度都是不现实的。只有把握该理论的发展规律,不断地推动其更新、完善,才是解决之策。

2. 日本民法有关不真正连带债务的学说

日本学者采取的是德国民法目的共同理论中的主观目的共同理论。我妻荣教授认为,二者的区分标准在于,真正连带债务,债务人之间存在实现共同目的的主观关联(各债务人有共同的目的);而不真正连带债务,债务人之间不存在这种共同目的的主观关联(各债务人有其各自的目的)。[②] 日本学者我妻荣教授将《日本民法典》第719条规定的连带责任解释为不真正连带债务,之所以坚持认为共同侵权行为人之间为不真正连带债务,是因为要否定共同侵权行为人之间行使追偿权。但我妻荣教授的这一解释意见并未被裁判实践采用。

3. 我国关于不真正连带债务的规定及学说

我国《民法总则》《民法通则》《侵权责任法》等现行法均未采纳不真正连带债务(责任)概念,《侵权责任法》之所以未规定不真正连带责任,在于我国《侵权责任法》规定了按份责任、补充责任、先付责任、替代责任等责任形式来限制连带责任的范围,因此,我国现行法不存在不真正连带责任。但能否以不真正连带债务(责任)解释现行法,学界存有争议。梁慧星老师认为,鉴于《侵权责任法》第34

① 张定军:《连带债务研究:以德国法为主要考察对象》,中国社会科学出版社2010年版,第263页。

② [日]我妻荣:《新订债权总论》,王燚译,中国法制出版社2008年版,第394页。

条、第35条明确规定使用人负无过错责任，采替代责任构成，排除了采用不真正连带债务概念予以解释的必要和可能……试图运用所谓不真正连带债务概念解释现行法的观点是不正确的。[①] 王利明教授则认为，法律基本上不会出现“不真正连带”之类的表述，它是学者从法律规定中解释出来的一类责任，例如，《侵权责任法》第43条第1款的规定，既然我国《侵权责任法》没有规定生产者和销售者之间的连带责任，就应当解释为两者要承担不真正连带责任。[②] 杨立新教授也赞同不真正连带责任（债务）概念可以解释现行法，正如上文提到的网络服务提供者所承担的连带责任更接近于不真正连带责任。《民法总则》没有规定不真正连带责任，但在多数民事责任体系中不能缺少这种责任形态。[③] 此外，从江苏省高级人民法院、上海市高级人民法院两份现行有效的规定来看，[④]其中均规定了不真正连带之债，说明江苏省高级人民法院、上海市高级人民法院赞同不真正连带债务（责任）可以解释现行法的观点。

学界主流观点认为不真正连带责任作为数人侵权责任形态之一，数人侵权责任形态包含不真正连带责任，笔者赞同不真正连带债务（责任）概念可以解释现行法的观点。

（三）“真正连带责任”与“不真正连带责任”的区别

我妻荣教授提出，连带责任的产生，共同行为人必须具有“关连

---

① 梁慧星：《读条文学民法》，人民法院出版社2017年版，第492页。

② 王利明：《侵权责任法研究》（上），中国人民大学出版社2011年版，第545页。

③ 杨立新：《民法总则》，法律出版社2017年版，第285页。

④ 江苏省高级人民法院民事审判第一庭侵权损害赔偿案件审理指南（2011年）规定，不真正连带之债的性质，即数个债务人基于不同的债之发生原因，对于同一个债权人，所承担的以同一给付为标的的数个债务，如其中之一债务人完全履行其债务，其他债务人的债务即因为债权人债权之实现而归于消灭。《侵权责任法》上规定的不真正连带之债，比如第43条规定的产品责任，第44条规定的生产者、销售者责任，第59条的药品、医疗器械缺陷责任，第68条规定的环境污染责任，第83条规定的动物致害责任。上海市高级人民法院民事审判第五庭关于印发《关于审理保险代位求偿权纠纷案件若干问题的解答（一）》的通知规定，就保险事故所致损失，被保险人基于不同法律关系对多个第三者享有赔偿请求权，但给付目的一致的，属于不真正连带之债。

共同”,各行为人在主观上互相关联,或者有客观的关联性,因而将他们每一个人的行为连接在一起。而不真正连带责任的数个行为人没有这种关连共同性。[①] 此处的“关连共同”既包括主观上互相关联,也包括客观上的关联,范围较为笼统模糊。郑玉波教授则进一步明确指出,加害人具有主观上的联系,有关连共同的,不能成为不真正连带责任的行为人,产生不真正连带责任的损害结果的发生为纯属偶然,各行为人侵权责任的产生相互并无“关连共同”,虽然发生责任竞合,但并不是不同的行为人之间具有主观上的联系。[②] 郑玉波教授将“关连共同”限定在主观关联,在学界影响深远。史尚宽教授将“基于不同之发生原因”作为不真正连带债务的构成要件,但实质上将有无目的之共同作为连带债务与不真正连带债务的根本区别。共同侵权行为产生的连带责任是真正连带责任。[③] 李锡鹤教授认为,不真正连带关系各债务人之间无合意,称偶然事件。通说认为,连带关系因同一原因(事由)发生,不真正连带关系因不同原因(事由)发生。此处之“同一原因”与“不同原因”,似指债务人之间有无合意:有合意为“同一原因”,无合意为“不同原因”。[④] 从“似指”可以看出李锡鹤教授持存疑态度。马俊驹、余延满教授则明确提出,连带责任因有共同的目的,责任人之间发生主观的关联,不真正连带责任则只有单一的目的,各责任人间无主观的关联。帮助行为的形式通常为积极的作为,对于消极的不作为,只有在不作为者具有作为的义务并与直接实施侵权行为的人具有共同故意的情况下,才可构成共同侵权,帮助者与被帮助者对受害人应负连带责

① [日]我妻荣:《我妻荣民法讲义 · 新订债权总论》,于敏译,中国法制出版社 2008 年版,第 394 页。

② 郑玉波:《民法债编总论》,中国政法大学出版社 2004 年版,第 425 页。

③ 史尚宽:《债法总论》,中国政法大学出版社 2000 年版,第 673 页。

④ 李锡鹤:《民法原理论稿》,法律出版社 2012 年版,第 1102 页。

任……对内则应依其过错程度、作用力大小、受益的情况等确定其应承担责任的份额。[①] 可见,构成共同侵权,承担的责任是真正的连带责任。程啸教授也认为,具有意思联络的共同侵权行为人承担的连带责任才是真正连带责任。[②]

中山观大家具有限公司与李某某等提供劳务者受害责任纠纷上诉案,[③]法院认为:"观大公司与黄可平并没有共同的故意或共同的过失,并非共同侵权,黄可平与观大公司承担不真正连带责任。"关于真正连带责任与不真正连带责任的区别,法院几乎一致认为,在构成不真正连带责任的数人侵权中,各个侵权行为人之间缺乏意思联络,没有共同过错,承担同一赔偿责任只是因为各自独立的侵权行为发生了偶然的巧合。但在共同侵权中,数个行为人之间具有共同故意或共同过失,通过这种主观过错而将各自的行为连接为一个原因,故而行为人要承担连带责任。换言之,共同的意思将多个侵权行为人的行为连接为一个整体,每一个行为人都应当对与共同意思相关联的侵权行为承担全部的赔偿责任。

总之,我国民法学者既有在债法理论框架下区别真正连带责任与不真正连带责任,也有在侵权责任法理论框架下研究真正连带责

---

① 马俊驹、余延满:《民法原论》,法律出版社2010年版,第988~1023页。

② 程啸:《论意思联络作为共同侵权行为构成要件的意义》,载《法学家》2003年第4期。

③ 广东省中山市中级人民法院(2016)粤20民终729号民事判决书。类似的判例还有,贵州省毕节市中级人民法院(2016)黔05民再57号民事判决书,法院认为,连带赔偿责任产生的基础一般为共同侵权等共同原因或者法律的规定。本案中,雇主及第三人既无共同故意也无共同过失产生共同侵权等共同原因,二者是基于不同发生原因偶然地对雇员以同一给付而生的债务,为不真正连带之债。四川省成都市中级人民法院(2014)成民终字第318号民事判决书,法院认为,连带责任则是连带责任人都是最终责任人,除非生产者和销售者对被侵权人构成共同侵权,否则不能成立连带责任。广东省中山市中级人民法院(2014)中中法民一终字第121号民事判决书,法院认为,对于利和酒店,其与项某某、刘某某并没有共同的故意或共同的过失,并非共同侵权。项某某、刘某某与利和酒店承担的为不真正连带责任。长沙市中级人民法院(2011)长中立民终字第3311号民事裁定书,法院认为,产品生产者和销售者承担的产品质量责任是一种不真正连带责任,而非共同侵权责任。广东省中山市中级人民法院(2014)中中法民一终字第828号民事判决书,法院认为,卡玛公司与阮某某不存在共同故意或过失,不构成共同侵权……三方之间系属不真正连带责任。

任与不真正连带责任,笔者是在侵权责任法理论框架下对不真正连带责任进行分析,探讨侵权责任法上真正连带责任与不真正连带责任的区别。通过上文的理论分析可知,关于真正连带责任与不真正连带责任之间的区别,我国理论界与实务界几乎一致认为共同侵权行为人承担的连带责任是真正连带责任。

(四)C2C平台提供商与网络卖家承担连带责任的方式

C2C平台提供商与网络卖家之间是否构成共同侵权,是区别真正连带责任与不真正连带责任的关键。由于《侵权责任法》第8条规定的共同侵权须以行为人之间有意思联络、共同过错为必要条件,因此,网络卖家直接故意与C2C平台提供商间接故意是否构成共同故意,是认定共同侵权的前提基础,也是判定C2C平台提供商与网络卖家承担连带责任方式的关键。下文就网络卖家直接故意与C2C平台提供商间接故意是否构成共同故意展开论述,首先探讨共同故意的定义。

1. 共同故意的定义以及与意思联络的关系

共同故意也称"共谋",即两个或两个以上行为人之间存在意思联络……共同故意强调的不是每个行为人的故意,而是强调他们之间具有共同的意思联络。[①] 对此种共同故意的判断,不能仅仅从主观心理上进行判断,还应当从外部的行为特征和表现来确定其是否具有共同故意。[②] 共同故意是指,不仅每一行为人对其加害行为都存在个别认识上的故意,而且行为人相互之间还存在必要的共谋,即相互之间具有共同的意思联络。[③] 事前主观意思联络的共同侵权,体现为共同故意。数人通过事前的积极合谋,形成共同致他人

① 江平、费安玲主编:《中国侵权责任法教程》,知识产权出版社2010年版,第60页。

② 王利明:《侵权责任法研究》(上),中国人民大学出版社2016年版,第538页。

③ 陈现杰主编:《中华人民共和国侵权责任法条文精义与案例解析》,中国法制出版社2010年版,第29页。

损害的"合意"。[①] 可见,民法学界对共同故意的定义较为一致,共同故意是两个以上侵权人通过意思联络所形成的侵权合意。意思联络对于形成共同故意固然重要,但不能将意思联络等同于共同故意。没有意思联络,除片面共同故意之外,不会成立共同故意侵权。但有了意思联络未必能够形成共同侵权的合意,意思联络的结果可能仅达成了部分侵权的共同故意,而未达成全部侵权内容的一致。比如,甲、乙合谋对丙实施抢劫,在抢劫过程中甲对丙进行了强奸,甲、乙仅在实施抢劫行为的范围内达成了合意,对强奸行为未形成共同故意。即使达成了共同侵权的合意也未必产生共同侵权责任,因承担共同侵权责任还需具备其他构成要件。因此,将意思联络等同于共同故意是对意思联络内涵的误读。

综上所述,共同故意借助于意思联络而形成,意思联络是共同故意产生的基础。并且,司法实践中认定共同故意是否存在,往往又是依据各侵权人之间是否存在意思联络加以判断,意思联络是研究共同故意不可或缺的纽带、桥梁,因此,要准确地理解共同故意的内涵离不开对意思联络的界定。

2. 意思联络的含义及认定

尽管我国民法学界的许多论著中均提到意思联络,但是对意思联络的含义却并未作过较为深入的探讨,民法学界甚至有学者直接将意思联络与共同故意混为一谈。我国刑法学界对意思联络含义的理解也存有分歧,主要有以下几种学说:(1)犯意沟通说,高铭暄教授持此说,不要求所有共同犯罪人之间都必须存在意思联络,如组织犯、教唆犯、帮助犯相互间即使没有意思联络,也不影响共同犯罪的成立。[②] (2)意思表示说,马克昌教授认为,成立共同犯罪故意

---

① 朱岩:《侵权责任法通论·总论》,法律出版社2011年版,第204页。

② 高铭暄、马克昌主编:《刑法学》,北京大学出版社2017年版,第166页。

要求共同犯罪人于主观上相互沟通,彼此联络,具有互相配合的意思。当然,由于共同犯罪的复杂性,这种共同犯罪人之间的意思联络在不同的共同犯罪中表现不同。[①] 换言之,意思联络的形式分为明示、暗示。(3)有机组成说,持该说的有王作富教授,[②]贾宇教授、[③]张明楷教授、[④]曲新久教授,[⑤]以及赵秉志教授,[⑥]认为意思联络是共同故意的有机组成部分,共同犯罪故意包括认识因素与意志因素两个方面,其中,共同犯罪故意的认识因素包括意思联络。(4)维系纽带说,认为"意思联络是维系共同故意的纽带……没有意思联络,根本不可能产生共同故意"。[⑦]

笔者赞同马克昌教授的观点,将意思联络的形式分为明示、默示。明示的意思联络是指,加害人将自己实施侵权行为的意思明确地、直接地表现在外,让其他人知晓。比如,数人在一起用口头语言共同商量,或者通过电话、电报、书信、微博、微信、QQ、MSN、电子邮件等书面文字进行沟通交流,凭借这些直接证据可以直接认定加害人之间存在共同故意。所谓默示的意思联络是指,共同侵权人不将自己实施侵权行为的意思明确地表露在外,但以相互配合的行为表明其参与、附合、容许、默许共同侵权行为。默示参加可以是作为的方式,也可以是不作为的方式,结合日常生活经验法则可以推定出共同故意的存在。一般来说,事先未通谋的共同故意侵权多采用默示的方式进行意思联络,诚如刘宪权教授所言,共同故意不见得一定要有预谋,有时候哪怕不说一句话,打一个手势或者使一个眼神

① 马克昌主编:《刑法》,高等教育出版社2012年版,第151页。
② 王作富主编:《刑法》,中国人民大学出版社2016年版,第126页。
③ 贾宇主编:《刑法学》,中国政法大学出版社2017年版,第142~143页。
④ 张明楷:《刑法学》,法律出版社2016年版,第396页。
⑤ 曲新久主编:《刑法学》,中国政法大学出版社2016年版,第155页。
⑥ 赵秉志主编:《当代刑法学》,中国政法大学出版社2009年版,第216~217页。
⑦ 姜伟:《共同故意》,载《法商研究》1994年第4期。

都可能形成主观故意的意思联络。因此,共同故意有时候是通过预谋产生的,有时候也可能是临时产生的甚至是心领神会的。[①] 典型案例如,曾某某与周某某、赵某某、石某生命权、健康权、身体权纠纷案,[②]法院认为:"在斗殴过程中,三被告相互配合,持砍刀及甩棍共同致伤原告曾某某……三被告共同故意致伤原告曾某某。"在斗殴过程中,尽管三被告之间不存在明示的意思联络,但法院根据三被告之间默契地相互配合,推定存在共同故意。

3. C2C 平台提供商与网络卖家承担连带责任的方式

侯雪梅副教授认为,(网络服务提供者)通过自己的放任行为向网络用户传达了自己对侵权信息持续传播的默认……网络服务提供者实则通过拒绝采取必要措施实现了与网络用户的"共谋"。[③] 同理,C2C 平台提供商与网络卖家之间通常也是通过默示的方式实现了"共谋",可推定 C2C 平台提供商与网络卖家之间存在共同故意。笔者认为,此处的推定应理解为事实推定,基础事实为 C2C 平台提供商与网络卖家之间存在合同关系,C2C 平台提供商明知网络卖家利用其网络服务实施商标侵权行为而不作为,仍然继续向网络卖家提供网络服务,C2C 平台提供商以不作为的方式表明其容许、默许网络卖家的商标侵权行为,其相互配合的行为显然是一种"助纣为虐"的帮助侵权行为,根据日常生活经验法则,可以推定 C2C 平台提

---

① 刘宪权:《中国刑法学讲演录》,人民出版社 2011 年版,第 364 ~ 365 页。

② 巴中市巴州区人民法院(2015)巴州民初字第 1444 号民事判决书。类似判例:湖北省荆门市中级人民法院(2017)鄂 08 民终 612 号民事判决书。恩施市清江建安有限公司诉荆门市华艺建设有限公司等返还原物纠纷案,法院认为,华艺公司恩施分公司的负责人邓某某与清江公司的项目负责人邓某某是同一自然人,故可推定作为清江公司的项目负责人与华艺公司恩施分公司的负责人具有以华艺公司恩施分公司名义购买钢材为清江公司项目所用的共同故意,并分别实施了相互配合的共同侵权行为,即以华艺公司恩施分公司名义签订钢材买卖合同,将接受货物方指定为清江公司项目部,并由清江公司项目部使用钢材。安徽省凤台县人民法院(2013)凤民一初字第 02126 号民事判决书。法院认为,阜阳建工集团、淮南皖发公司、王某某三方在拆卸塔吊工程中,也存在共同准备、合作配合的行为,具有意思联络,构成共同侵权。

③ 侯雪梅:《侵权连带责任制度研究》,北京大学出版社 2016 年版,第 116 页。

供商与网络卖家之间存在共同故意,C2C 平台提供商与网络卖家之间存在共同故意为推定事实、结论事实。

依据事实推定规则,无论是当事人提请的还是法官自主决定的,都应当给予该推定的不利方当事人进行反驳的机会。[①] C2C 平台提供商可就基础事实或推定事实提出反驳证据,提出的反证如果未动摇法官预先形成的心证,未回到真伪不明的状态,即 C2C 平台提供商与网络卖家之间存在共同故意,构成共同侵权,承担真正连带责任。C2C 平台提供商与网络卖家内部责任份额主要考虑过错与原因力,就 C2C 平台提供商商标帮助侵权而言,可以肯定的是,C2C 平台提供商的帮助行为对于损害后果的发生,其过错程度与原因力大小方面均小于网络卖家,其承担的责任份额自然少于网络卖家。

如果 C2C 平台提供商提出的反证动摇了法官预先形成的心证,使法官对该事实的心证程度因此反证的提出而降低到证明标准以下,落入了所谓"真伪不明"的区域,此时被侵权人就需要承担提出证据加以证明 C2C 平台提供商与网络卖家之间存在共同故意。并且,被侵权人在事实真伪不明时承担最终事实不能认定的风险。如果被侵权人举证不能,即 C2C 平台提供商与网络卖家之间不存在共同故意,不构成共同侵权,承担不真正连带责任,由于造成被侵权人损害的全部过错与原因在于网络卖家,其行为对损害结果发生的原因力大小、过错程度均为 100%,即网络卖家为最终责任人。如果 C2C 平台提供商向被侵权人作出赔偿,有权向未承担侵权责任的网络卖家全额追偿,倘若网络卖家向被侵权人作出赔偿,不得向 C2C 平台提供商追偿。

① 何家弘、刘品新:《证据法学》,法律出版社 2013 年版,第 270 页。

Study on Joint Liability of C2C Platform Providers Constitute Trademark Contributory Infringement

Wang Dan

Abstract: Whether tort liability form of C2C platform providers trademark contributory infringement is joint liability or not, if it is joint liability, the legal basis of joint liability is contributory infringement or joint infringement, and how to affirm the manner of joint liability has become an urgent problem to be solved in the theoretical and practical circles. How to accurately define tort liability of C2C platform providers constitute trademark contributory infringement is of great practical significance to solve network trademark infringement disputes timely and effectively, protect the legitimate rights and interests of the trademark owners and promote the healthy and orderly development of e-commerce.

Keywords: C2C platform providers; trademark contributory infringement; legal basis; tort liability form; joint liability manner

【刑事法前沿】

危险驾驶罪之旅客运输范围的界定

邓永凤*

摘　要:《刑法修正案(九)》第8条规定的出台,使一直以来严重威胁公众出行安全的校车、旅客运输严重"双超"的现象得到了一定遏制,然而对于旅客运输的范围、旅客运输与校车之间的区别等问题,理论界与司法实务界仍存在较大争议。公安部《严重超员、严重超速危险驾驶刑事案件立案标准(试行)》虽在一定程度上对上述问题作了回应,但仍有诸多问题亟待厘清。旅客运输范围的认定宜以客运行为是否具备长期性、营利性、稳定性为标准,同时应根据客运行为是否具备校车运营资质,进一步界分旅客运输与校车业务之间的范围。

关键词:危险驾驶罪;旅客运输;班车客运;公路客运;校车

自《中华人民共和国刑法修正案(八)》(以下简称《刑法修正案(八)》)出台以来,醉驾类危险驾驶行为得到了一定的遏制,[①]然而,在道路交通运输过程中,旅客运输、校车因严重超速、严重超载(以

* 西南政法大学2015级刑法硕士研究生、西南政法大学特殊群体权利保障与犯罪预防研究中心研究人员。

① 此处指代醉驾入刑后,人们已逐渐形成"喝酒不开车,开车不喝酒"的习惯,同时代驾的诞生,也进一步减少了醉驾造成的交通事故。

下简称严重“双超”）引发群死群伤的重特大交通事故，也在日益演变为一类新型“杀手”，严重危及道路交通安全，为此《中华人民共和国刑法修正案（九）》（以下简称《刑法修正案（九）》）第8条明确将该类危险驾驶行为纳入规制。有关校车、旅客运输过程中严重“双超”行为是否入罪的争议虽已尘埃落定，对于危险驾驶罪司法适用过程中相关问题的思考却才提上日程，其中的首要问题就在于旅客运输的概念尚未明确，理论界、司法实务界众说纷纭，尚无定论。公安部2015年12月出台的《严重超员、严重超速危险驾驶刑事案件立案标准（试行）》（以下简称《立案标准（试行）》）虽在一定程度上明确了旅客运输的范围，然而，其与交通运输部2016年4月最新修定的《道路旅客运输及客运站管理规定》（以下简称《规定》）中关于旅客运输的规定又产生了分歧。本文以此为切入点，认为只要从事旅客运输的实质业务，且具备长期性、稳定性、营利性的特征，都应纳入刑法规制；同时，对不具有《校车安全管理条例》规定的运营资质但仍从事校车运营的行为，应当认定为旅客运输，以进一步厘清校车与旅客运输之间的界限。

一、危险驾驶罪中旅客运输之惑

《刑法修正案（九）》第8条规定，将《中华人民共和国刑法》（以下简称《刑法》）第133条之一第1款增加第3项、第4项，其中第3项规定“从事校车业务或旅客运输，严重超过额定成员载客，或者严重超过规定时速行驶的（处拘役并处罚金）”，由此在旅客运输和校车业务过程中严重超载、严重超速的行为已被纳入刑法规制，但何为“旅客运输”尚未作明确规定。为填补旅客运输这一概念的空白，公安部2015年12月颁布了《立案标准（试行）》，紧接着交通运输部2016年4月也颁布了《规定》，然而在旅客运输范围的认定这一问题上，两大部门的规定却不相同。这无疑给司法实践，尤其是法院在审理该类案件中带来了诸多困难，从而也导致此类裁判文书五花八门，[1]层出不穷，难以服众。

（一）立法中旅客运输之疑

据交通运输部2016年4月颁布的《规定》，旅客运输，又称道路客运经营，是指用客车运送旅客，为社会公众提供服务，具有商业性质的道路客运活动，包括班车（加班车）客运、包车客运、旅游客运。[2]同时，《规定》第85条也表明，出租车客运、公交客运不适用本规定。[3] 这意味着旅客运输严重"双超"的适用范围不仅要求具备商业性质，而且还应排除城市公交客运这类站点间距较短、公共福利性质较强的客运方式以及出租车客运这类小、微型客运方式。

《刑法修正案（九）》施行后，公安部紧接着出台了《立案标准（试行）》，其中第1条规定，校车业务、公路客运、旅游客运、包车客运属于该规定规制范围，而关于出租车客运、公交客运是否属于规制范围内，条文尚未明确。但就驾驶小型、微型载客汽车严重超载

---

① 据裁判文书网统计结果显示，该类裁判文书中存在何为旅客运输认定不一，旅客运输与校车业务界限不明等问题，此处仅列举两份判决，例如，宁城县人民法院(2016)0429刑初46号判决书与西充县人民法院(2016)川1325刑初80号判决书，这两份判决书在校车的认定上存在严重分歧，详情请见后文。

② 交通运输部《道路旅客运输及客运站管理规定》第3条规定："本规定所称道路客运经营，是指用客车运送旅客、为社会公众提供服务、具有商业性质的道路客运活动，包括班车（加班车）客运、包车客运、旅游客运。（一）班车客运是指营运客车在城乡道路上按照固定的线路、时间、站点、班次运行的一种客运方式，包括直达班车客运和普通班车客运。加班车客运是班车客运的一种补充形式，是在客运班车不能满足需要或者无法正常运营时，临时增加或者调配客车按客运班车的线路、站点运行的方式。（二）包车客运是指以运送团体旅客为目的，将客车包租给用户安排使用，提供驾驶劳务，按照约定的起始地、目的地和路线行驶，按行驶里程或者包用时间计费并统一支付费用的一种客运方式。（三）旅游客运是指以运送旅游观光的旅客为目的，在旅游景区内运营或者其线路至少有一端在旅游景区（点）的一种客运方式。"

③ 交通运输部《道路旅客运输及客运站管理规定》第85条规定："出租汽车客运、城市公共汽车客运管理根据国务院的有关规定执行。"

的，也应依据该规定立案侦查。[①] 所谓小型载客汽车，指核载 9 人以下（含 9 人）的车辆，微型载客汽车，指核载 8 人以下（含 8 人）且排气量小于 1 升（含 1 升）的车辆。也即，在上述三类客运方式的前提下，《立案标准（试行）》还将小型、微型客运严重超载的情况也纳入规制的范围，这在很大程度上体现了适用刑法平等的原则。然而两大部门规定中存在的争议，仍需进一步梳理。

第一，是否直接排除出租车客运、公交客运？结合两部门的规定来看，交通运输部《规定》中直接将出租车客运、公交客运排除在旅客运输的范围外。而公安部《立案标准（试行）》中虽然限定为公路客运、包车客运、旅游客运，但该规定还明确将小、微客运车辆纳入刑法规制。因此，基于适用刑法平等原则和当然解释的基本原理，对于出租客运、公交客运这类具有营利性质、出行频率较高，同样可能出现严重超载的客运行为，理论上也应纳入规制范围。由此可见，公安部并未采用交通运输部的方式——直接将出租车客运、公交客运排除在旅客运输的范围外。

第二，班车客运与公路客运是否存在区别？关于旅客运输范围的界定这一问题，交通运输部《规定》与公安部《立案标准（试行）》还存在这一争议：交通运输部的规定中旅客运输的范围包括班车（加班车）客运、包车客运、旅游客运；而公安部的规定中旅客运输的范围则为公路客运、包车客运、旅游客运。两者之间在班车客运与公路客运上出现了分歧，分歧的原因是什么？班车客运与公路客运之间存在怎样的关系？也值得我们进一步分析。

---

① 公安部《严重超员、严重超速危险驾驶刑事案件立案标准（试行）》第 1 条规定："在道路上驾驶机动车从事校车业务或者公路客运、旅游客运、包车客运，有下列严重超过额定乘员载客情形之一的，可以立案侦查：（一）驾驶大型载客汽车，载客超过额定乘员 50% 以上或者超过额定成员 15 人以上的；（二）驾驶中型载客汽车，载客超过额定乘员 80% 以上或者超过额定成员 10 人以上的；（三）驾驶小型、微型载客汽车，载客超过额定乘员 100% 以上或者超过额定成员 7 人以上的。"

(二)旅客运输司法认定之困

立法上存在的争议尚未厘清,司法实践也因此无所适从,在本文的数据统计中,全国各地关于旅客运输这类案件的裁判,尤其是在校车与旅客运输的认定问题上不一,因相关规定对旅客运输的概念界定不明,进而导致部分裁判文书之间存在矛盾冲突的现象,下面我们将列举2个典型案例来说明这个问题。

案例1:被告人李某未经有关部门批准,在未取得校车运营资格的情况下,驾驶一辆核载7人,实载17人的小型普通客车,超载率为142.9%。经公安机关依法查获后,2016年3月8日,内蒙古宁城县人民法院以李某从事校车业务过程中,因严重超载构成危险驾驶罪对其处以刑罚。[①]

在该案中,被告人李某虽未依据国务院《校车安全管理条例》取得校车运营资质,但仍然从事实际校车业务的行为,人民法院最终以该车辆实际运营情况,将其认定为从事校车业务过程中严重超载的危险驾驶罪,而并未严格要求其必须具备校车运营资质。而在案例2中,裁判认定的结果却有不同。

案例2:被告人罗某未经有关部门批准,在未取得校车运营资质的情况下,驾驶一辆核载7人,实载18人的小型客运车辆,超载率为157.1%。经公安机关依法查获后,2016年7月27日,四川省西充县人民法院以罗某从事旅客运输业务,因严重超载构成危险驾驶罪对其处以刑罚。[②]

结合以上案例可以看出,同样是未取得校车运营资格,实际从事校车业务,同为严重超载,司法实践中不同法院的裁判观点却有明显不同。究其原因,主要在于司法实践中对旅客运输的范围界定

① 参见宁城县人民法院判决(2016)内0429刑初46号。
② 参见西充县人民法院判决(2016)川1325刑初80号。

不明，公安部、交通运输部在该问题上也尚未作出明确的法律规定。这也提醒我们应注意，旅客运输与校车业务之间存在怎样的联系，两者之间的应如何界定等相关问题。

二、旅客运输之理论界定

立法文件在该问题上出现的争议，进而导致司法实践中也随之无所适从，那么在理论上，旅客运输的概念又是怎样界定的？对于尚未具备客运资质，实际从事客运业务的是否应当包含在内？厘清这一问题，或将成为解决立法争议的重要前提，也或将进一步减少司法实践中存在的矛盾与分歧。

（一）旅客运输之理论争鸣

关于旅客运输的范围，学界存在诸多观点，根据各自学说的特点大致可以分为三类，即广义说、狭义说、最狭义说。其中，广义说认为，旅客运输包括公路客运、公交客运、旅游客运、出租车客运等客运行为。[①] 同时，除公路客运、公交客运、旅游客运、包车客运这类要求具备运营资质的客运行为之外，还应包括尚未取得运营资质，实际从事旅客运输的客运行为，在符合上述条件的情况下，同时具有严重超载、严重超速的，都应依照法律规定追究刑事责任。[②]

狭义说认为，旅客运输，是指用客车运送旅客，为社会公众提供服务，具有商业性质的道路客运活动，其应包含班车（加班车）客运、包车客运、旅游客运。[③] 出租车客运因载客人数有限，严重超载的情况微乎其微；公交客运严重超载的因另有行政管理法规规定，且公交站点之间距离较短、随时上下客，严重超载难以界定，因此出租车

① 张明楷：《刑法学》，法律出版社2016年版，第727页。

② 雷建斌主编：《〈中华人民共和国刑法修正案（九）〉释解与适用》，人民法院出版社2016年版，第349页。

③ 朱建华主编：《刑法分论》，法律出版社2016年版，第82页。

客运、公交客运不宜纳入规制范围。[①]

最狭义说认为,旅客运输主要针对长途汽车的旅客运输和旅行社从事的旅客运输,具有人数多,路途远的特点。[②] 就"人数多"这一条件来看,该观点中关于旅客运输的范围则大致限于班车客运、旅游客运这类大中型客运活动,小型客运是否包括在内,关键还在于该观点如何界定"人数多"这一问题。路途远,多少公里以上才为"远"? 省、市际客运虽可包含其中,但是否包括县际客运,仍然缺乏一个明确的标准。然而可以明确的是,公交客运、出租车客运显然不能包含在旅客运输的范围内,但面包车客运、"黑的"客运等方式是否包含在内尚无法明确。

综上可知,广义说认为,旅客运输不仅应包括公路客运、旅游客运等具备运营资质的客运行为,而且应包括不具备运营资质,实际从事旅客运输的客运行为,也即该观点主张以实际从事旅客运输为出发点对严重"双超"行为进行规制;狭义说认为,在旅客运输的范围上,鉴于出租车客运、公交客运载客人数的特殊性,以及实践中对公交客运严重超载标准另有规定,故应将出租车客运、公交客运排除;最狭义说认为,旅客运输应当严格限制在人数多、路途远的这类客运行为中,这意味着,该观点从根本上否定了公交客运、出租车客运构成犯罪的可能性,同时对于面包车客运这类载客人数比出租车多,但又较中型客运车少的载客行为,是否属于刑法规制范围,该观点暂未明确。

(二)旅客运输之规范界定

结合理论界的学说,进一步对比交通运输部《规定》与公安部《立案标准(试行)》发现,上述广义说的观点与公安部《立案标准

① 周光权:《刑法各论》,中国人民大学出版社2016年版,第193页。
② 黎宏:《刑法学各论》,法律出版社2016年版,第64页。

(试行)》对旅客运输范围的认定不谋而合,即均认为应当包含出租车客运这类小型客运行为。但是否要求具备运营资质,广义说持肯定观点,而《规定》与《立案标准(试行)》均未明确规定,司法实践中在该问题上是如何认定的?《立案标准(试行)》与《规定》在旅客运输概念的认定上哪一立法文件更具合理性,值得进一步探讨。

1.《立案标准(试行)》更具合理性

从学理上分析,交通运输部《规定》应被认定为明确旅客运输适用范围的行政性规定,实践中理应以该类行政前置性规定作为法定犯适用刑法的标准之一,且相较于公安部《立案标准(试行)》的施行时间而言,《规定》在理论上应视为新法,参照新法优于旧法的标准应当优先适用《规定》。然而,是否要求客运车辆具备相应的载客资质,《规定》暂未明确,这也使实践中部分客运车辆在不具备运营资质,实际从事客运业务的过程中,在既不能认定为班车客运,也无法评价为包车客运或旅游客运的情况下,是否应当入罪规定不明。然而据统计数据分析,实践中该类客运行为因严重超载引发事故,进而导致的社会危害并不比交通运输部《规定》的客运车辆所造成的危害小。

据本文统计,自 2015 年 11 月 1 日《刑法修正案(九)》实施以来,司法实践中全国关于严重超载型的危险驾驶罪案例达 76 起,其中关于大型客运严重超载案例为 8 起、中型客运严重超载案例为 25 起、小型客运严重超载案例为 43 起,具体所占比例统计如表 1 所示。

表1　全国严重超载型危险驾驶罪数据分析①

客车类型	案例数量（起）	占有效案例比重（%）
小型客车（核载人数≤9）	43	56.6
中型客车（核载人数 10≤×<20）	25	32.9
大型客车（核载人数≥20）	8	10.5

以上数据可以看出，小型客车严重超载案例所占比例最高，达到了56.6%。且该类超载的小型客车中，绝大部分为无运营资质的面包车，但在交通运输部《规定》中，对超载车辆是否要求具备相应的运营资质暂无明确规定。另外，关于小型客运车辆载客类型分析，其超载的情况又呈现以下特点（见表2）。

表2　全国小型客运车辆严重超载案例之载客类型分析

载客类型	案例数量（起）	占小型客运车辆有效案例比重（%）
幼儿	24	55.8
中小学生	14	32.6
成人	5	11.6

在小型客运车辆搭载幼儿严重超载的案例中，实载人数为10人以上的43起，占小型客运车辆超载案件的100%，占总的（大中小型）客运车辆严重超载的比重为55.8%；实载人数达15人以上的案例高达42起，占所有小型客运车辆超载案件的97.7%，占总的客运车辆超载比重的55.3%。案例中甚至还出现核载6人，实载27人

① 以上统计数据源于裁判文书网2015年11月1日~2016年11月6日上传的案例，本文以“危险驾驶罪、严重超载、判决”为关键词搜集到案例91起，其中符合严重超载型危险驾驶罪的案例为76起，本文以76起案例为基础进行分析。

的客运行为，严重超载比例高达350%。[①] 这也是自《刑法修正案（九）》实施以来首例严重超载的危险驾驶罪，由此可见，小型客运车辆严重超载所带来的危险并不亚于大中型旅客运输车辆严重超载的危险。同时，对于出租车、网约车等5座以下（含5座）的载客汽车，截至以上数据统计时，虽然司法实践中出现的案例仅有1起，[②] 但在一定程度上也说明了该类客运车辆同样存在严重"双超"的可能。实践中部分"黑的"因不具备运营资质，被查处后更不存在吊销运营资质等严重后果，则更易恣意妄为，进而出现严重"双超"的现象。

公安部的《立案标准（试行）》中虽然规定了旅客运输的范围为公路客运、旅游客运和包车客运，同时并未明确将出租客运和公交客运排除在规制的范围外，但从《立案标准（试行）》关于严重超载的规定中将中、小型车辆均纳入规制范围的情况看，应当将出租车客运和公交客运纳入刑法规制的范围，这在一定程度上也符合该规定的目的。而在是否要求客运车辆具备运营资质方面，公安部《立案标准（试行）》虽无明确规定，但经数据统计，引用该规定作为裁判依据的所有裁判文书中并未对运营资质作强制要求，这在一定程度上说明《立案标准（试行）》并未要求具备相应的运营资质。

2. 对疑似争议的回应

基于适用刑法平等原则，进一步严密法网，实现有法可依的基本要求，应当采用公安部《立案标准（试行）》，当然该类适用标准势必会扩大刑法的打击面，对于该种扩大打击是否值得，我们持肯定

① 参见武邑县人民法院判决(2016)冀1122刑初46号：被告人白某驾驶一辆核载6人，实载26人的小型普通客车搭载学生放学回家，途中被交警大队查获，武邑县人民法院以被告人白某犯危险驾驶罪，判处拘役4个月，并处罚金2000元。

② 参见郯城县法院判决(2016)鲁1322刑初361号：被告人孟某驾驶一辆核载5人，实载19人的小型普通客车接送幼儿园学生，途中被交警大队查获。郯城县法院以危险驾驶罪拘役1个月，并处罚金7000元。

态度。截至本文数据统计时，司法实践中有关出租车这类小型载客汽车严重超载的案例虽暂为1例，但这并不意味着此类情况不会出现。或有观点认为，如辩护人毁灭、伪造证据罪一样，若将出租车等小型客运车辆纳入刑法规制，势必会成为悬在司机头上的达摩克利斯之剑，时刻威胁着司机的驾驶行为。然而，将出租车等小型客运车辆纳入旅客运输，并依法规制其严重“双超”的行为与辩护人毁灭、伪造证据罪有着本质的不同，原因在于后者的认定需要一个漫长而周密的侦查、起诉以及审判过程，即便裁判最终认定为无罪，但在该过程中，辩护人有犯罪嫌疑的客观事实却严重影响着其今后的执业生涯；而出租车等小型载客汽车是否严重双超，在短时间内即可认定，并不会出现上述类似的严重后果。“平等是预防犯罪、保护法益的要求。如果有的人犯罪后不受刑罚处罚，他就会反复实施犯罪，侵犯他人权益，所以，庇护有责者就是威胁无责者。”[①]出租车等小型载客汽车严重“双超”的情况在实践中虽然相对较少，但这并不代表该现象不会存在，因而有立法规制的必要。司法实践中尤其是在地处偏远，经济发展相对滞后的县城、乡镇，因客运需求量有限，出租车在客运过程中为抢占客源、牟取利益而不得不超载。并且，结合上述案件统计情况来看，在搭载幼儿的过程中，该类小型客运车辆严重超载的情况则更易出现。由此可见，法治若要生效，则应有一个毫无例外的适用规则，这一点比该规则的内容更重要，因此为进一步严密法网，将该类小型客运车辆纳入规制也应在法理之中，故本文赞同采用公安部《立案标准(试行)》。

3. 班车客运与公路客运无实质差异

结合当前收集的资料显示，班车客运是指营运客车在城乡道路上按照固定的线路、时间、班次等运行的一种客运方式，包括直达班

① 张明楷：《刑法格言的展开》，北京大学出版社2013年版，第72页。

车客运和普通班车客运。加班车客运则是指在客运班车不能满足客运需求时，临时增加或调配客车按客运班车的线路、站点运行的方式。[①] 而关于公路客运，目前官方暂无明确定义，但按照文义解释，公路一般指道路，公路客运即在道路上从事的旅客运输业务，实践中主要为班车客运，此外根据交通运输部官网以“公路客运”为关键词检索的结果来看，[②]公路客运与班车客运无实质差异。并且在该网站主站点中，以“公路客运”为关键词检索到的相关信息达430条，以“班车客运”为关键词检索到的相关信息仅有80条。[③] 与此同时，相对于公路客运而言，班车客运在近年来的使用频率也明显降低，部分文件中甚至还出现公路客运与班车客运混用的情况，这在一定程度上反映了公路客运逐渐成为班车客运的代名词，两者无实质差异。

在上述理论观点的基础上，结合司法实践而言，旅客运输即以运送旅客为业、为社会公众提供服务，并以营利为目的的道路客运行为，具有长期性、营利性、稳定性的特点。其不仅包括班车（加班车）客运、包车客运、旅游客运，而且包括出租车客运、面包车客运等小、微型客运行为，同时条文中“从事”二字表明，《刑法修正案（九）》新增该条的目的在于打击客运业务中的营业型（长期以此为业或计划以此为业）犯罪。因此，针对目前司法实践中存在的许多不具备或不完全具备客运资质，实际却以旅客运输为业的客运行为

① 张明楷：《刑法学》，法律出版社2016年版，第64页。

② 《公路客运精耕细作谋转型》，载交通运输部官网：http://www.mot.gov.cn/jiaotongyaowen/201510/t20151014_1897731.html，最后访问日期：2019年1月8日。《公路客运酝酿“扬长避短”》，载交通运输部官网：http://www.mot.gov.cn/sj/yunshs/hangyedt_yshs/201411/t20141114_1727481.html，最后访问日期：2019年1月28日。《湖北省公路客运集团用心做短途》，载交通运输部官网：http://www.mot.gov.cn/sj/yunshs/hangyedt_yshs/201411/t20141114_1725800.html，最后访问日期：2019年1月28日。《家门口到景区“一票直达”》，载交通运输部官网：http://www.mot.gov.cn/sj/yunshs/hangyedt_yshs/201411/t20141114_1726427.html，最后访问日期：2019年1月6日。

③ 交通运输部官网：http://www.mot.gov.cn/，最后访问日期：2019年1月8日。

也应纳入旅客运输的范围。

三、旅客运输之司法认定

在明确旅客运输的定义后,如何区分其与相关客运行为之间的区别则成为一个重要问题,尤其是如何厘清旅客运输与校车业务之间的关系,成为司法实践中的一大难题。国务院《校车安全管理条例》在实践中应如何适用,对于不具备运营资质的车辆实际从事校车业务的应当如何认定等,唯有准确把握了旅客运输的内涵及外延,才能将上述疑问一一解答。

(一)严格界分旅客运输与校车业务

依据国务院《校车安全管理条例》规定,校车,是指依该条例许可用于接送接受义务教育的学生上下学的7座以上的载客汽车。[①]也即,该条例中所称校车仅包含接送义务教育的学生上下学的车辆,接送幼儿的车辆虽不在规定的校车之列,但据该条例第60条规定,[②]该类车辆仍然适用该条例的标准。然而实践中仍然存在一个问题:对于部分接送高中生、职业院校及高等院校学生的车辆,依据行政机关相关规定取得运营资格,并在外观上标注了该校标志的,是否应当认定为该条例规定的校车?下文将对这个问题进一步展开论述。

接送对象既包括九年制义务教育的学生,又包括九年制义务教育以外的学生的车辆,是否应当认定为国务院《校车安全管理条例》规定的校车(以下简称规定校车)呢?我们认为这是可以的,原因在

① 《校车安全管理条例》第2条规定:"本条例所称校车,是指依照本条例取得使用许可,用于接送接受义务教育的学生上下学的7座以上的载客汽车。接送小学生的校车应当是按照专用校车国家标准设计和制造的小学生专用校车。"

② 《校车安全管理条例》第60条规定:"县级以上地方人民政府应当合理规划幼儿园布局,方便幼儿就近入园。入园幼儿应当由监护人或者其委托的成年人接送。对确因特殊情况不能由监护人或者其委托的成年人接送,需要使用车辆集中接送的,应当使用按照专用校车国家标准设计和制造的幼儿专用校车,遵守本条例校车安全管理的规定。"

于:结合我国实践来看,绝大部分中学均同时设有初、高中部,那么校车运营过程中接送的对象必然包括初、高中生,同时因初、高中生上下课时段以及是否上晚自习等规定不同,各时段校车实际载客的对象也必然有不同。我们能否依据实际载客对象的不同而区分该车辆是否具备规定校车的身份呢?进一步来说,初、高中生同时乘坐该车辆的,又应如何认定该车辆的性质呢?如果该车辆依据《校车安全管理条例》取得运营资质的,能否简单地依据载客对象的不同而否定其身份呢?我们认为答案均是否定的。

对于职业院校、高等院校中运营的“校车”(以下简称高校“校车”),是否应当认定为规定校车呢?与中小学校车不同的是,高校“校车”的运营范围不仅包括接送师生往返学校和住宅,同时还承担着高校的其他任务,如接送学生到校外参加社会实践,接送教师对外交流、参加科研活动以及负责学校重大的接待任务等。高校“校车”的运营范围远远大于规定校车的业务范围,同时运营的区间也明显扩大,其本质上并不符合《校车安全管理条例》规制的目的——保障乘坐校车的学生这一特定对象的安全。因此,高校“校车”不能纳入规定校车之列。

结合上述两个案例,以及对接送非义务教育学生的“校车”分析,现行规定校车的范围在一定程度上较小,对于实践中大部分中学初、高中部并存的情况,不能因搭载对象为高中生而否认该规定校车的身份。因此,本文建议规定校车的概念宜在原有的《校车安全管理规定》的基础上,增加接送对象为高中生的情况,即依该条例取得运营资质,按照既定路线,接送中小学、幼儿园的师生往返住宅与学校的7座以上的载客汽车。

对于尚未取得校车运营资格,实际以接送学生上下学为业的客运车辆,一般情况下多为个人营运车辆,且以接送幼儿园师生为主。该类车辆往往存在于中小县城、乡镇等地,因学校条件有限无法配备专用校车,因而不得不对外承包私人运营车辆接送师生上下学。此外,车主个人也会主动招揽学生,与学生或家长订立服务协议,长期从事接送学生上下学的业务,此类外包型“校车”业务同样存在为谋取利益而压缩时间、“多拉快跑”的现象,同样具备旅客运输的长期性、营利性及稳定性,其实质上与旅客运输并无不同。因此,司法实践中在认定该类车辆的客运类型时,应首先确认车辆是否具有规定校车的运营资质,如不具备《校车安全管理条例》运营资质,不论载客对象是否为学生,都应当认定为旅客运输。

当然,不乏有观点认为应当根据实际载客类型来界定运营性质。也即对于实际从事校车运营业务,但未取得相关运营资质的客运行为,也应当认定为校车。[①] 但是,如果采用该种认定方式,则难以区分实际具备运营资质的校车业务(上文所述的规定校车)与一般的旅客运输的界限,立法将二者严格区分的意义也将不复存在,同时也必将架空《校车安全管理条例》在法律规制方面的作用,其存在的意义也必将大打折扣。

(二)拼车与网约车的司法认定

从事,即投身到某种事业中去,或按某种方法处理。[②] 结合本文分析,即行为人在一段时间内长期投身于旅客运输、校车业务中,并具有稳定性、规律性。因此,从事校车、旅客运输的“从事”,要求以校车、旅客运输为业,进行长期性运营或以长期运营为目的。正因为该类客运行为具有长期性、稳定性、营利性,载客过程中发生危险的可能也随之增加。基于保护乘客乘车安全,刑法对该类客运行为课以更高的注意义务。然而,城市中上下班的拼车(又称“顺风车”)

① 张明楷:《刑法学》,法律出版社2016年版,第727页。

② 中国社会科学院语言研究所词典编辑室:《现代汉语词典》,商务印书馆2002年版,第211页。

行为，[①]因驾驶人为上下班的同事或者同行之人，拼车目的仅为分摊部分出行成本或免费互助，驾驶人并不以此为业，故不具备营利性、长期性的特征，当然也就不具有显著增加运营危险的可能，因此该类客运行为不应包括在内。

滴滴打车等网络预约型出租车（以下简称网约车），[②]虽然属于非巡游式出租车，但实质上仍然具备一般巡游式出租车的特点，即营利性、长期性、稳定性。自2016年7月全国出台《网络预约出租车经营服务管理暂行办法》后，网约车正式取得合法身份，但鉴于网约车严重“双超”同样具有极大的安全威胁，基于适用刑法平等的原则，以及维护道路交通安全的考量，应当对该类网约车运营行为课以更高的注意义务，故宜纳入危险驾驶罪的规制范围。

（三）载客农用车的司法认定

《刑法修正案（九）》草案二次审议稿提出，公路客运、旅游客运等从事旅客运输业务的机动车超速、超载的，极易造成重大人员伤亡，应当认定为犯罪。[③] 由此可见，基于旅客运输超速、超载所引发的风险，给乘客及道路通行安全带来了严重威胁。因此，立法本意在于惩治客运业务中严重“双超”的危险行为，即不论是否具备载客资质，只要以旅客运输为业，且存在严重“双超”的情况，进而产生了危害公共交通安全的抽象危险行为，都应当依照刑法处罚。

农用车载客现象在中西部等经济欠发达地区颇为普遍，因交通基础设施尚不完善，城乡之间班车客运业务尚未全面覆盖，民众出

① 指不以营利为目的，在通勤或节假日出行时，由合乘服务提供者事先发布出行计划，出行线路相同的人选择乘坐合乘服务提供者的小客车，并分摊部分出行成本（仅限燃料成本及通行费）或免费互助的出行方式。参见《网络预约出租汽车经营服务管理暂行办法（征求意见稿）》，载 http://www.law-lib.com/fzdt/newshtml/20/20151020091207.htm。

② 网络预约型出租车是指以互联网技术为依托构建服务平台，接入符合条件的车辆和驾驶员，通过整合供需信息，提供非巡游的预约出租汽车服务的经营活动。

③ 《全国人民代表大会法律委员会关于〈刑法修正案九〉（草案）修改情况的汇报》，载中国人大网：http://www.npc.gov.cn/npc/lfzt/rlys/，最后访问日期：2019年1月28日。

行需求无法得到有效保障,因此这种原本用于农业运输的车辆,在载货的同时摇身一变,转而成为以客运为业的“载客车”,充当着民众出行的重要工具,该类现象在农忙时节、赶集时候尤为普遍。在目前交通基础设施尚不完善的情况下,我们不否认农用车载客现象存在的必然性,然而因其不具备载客资质,乘客无固定座位,更谈不上安全带、扶手等硬件类的安全保障措施。加上城郊道路基础设施相对较差,路面不甚平整,载客过程中的安全性更令人担忧。在该种情况下,若为营利而“多拉快跑”、严重“双超”,一旦发生交通事故,其后果不堪设想。自《刑法修正案(九)》实施以来,该类因农用车载客而引发交通事故的现象仍在不断发生。[①] 因此,我们认为,基于刑法的规范目的及旅客运输含义的界定,应当将农用车载客行为纳入旅客运输的范围。

(四)城市公交客运的司法认定

公交客运是否应纳入旅客运输的范围,我们持否定意见。理由如下:首先,公交车“超载”的现象较为普遍,[②]尤其在上下班高峰期、节假日出行时段,其拥挤程度近乎难以想象,然而根据《机动车运行安全技术条例》(GB7258—2004)规定,公交车超载标准应根据站立乘客所用地板面积计算,即每人不小于 0.125 平方米(约每平方米站立 8 人),因此即使是在高峰时段,该标准也很难达到。[③] 其次,从客观现实角度而言,公交客运所设站点之间距离仅几百米且随时上下客,严重超速的可能性微乎其微。最后,法律明文规定公交司机不得随意拒载,同时上下班、节假日等客流量较大的情况下,如何判

① 《福清农用三轮车载客猖獗摇身变成“黑校车”》,载腾讯网:http://fj.qq.com/a/20161026/008279.htm,最后访问日期:2019 年 1 月 26 日。

② 此处仅指过度拥挤。

③ 李晓菲:《公交车超载议论多、措施少》,载商用汽车新闻网:http://cv.ce.cn/kcpd/gj/201203/19/t20120319_23168218.shtml,最后访问日期:2019 年 1 月 12 日。

断超载等仍存在一定的困难，因此就目前而言，尚不可能且无必要将公交客运纳入刑法规制范围。

（五）公司/单位内部车辆的司法认定

实践中，公司/单位内部用于接送职工上下班的车辆，多为大中型的客运车，且运营时间集中于上下班期间，具有人数较多，但乘车人员、运营区间相对固定的特点，大部分情况下与一般客运行为并无实质差异。然而值得注意的是，该类客运行为并非都以营利为目的，也并不一定存在为抢占客流高峰而出现"多拉快跑"的现象。该类客运行为是否应纳入刑法规制范围，则应当具体分析。

运营车辆为公司/单位内部所有的，不应纳入刑法规制范围。如上文所述，该类车辆虽然具有长期运营且乘客较多的特点，但因内部车辆具有一定的福利性，且不以营利为目的，因此其同公交客运行为一致，严重超载的主观目的不强，超载的客观现象亦很难出现，即使出现超载的情况，也可以根据行政法规对其采用罚款、吊销驾驶执照等处罚。在行政处罚足以实现预防犯罪之目的的情况下，没有必要适用刑法处罚。运营车辆属于公司/单位外包的，应当纳入刑法规制范围。与前述不同的是，在该情况下车辆的运营不仅具备了长期性、稳定性，同时还具备营利的性质，虽然搭载的对象仍然限于公司/单位内部人员，但因以营利为目的，该类外包车辆同样会为了抢占客流高峰，尽可能地压缩对公司员工的服务时间，出现能跑一次的绝不跑第二次的情况，在该情况下严重"双超"的可能性仍然较大。

质言之，不论从事客运的车辆是否具备运营资质，其本质上一旦严重"双超"，对道路交通和公众的出行安全带来的抽象危险都是相同的。何况在实践中，不具备运营资质的车辆因安全质检不一定达标，驾驶人员的技能参差不齐以及车辆自身安全装置不完善等问题，该类车辆往往成为交通安全的重要隐患。尤其是散布在城市各个角落的“黑的”，城郊之间的农用车等，该类不具备运营资质的车辆却大肆从事着旅客运输的实际行为，无疑给公众带来了更严重的安全威胁，因此，将其纳入刑法规制范围更符合危险驾驶罪的规范目的。

四、余论

黑格尔认为，每部刑法都属于它特定的时代，属于该特定时代的资产阶级市民社会的状况。[①]《刑法修正案(九)》中危险驾驶罪的新增条款，正是在近年来严重“双超”等危险驾驶行为日益突出，严重危及公共安全的背景下诞生的。《立案标准(试行)》的出台，为司法实践中打击严重“双超”的危险驾驶行为明确了适用标准，然而关于旅客运输的范围，交通运输部《规定》、公安部《立案标准(试行)》仍存在一定的局限性，确有必要做相应的调整。因此本文认为，旅客运输是指以运送旅客为业、为社会公众提供服务并具有营利性质的道路客运活动，其不仅包括具备运营资质的客运行为，还包括不具备运营资质但实际从事客运业务的行为。另外，在严重“双超”的适用标准上，公安部《立案标准(试行)》仍然存在部分不合理之处：如严重超载的标准采用超载人数或者超载比例两者间具其一，即可达到立案侦查的标准。虽然实际判决中适用的刑罚普遍较低，惩处力度不大，但仍不能改变因该刑罚导致的犯罪标签化问题，尤其是在我国尚未全面适用犯罪记录封存制度的前提下，该种犯罪标签将一直影响行为人今后的职业发展，这与刑法谦抑性是否相符，我们持否定意见。因此在严重“双超”的标准上宜将严重超载的标准中的“或者”改为“并且”，即只有在超载人数与超载比例同时具备的情况下才予以刑罚处罚，并结合具体道路情况及载客类型，严格限制严重“双超”，正确界分行政处罚与刑事处罚之间的界限，保持刑法

① [法]戴尔玛斯·马蒂：《刑事政策的主要体系》，卢建平译，法律出版社2000年版，第29页。

应有的谦抑性,防止因危险驾驶行为被过度犯罪标签化。

The Scope of the Passenger Transport of the Crime of Dangerous Driving

Deng Yongfeng

Abstract: The phenomena of over speed and overload of school buses and passenger transport which seriously threatening public safety have been curbed effectively since the Article 8 of The Criminal Law Amendment(9) was promulgated. For the scope of passenger transport and the difference with school bus, there are still considerable controversies emerged between academic circle and judicial departments. The criminal case filing standards about Dangerous Driving in Overload and over Speed (Trail) by Ministry of Public Security has responded above issues to a certain extent, but there are still many problems to be clarified. According to the provisions of Ministry of Public Security and the judicial practice concerned, it is better to identify the scope of passenger transport by the longevity, rentability and stability of passenger operation. At the same time, we could define the connotation and extension of passenger transport and school bus business based on the operation qualification of school bus.

Keywords: dangerous driving; passenger transport; shuttle bus; highway passenger transport; school bus

功利主义视角下的刑事强制措施

林偶之*

摘　要:在功利主义视角下,增设“无罪”的人忍受刑事强制措施的义务是维护社会秩序不可或缺的“恶”。根据社会对幸福体验的变化,不同时期的人们对刑事强制措施提出了不同的需求。在当今时代背景下,公民财产权与隐私权的保护程度同样会增减人们的幸福总量,应当将限制被追诉人隐私权和物权的刑事侦查措施纳入刑事强制措施体系之中加以规制。同时,功利主义提供了量化被追诉人行为性质的研究视角,通过要求办案机关适用刑事强制措施的种类和强度与被追诉人可能妨碍诉讼的行为性质相对称,来反思现行强制措施种类的启动条件是否合理。

关键词:功利主义;刑事强制措施;行为性质;完善路径

刑事诉讼中的强制措施,指的是公安机关、人民检察院和人民法院为了保证刑事诉讼的顺利进行,依法对犯罪嫌疑人、被告人的人身自由进行限制或剥夺的各种强制方法。强制措施是一项重要的刑事诉讼制度,对于保证刑事诉讼的顺利进行、规范司法机关的行为具有重要意义。但由于立法和实践的原因,我国的刑事强制措

* 西南政法大学法学院诉讼法学2016级硕士研究生。

施在实际运行中出现制度功能错位、公权力制约不足、被追诉人权利保障不到位等问题,严重影响诉讼公正。功利主义主张一切行为的共同目标是实现最大多数人的最大幸福,赋予国家刑事强制权,通过牺牲少数人利益以实现诉讼内秩序,能够实现最大多数人的最大幸福。该理论对刑事强制措施的功能定位、适用原则等具有重要的解释作用和参考价值。因此,本文将运用功利主义原理,从功利主义的视角对我国刑事强制措施的正当性基础、问题和相应的完善路径进行分析,为我国刑事强制措施的立法和实践提供一定的参考。

一、刑事强制措施的正当性基础

在现代法律结构中,权利概念占据最根本的初始位置,整个法律概念体系都是建立在权利概念之上的。① 在现今各国普遍认可无罪推定原则的背景下,国家对于事实不清、证据不足、未经法院依法判决的“无罪”公民,采取侵犯或干预其隐私权、财产权甚或人身自由权等强制措施的正当性依据为何?刑事强制措施集中体现了国家权力的“恶”,国家通过侵犯或干预“无罪”公民基本权利的强制方法,修复被破坏的社会秩序或者预防现有秩序被破坏。也就是说,刑事强制措施存在的正当性依据就是其能够通过对“无罪”公民施加必要的“恶”,维护诉讼内秩序,以保障诉讼安定而间接维护社会秩序。在某种意义上,将刑事强制措施的本质定位为以程序保障(维护诉讼内秩序以间接实现社会秩序)为目的的实体处分(科以被追诉人忍受基本权利被侵犯的义务),是一种以功利主义为视角的分析方法。

古典功利主义以趋利避害的人性主张作为其理论建构的基础。按照边沁的主张:“一切行为的共同目标……就是幸福……任何行

① [德]拉德布鲁赫:《法学导论》,米健等译,中国大百科全书出版社1997年版,第6页。

动中导向幸福的趋向性我们称之为功利;而其中的背离倾向则称之为祸害。”简言之,功利具有给人们带来幸福和快乐的特质。功利主义主张将终局效果是否契合“最大多数人的最大幸福”原则作为道德准则。其所指的幸福是一种社会意义上的整体幸福,其所考量的乃是“社会全体成员的利益总和”。稳定和谐的社会秩序是社会共同体及每个成员感受幸福和快乐的必要前提。人基于其本性要求建立国家,就是要借助群体的力量维护社会秩序,以求达到最大多数人最大幸福。①

换言之,“最大幸福”原理是人类行动,特别是行使政府权力的官员施政执法的唯一正确适当的目的。对国家而言,为社会提供稳定的社会秩序契合大多数社会成员的“幸福需求”,也是政府实现国家职能、维护统治的基础。维护秩序的活动其中就包括利益出现争端时,为防止私力救济将已经破坏的社会秩序进一步破坏,而采用诉讼的方式解决纠纷。为了保障诉讼程序的顺利展开,排除诉讼中可能遇到的障碍——(基于趋利避害的本能)行为人逃避诉讼的障碍和(行为人可能阻碍证据的获取所导致的)案件事实不能恢复的障碍,立法必须赋予司法机关一定的强制措施权。从某种意义上讲,司法机关实施刑事强制措施最直接的目的就是维护诉讼秩序,保证诉讼的和平性和安定性。但是,这种诉讼制度的维护最终是为了保障准确地实现国家刑罚权,完成刑事诉讼的任务。从间接角度来看,国家设置刑事强制措施制度的初衷是为了使被破坏的社会秩序得以恢复到正常状态。

根据功利主义原则的动机原理,国家可以通过构建刑事强制措施体系来实现社会大多数人的利益。功利主义以损伤少数人的权益为代价追求“最大多数人的最大幸福”。在刑事强制措施中最显

① [荷]斯宾莎诺:《神学政治论》,温锡增译,商务印书馆1963年版,第216页。

著的表现就是通过增加被追诉者的忍受义务来达到维护社会秩序的需要。为了确认具体案件中国家刑罚权的有无、恢复法秩序，国家不得不在诉讼产生障碍的情形下，使用以排除障碍为目的的刑事强制措施。为了诉讼和平安定和诉讼效率的需要，犯罪嫌疑人、被告人不得不忍受强制措施附带的基本义务。

如此看来，功利主义强调最大多数人的最大幸福的同时，不可避免地会以牺牲少数人的权益为代价来实现“最大多数人的最大幸福”。被追诉人在定罪量刑前受无罪推定原则的保护，1996年《公民权利和政治权利国际公约》明确规定：“凡受刑事控告者，在未依法证实有罪之前，应有权被视为无罪。”联合国人权事务委员会对无罪推定原则作出一般评论，该评论尤其指出被追诉人应享有无罪待遇，公共当局不得作出有罪预断。按照无罪推定原则，被追诉人在被法院依照法定程序作出有罪的否定性法律评价前，始终处于法律上无罪的地位。必须在公诉方提出充足证据、证明被告人有罪之后，被追诉人的无罪推定才能被推翻。无罪推定原则的本质是赋予被追诉人在刑事诉讼过程中就拥有与国家追诉机构进行程序对抗的权利，国家公诉机关不能对其采取任何带有惩罚性的强制措施，审前公安司法机关采取强制措施不能具有惩罚目的。相反，刑事强制措施的本质是以程序保障为目的的实体处分，[①]是对基本自由与权利之干预，[②]是以挤压公民个人权利为代价，施加给被追诉人忍受义务，来保证刑事诉讼法活动良性运转而不可避免的“恶”。具体而言，忍受义务是指被追诉人容忍司法机关对其实施的为保全犯罪行为人和犯罪事实的限制、剥夺人身自由等基本权益的刑事强制措施的诉讼义务，这种忍受义务是刑事被追诉者诸多诉讼义务中的一

① 杨雄：《刑事强制措施的正当性基础》，中国人民公安大学出版社2009年版，第28页。

② 林山田：《刑事程序法》，台北，五南图书出版股份有限公司2000年版，第253～256页。

种。[①] 在假定刑事强制措施本身就是“恶”的基础上，那么“对功利主义原则而言，只有在它许诺排除某种更大的恶的范围内才应当得到承认”。[②] 因而，刑事强制措施在实现更大的快乐和幸福总量方面必定是有所作为的。[③] 表现为刑事强制措施旨在通过阻止被追诉人趋利避害本能反应引起逃避侦查、妨碍诉讼或可能引发的一系列“恶”的后果（如毁灭罪证、打击证人、再犯罪等）来维持司法秩序的稳定，增进社会的总体幸福。换言之，刑事强制措施的正当性基础，是为了实现“最大多数人的最大幸福”而不得已牺牲的少数人权益。

二、功利主义原则对刑事强制措施的影响

（一）刑事强制措施的实施目的

功利主义的“最大幸福”原理包含两方面内容：一是“最大量的幸福”，二是“最大多数人的幸福”。相对而言，前者以个体为单位，个体对自身幸福最大化的估算，在理性上尚且有直观体会。然而，后者“最大多数人”的数量应该如何估算？特别是在刑事司法领域，“每一个人都是潜在的被告人”，每一个被追诉者在刑事司法领域遭受的待遇不仅直接关乎个人的生命、自由、财产等，更是一个国家人权保障水平的标尺。将被追诉者的数量与社会受益人群数量作简单对比显然是不可行的。面对这一困境，斯宾诺莎指出，人就其本性而言是一个功利主义者，人们在作出选择时极具目的指向性。[④] 强制措施作为一种手段工具，其发动与实施都应指向其所欲达成的目的，也即维护诉讼内秩序以实现社会秩序。如果没有该目的的存在，刑事强制措施的手段就不应该发动，否则就构成刑事强制措施

① 林钰雄：《刑事诉讼法》（上册总论编），中国人民大学出版社2005年版，第134页。

② ［英］韦恩·莫里森：《法理学——从古希腊到后现代》，李桂林、侯健等译，武汉大学出版社2003年版，第203页。

③ 同上书，第193页。

④ 同上。

的滥用。从这一角度来分析，实践中凡是为了侦查、取证便利，甚或是为了预防犯罪、教育公民等目的而适用刑事强制措施，或者适用与侦查措施强度不相符的做法都是违背刑事强制措施目的指向性的。这些做法无法实现大多数人的幸福，违背了法律设置国家强制措施的初衷。因此，以群体目的代替人群数量作为判断刑事强制措施启动与实施是否恰当的标准，是功利主义学说对该难题的回应。

（二）刑事强制措施的种类

与同时空个体追求“最大量的幸福”不同，刑事强制措施作为一项历时性的刑事政策，“幸福”的计量标准在不同历史时期有着不同的展现。这就要求我们必须根据社会“幸福”指数的变化来相应调整刑事强制措施体系，以防故步自封。这一观点在刑事强制措施的历史沿革中也有所体现。

在中国封建专制历史时期，伦理凌驾于法律之上，人权保障意识浅薄，大多数人对社会稳定的渴望大大超越对司法残害人权的行为带来的恐惧。司法官被允许享有从受理到侦查、纠问、裁断及执行的一切权力，[①]刑事案件任意拘捕是常态。

民国政府时期，“自由”“平等”“人权”等思想观念刺激了权利观念的发展，反对侵害人权的声音影响了司法领域的变革。在维护社会秩序带来的幸福总量基本维持的情况下，严苛的司法迫害人权给幸福感造成的损害增加，为维护社会秩序而必须牺牲的个人权益要求尽可能降低。这种意识形态在当时刑事政策上的表现为，立法当局通过修订《刑事诉讼法》《检察执务应行注意事项》[②]等，规定了一系列对物的强制措施和对人的强制措施，规范审前无序的任意拘捕现象。但由于当时中国陷入长时间的战事，在动荡不安的社会背

① 李春雷：《中国近代刑事诉讼制度变革研究（1895～1928年）》，北京大学出版社2004年版，第111页。

② 国民政府司法部参事厅编：《增订司法例规》（上册），民国六年（1917年）版，第360～368页。

景下，公正司法所带来的幸福感总量依旧有限，人权保障处于极低水平，寻求稳定的社会秩序仍是获取“最大多数人的幸福”的第一指标。人们可以忍受在更大程度上牺牲被追诉人权益，以求维护诉讼稳定。

中华人民共和国成立初期，刑事强制措施体系进入初步建设阶段。1954年《中华人民共和国逮捕拘留条例》颁布后，刑事强制措施开始进入法制化建设阶段。但是，中华人民共和国成立初期经济建设尚未完成，缺乏经济基础的支撑，法制建设工作未能走上正轨。加之受“文化大革命”期间法律虚无化的影响，社会“最大多数人”从司法体制中能获取的“幸福量”不高，导致对人的拘捕和羁押等脱离了法制化轨道。①

改革开放以来，被追诉者的人权保障状况成为司法领域改革的重点。与社会环境相呼应，国家完成初期社会主义经济建设计划，政治体制建设步入正轨，和平与发展成为时代主题等社会各方面因素综合起来，为法治快速发展提供了一个相对稳定的社会环境。相较而言，社会“最大多数人”在这一时期从稳定秩序中获取的“幸福量”呈稳步缓慢下降趋势。相反，作为道德主体的被追诉人的人格尊严的尊重水平逐渐发展成为衡量社会幸福总量的一项重要指标，挤压被追诉人权益对幸福总量的减损程度呈上升趋势。近年来，媒体曝光的“湖北佘祥林案”“湖南滕兴善案”“河南胥敬祥案”“云南杜培武案”“河南赵作海案”“河北聂树斌案”等案件折射出的司法程序问题极大减损了社会“最大多数人的最大幸福”，单靠其他方面建设不足以保证大多数人获得“最大幸福”。推进司法文明的进程，加强刑事审前程序中强制措施体系建设，减少冤假错案对司法公信力

① 郭烁：《刑事强制措施体系研究——以非羁押性强制措施为重点》，中国法制出版社2013年版，第71～74页。

的影响，能让更多人通过司法文明感受到安全、和平及幸福。为与社会需求相适应，1979年《中华人民共和国刑事诉讼法》（以下简称《刑事诉讼法》）创立了包括拘传、取保候审、监视居住、拘留、逮捕在内的刑事强制措施体系，基本奠定了我国刑事强制措施体系的发展主线。1996年《刑事诉讼法》将五种刑事强制措施根据不同强度规定了不同的适用条件，刑事强制措施的强度在立法上凸显了层次性。2012年《刑事诉讼法》进一步明确了取保候审和监视居住的适用条件，对逮捕的适用条件也作出了明确的限制。

在现代社会中，人们除对从基本人权保障水平中汲取幸福感的程度加深外，物权和隐私权的保障理念也日渐深入人心，这对公民生存和发展产生了重要影响。正如布兰代斯和沃伦在《论隐私权》一文中指出："紧张复杂的生活，辅以文明的进步，已经让人们觉得有必要与外界保持一定的距离；在文化的细密影响下，人类已经对抛头露面变得更加敏感。受此影响，独处与隐私的侵犯，现代商业和创造发明已经将个人置于精神痛苦与折磨之中，而且，由此造成的伤害已经远远超过纯粹的肉体伤害。"①但目前我国立法尚未将对物权和隐私权的强制手段纳入刑事强制措施体系之中，对可能侵害公民隐私权的技术侦查措施也没有纳入，而是将搜查、扣押、冻结等可能侵犯公民私有财产权的措施规定为普通侦查手段。这些侦查措施缺乏相应的程序审查和司法救济途径，往往导致侦查实践中相关侵权事件屡见不鲜，无疑损害了社会公众的幸福感。

（三）刑事强制措施的强度

除为刑事强制措施提供合理基础外，功利主义的思想也对刑事强制措施的强度提出要求。刑事强制措施增加被追诉人的忍受义

① Louis Brandeis and Samuel Warren, "The Right to Privacy", 4 *Harvard Law Review* 193 – 220 (1890 – 1891). 译文转引自吴宏耀就查尔斯·卡兹诉美国联邦政府一案的评论，《美国联邦宪法第四修正案：搜查与扣押》，第81页。

务,是增进社会幸福不可回避的“恶”,但是当这种“恶”的强度缺乏程序克制时,实际上是以二次侵害的方式增加社会的痛苦。[①] 被追诉人因为有“实施犯罪的可能”(第一层次理由),才被科以承担忍受侦查机关侦查的义务。将“无罪”的被追诉人纳入诉讼程序行为损害的不仅是被追诉人在诉讼阶段的利益,同时也损害了被追诉人在社会上的正面评价,这本身就已经“牺牲”了被追诉人的“第一次利益”。在诉讼阶段,根据被追诉人“可能妨碍诉讼顺利进行”(第二层次理由)而采用限制被追诉人人身自由、财产权、隐私权等基本权利的刑事强制措施,属于“牺牲”被追诉人的“第二次利益”,这种“牺牲”原本就已经是第一次“牺牲”基础之上的叠加,因而有必要对“第二次牺牲”的强度作出限制,否则将可能带来超出制度本身可能带来的损害。正如培根所说:“一次不公正的裁判,其恶果甚至超过十次犯罪。”[②]刑事强制措施的强度应当符合比例原则,若不然,过度采取强制措施会以二次侵害的方式再次破坏社会秩序,减损人们的总体幸福体验感。总而言之,强制措施应当节制,所侵害公民的权利必须不大于所保护的社会公益。这就要求必须细化刑事强制措施的种类,依照比例原则建立强度由低至高的梯级刑事强制措施体系,针对被追诉人的个体情况分别适用程度不同的强制措施。

依照我国《刑事诉讼法》第 64 条、第 79 条、第 80 条的规定,我国现行强制措施体系按照强度由低至高依次分为拘传、取保候审、监视居住、拘留、逮捕五个等级。但在我国司法实践中,刑事案件却大量适用拘留、逮捕等强制性措施,导致羁押候审率高达 80% 以上,

① 边沁认为,在立法者看来,存在第一性的恶与第二性的恶。第一性的恶是违法行为对被害人的直接侵害。第二性的恶是对违法行为处置程序不公正引起的社会不利影响。这些第二性的恶通常比第一性的恶更为重要,例如——在抢劫案件中——受害人的实际损害远低于弱化共同体整体的稳定和安全所招致的侵害。参见[英]韦恩·莫里森:《法理学——从古希腊到后现代》,李桂林、侯健等译,武汉大学出版社 2003 年版,第 193 页。

② 培根:《培根论说文集》,水天同译,商务印书馆 1958 年版,第 216 页。

比例原则在实践中被异化为以采取羁押为原则，非羁押措施为例外。强制措施的强度总量大大超过被追诉人的社会危险性与妨碍诉讼的可能性，所损害的权益大于所保护的社会公益。

三、刑事强制措施的完善路径

功利直接关系着人们的现实利益，是人们应当追求的目标，也是善恶判断的最终依据。利益的选择作为引线重铸我国刑事强制措施体系，实现利益的同向增减，是今后完善刑事强制措施体系的一条进路。[①] 怎样构建刑事强制措施体系才能实现"最大多数人的最大幸福"呢？功利主义借鉴心理联想原理在个人利益与社会利益、个人幸福与社会幸福之间搭桥牵线，将幸福视为由联想结合的简单与快乐之总和。在刑事强制措施体系建设中反映为：公安司法机关采取强制措施可以达到保障刑事诉讼活动顺利进行的功能实效，这种实效会综合社会其他因素达到法律效果和社会效果的统一，进而根据社会效果的强弱差异联想到社会最大多数人的获益程度。[②] 在观念联想的作用下，能实现由一种情感状态（法律效果）转向另一种情感状态（社会效果）。综合上述考量，完善我国刑事强制措施体系，需要同时满足以下三个条件：一是适用刑事强制措施时应当有明确的目的指向，不能为侦查便利或惩罚被追诉人而过度适用刑事强制措施；二是刑事强制措施的种类能够涵盖可能减损社会幸福指数的各种侦查手段；三是刑事强制措施的强度应当符合必要性和比例性考量。

（一）改革刑事强制措施体系的种类

我国现行《刑事诉讼法》所规定的强制措施体系仅包括以人身自由为对象的五种强制措施，并不涵盖搜查、查封、扣押等对物的强

① 王岩、施向峰：《批判与启示——西方近现代政治哲学流派研究》，中国社会科学出版社 2011 年版，第 165 页。

② 同上书，第 167 页。

制措施以及监听等对隐私权的强制措施。樊崇义教授认为:“一国强制措施的法定种类不止一种,而是应由多种措施类别组成一个体系,其轻重程度配列有序,分别具有对应的适用范围。”[①]功利主义学说有同样的主张,该学说以“满足最大多数人的最大幸福”为基点,解读了当今时代背景下财产权和隐私权的保护程度同样会增减人们的幸福总量。为了稳定社会幸福总量,需要在人民对财产权、隐私权保护需求增长的同时,将可能损害人民财产权、隐私权的侦查手段纳入刑事强制措施体系之中并加以规制。

(1)针对财产权的措施纳入强制措施体系。根据我国《刑事诉讼法》的规定:“为了收集犯罪证据、查获犯罪嫌疑人,侦查人员可以对犯罪嫌疑人以及可能隐藏罪犯或者犯罪证据的人的身体、物品、住处和其他相关的地方进行搜查;与犯罪有关的,可以予以查封、扣押、冻结。”从性质上看,我国仅将搜查、查封、扣押等针对财产权的措施界定为一种侦查手段,并没有将其纳入强制措施的范畴予以规制。考虑到财产权是宪法赋予公民的基本权利,在社会生活中发挥着重要作用,为了更好地贯彻我国“尊重和保障人权”的立法精神,有必要将针对财产权的搜查、查封、扣押等侦查措施纳入强制措施范畴。同时,需要明确规定适用搜查、查封、扣押等措施的理由和标准,通过增设必要的“门槛”来防止随意启动搜查、查封、扣押措施。例如,规定只有掌握一定的证据证明可能隐藏罪犯或证据的,才能入室搜查;进一步规范搜查、查封、扣押的程序,有限度地将有证搜查的决定权分配到检察机关,以约束侦查机关自行批准决定、自行实施的随意性;完善查封、扣押、冻结财产在不同诉讼阶段或者判决生效后的衔接机制,等等。

(2)将针对隐私权的措施纳入强制措施体系。我国在1993年

① 樊崇义主编:《刑事诉讼事实问题与对策研究》,中国人民公安大学出版社2001年版,第125页。

颁布的《中华人民共和国国家安全法》中首次明文规定了技术侦查措施。[①] 虽然在1996年《刑事诉讼法》中并没有关于技术侦查的规定，但实践中已经出现了监听被滥用的趋势，侦查机关秘密监听侵害公民个人隐私权的现象时有发生。[②] 2012年《刑事诉讼法》并未将其中限制公民隐私权的监听、电子监控、秘拍秘录等侦查手段纳入强制措施体系的范畴，而是以专节的形式对“技术侦查”作出规定。有的国家均已经将诸如监听、电子监控、秘拍秘录等可能侵犯公民隐私权的侦查手段纳入刑事强制措施的立法范畴，使司法令状制度得以有效地规制侦查机关的侦查行为。我国首次在立法上将直接关系公民隐私权等基本权利的技术侦查措施明确下来，有助于立法规范化，但规范的程度依然不足。例如，关于技术侦查措施适用条件的规定过于模糊，容易导致实务中理解混乱，不利于对侦查权力的规制；技术侦查的批准程序规定过于含糊，只是简单规定“经过严格的批准程序即可以适用”，相关批准程序缺乏具体可操作性；立法有关侦查措施的规定仅限于授权性内容，而缺乏权利救济的相关规定等。由于以监听、电子监控、秘拍秘录等为代表的新型搜查措施具有秘密性、便捷性、侵入性等特征，比起常规的侦查手段更容易被滥用。因此，我们需要将针对隐私权的侦查措施纳入刑事强制措施体系范畴，明确这些措施的使用范围、条件、对象、救济途径以及决定与监督机关，从而有效规制这些侦查措施。

（二）完善刑事强制措施的适用条件

功利主义提供了量化行为性质的研究方法。按照功利主义的量化方法，可以根据被追诉人实施妨碍、干扰诉讼行为的可能性由

---

① 《中华人民共和国国家安全法》第10条规定技术侦察时使用的是“侦察”一词，而非刑事诉讼法中的“侦查”，但两者在含义上并无区别。参见宋英辉、吴宏耀：《刑事审判前程序研究》，中国政法大学出版社2002年版，第221页。

② 周和玉、王凯石：《论秘密监听的法律规制》，载《国家检察官学院学报》2004年第3期。

低至高适用相应强度的刑事强制措施。被追诉人妨碍诉讼的可能性大小与其给社会幸福总量带来的影响有直接对等关系。按照功利主义的主张，行为带来的幸福量是可以计量的。我国的立法机关在构建刑事强制措施体系时并未量化被追诉人实施妨碍诉讼行为的可能性。当然，此处强调的量化并非是按照自然科学或者社会科学的方式细化行为的基数，而是将被追诉人可能妨碍诉讼的行为简单分成不同的层次（行为的复杂性表明，这种划分只能是相对的）。按照行为的外观可以将被追诉人实施妨碍诉讼行为的可能性依次分为：有迹象表明被追诉人可能有妨碍诉讼的行为——有证据、事实表明被追诉人可能有妨碍诉讼的行为——有证据、事实证明被追诉人可能有妨碍诉讼的行为。由于立法尚未将针对公民财产权、隐私权的侦查措施纳入刑事强制措施体系中，为此，笔者仅就现行立法中关于强制措施的适用条件作分析。

对于第一种"有迹象表明被追诉人可能有妨碍诉讼的行为"的，可以采用拘传强制措施。2012 年《刑事诉讼法》并没有规定拘传的适用条件，仅是在第 64 条中提及公、检、法三机关"根据案件情况"可以拘传犯罪嫌疑人、被告人。拘传意味着办案机关要求被拘传人在一定时间段内在特定地点接受讯问或询问，同样涉及对被拘传人人身自由的限制。作为一项刑事强制措施，拘传同样应当遵循强制措施的目的指向，即出发点只能是针对可能妨碍诉讼进行的行为。第一种"有迹象表明被追诉人可能有妨碍诉讼的行为"的情形对公安司法机关的收集难度要求最低，应当作为适用拘传的适用条件，以防办案机关为侦查之便利随意适用强制措施。

对于第二种"有证据、事实表明被追诉人可能有妨碍诉讼的行为"的，可以适用羁押代替性措施。在我国的法定强制措施中，取保候审、监视居住实际上具有羁押代替措施的功能。[①] 羁押代替性措施的适用,是以限制被追诉者人身自由的方式代替了剥夺被追诉者人身自由的羁押措施的适用,强度仅次于羁押措施。依据证据、事实表明被追诉人可能存在妨碍刑事诉讼法活动行为的,法律可以赋予司法机关机关限制被追诉人人身自由的权力,以便查明这些“表面”事实、证据的真实性。由于被追诉人可能妨碍诉讼的行为仅停留在表面,在证据、事实尚未查明前,不应当直接采取剥夺被追诉人人身自由的羁押措施。我国《刑事诉讼法》并不是根据被追诉人的行为性质来决定适用取保候审或者监视居住,而是依据被追诉人最终可能判处的刑罚种类、人道主义关怀、侦查期限以及案件特殊情况来考虑是否适用。上述这些考量因素并不能证明被追诉人实施妨碍诉讼行为可能性的大小,也不契合刑事强制措施的目的指向。从行为性质考量强制措施的适用条件,更能实现行为与目的的统一。

对于第三种“有证据、事实证明被追诉人可能有妨碍诉讼的行为”的,应当允许办案机关为了保障刑事诉讼的顺利进行,依照法律规定对犯罪嫌疑人、被告人采取剥夺其人身自由的各种强制方法。我国现行《刑事诉讼法》并未设置独立的羁押制度。羁押是拘留和逮捕这两种法定强制措施所带来的持续限制、剥夺人身自由的当然状态和结果。以逮捕的适用条件为例,现行立法关于逮捕的适用条件可以分为三种情形:一是有证据证明有犯罪事实;二是可能判处徒刑以上刑罚;三是采取取保候审、监视居住等方法尚不足以防止发生社会危险。三种情形均不是依据犯罪嫌疑人是否实施了可能妨碍诉讼的行为来考量是否适用逮捕措施,而是因为有证据证明犯罪嫌疑人实施的犯罪行为或者可能犯重罪或者社会危险性较大,因

① 罗海敏:《反恐视野中的刑事强制措施研究》,中国人民公安大学出版社2012年版,第112页。

而才决定适用剥夺被追诉人人身自由的羁押措施。实际上,侦查阶段只需能够确保犯罪嫌疑人无法妨碍侦查即可。即使犯罪嫌疑人确实实施了犯罪行为,或者所犯罪行较重,或者社会危险性较大,在经法院依法判决后,他们都会受到相应程度的刑罚。犯罪嫌疑人因同一行为(犯罪行为)而受到两次羁押,意味着为了维护大多数人等量的幸福而两倍减损了少数人的合法权益。羁押是以公民人身自由为干预对象的强制措施中最严厉的一种,在适用条件和适用广度上应当作严格的限制。同时,要强调采取刑事强制措施的目的只是为了防止被追诉人妨碍诉讼活动顺利进行,不能具备惩罚性手段。

功利主义为了实现较大份额的"善"必然会牺牲少数人的利益和权利要求,必然会使部分人处于不利的地位。[①] 以计量的方式列出利益位阶,保证受损的利益不能大于可能获取的利益,可以尽量降低这种必要的"恶"。当然,根据被追诉人的行为性质划分不同刑事强制措施的适用条件并非绝对的,该方法还存在例外情形。功利主义的目的说修补了行为不能精细量化的缺陷,功利主义要求行为必须具备明确的目的指向。适用强制措施的目的是维护诉讼内秩序,其强度必须大到足以超过被追诉人从妨碍诉讼行为中获得的收益,且措施的强度也应当根据具体情况的变化加以调整。被追诉人可能实施妨碍诉讼行为的不确定性越大,可能适用的强制措施强度就越大;如果被追诉人属于涉嫌危害国家安全罪、恐怖活动犯罪或者累犯的,措施的强度不仅要超过妨碍诉讼获得的收益,而且要超过未发现的侵害的收益。[②] 因此,既要克制我国司法实践中"以羁押为原则",过度牺牲被追诉人利益的做法,也要警惕学界"将非羁押措施作为刑事强制措施的原则"的乐观主义态度,以免降低对重案

① [美]约翰·罗尔斯:《正义论》,何怀宏等译,中国社会科学出版社 1988 年版,第 27 页。

② [英]韦恩·莫里森:《法理学——从古希腊到后现代》,李桂林、侯健等译,武汉大学出版社 2003 年版,第 193 页。

或重罪犯罪嫌疑人的司法控制。

Criminal Coercive Measures from the Perspective of Utilitarianism

Lin Ouzhi

Abstract: Imposing additional obligation of criminal coercive measures on "not-guilty" people is an indispensable "evil" in maintaining social order under the utilitarian view. In accordance with the changes in social experience of happiness, people in different times would put forward different requirements on the criminal coercive measures. In the current era, due to the fact that the total happiness of people will also change with the protection of citizens' property rights and privacy rights, criminal investigation measures that restrict the privacy and property rights of the accused should be included in the system of criminal coercive measures for regulation. Meanwhile, the utilitarianism provides a quantitative research perspective for the behavioral nature of the accused to reflect the reasonability concerning the initiation of existing coercive measures by requesting the handling authorities to apply criminal coercive measures of proper type and reasonable intensity in conformity with the behavioral nature of the accused's impairment of litigation.

Keywords: utilitarianism; criminal coercive measures; behavioral nature; perfection path

公安机关决定取保候审中的执法公信力问题研究

马　磊[*]　高蕴嶙[**]

摘　要：公安机关执法公信力主要来源于公安机关的信用和公众对公安机关的信任。在取保候审的适用过程中，有的公安机关由于司法理念、价值选择等方面存在问题，导致出现适用率低、适用标准不明确、权力属性强、辩护权弱化等情况，引发公众的怀疑，影响执法公信力的提升。取保候审中存在的问题在刑事司法活动中具有代表性，提高公安机关执法公信力，在适用取保候审的过程中，应从加强监督、明确标准、转变理念等方面进行改进。

关键词：公安机关；执法公信力；刑事司法；取保候审

习近平总书记曾在全国政法工作电视电话会议上指出，全国政法机关要进一步提高政法工作亲和力和公信力，努力让人民群众在每一件司法案件中都能感受到公平正义，保证中国特色社会主义事业在和谐稳定的社会环境中顺利推进。执法公信力提升是公安机

* 江苏警官学院法律系教师。

** 西南政法大学法学院 2017 级博士研究生、重庆市南岸区人民检察院检察员。

本文系江苏警官学院 2016 年年度科学研究课题“警察执法公信力问题研究”，项目编号：2016SJYSQ08。

关长期以来研究的重要课题。从职能上看，公安机关主要承担行政执法和刑事司法职能，由此，提升公安机关执法公信力，首先应从行政执法活动和刑事司法活动抓起。从刑事司法的角度来看，实体的处理结果固然影响公安机关执法公信力，但执法的过程对公众的影响则更直观和感性，尤其是强制措施，作为刑事司法过程中最能体现国家强制力的诉讼行为，更能塑造公众对刑事诉讼的认识。故此，研究公安机关执法公信力提升的有效途径，以强制措施为对象，从具体刑事司法活动着手，不失为一个较好的切入点。

一、问题的提出：信用和信任的基础

根据公安执法公信力是指“公安机关在刑事司法和治安行政管理过程中，通过履行执法职权活动，依据与自身的信用所获得的社会公众的信任程度”①这一概念，公安机关执法公信力来源于两个方面：一是来源于公安机关自身的信用，二是来源于社会公众的信任，而这两个来源统一于公安机关的执法权威。一般认为，公安机关自身信用的获取，依赖其自身的执法权威，即公安机关执法活动的公正性和合理性，获得执法相对人的认同，从而使公安机关在社会公众心中产生信服的状态。以取保候审的适用为例，笔者认为，公安机关在行使这一职权中要获取自身信用及公众信任，应建立在以下基础上。

（一）取保候审功能的正确定位

正确的功能定位是适用取保候审的基础。取保候审作为刑事诉讼法明确规定的五种强制措施之一，其功能之一是作为羁押的替代措施使用，即并不羁押犯罪嫌疑人、被告人，只是对其某些方面的权利进行限制，以防止其发生社会危险性，保证刑事诉讼的顺利进

---

① 朱志萍：《公安机关执法公信力问题浅析——基于社会公众认知视角》，载《公安研究》2013年第9期。

行。这一功能定位充分考虑了无罪推定原则:在被法院判定有罪之前,任何人不被看作有罪,即使出于刑事诉讼的需要,也要尽量减少对犯罪嫌疑人、被告人权利的限制。因其在诉讼程序中的独特作用,以及诉讼成本的低廉,使取保候审比其他的强制措施有着更多的适用范围和可能,[①]取保候审作为一种非羁押强制手段更符合人权保障的要求,也更能节约司法资源,提高诉讼效益。2012 年《中华人民共和国刑事诉讼法》(以下简称《刑事诉讼法》)的修改,明确了逮捕的标准,严格限制逮捕的适用,反映了立法的倾向,即对犯罪嫌疑人应以取保为原则,羁押为例外。

(二)取保候审适用标准的明确与具体

正确适用取保候审,获取刑事司法公信力,还应当明确取保候审适用的条件。我国现行《刑事诉讼法》第 65 条第 2 项和第 4 项对取保候审的适用条件进行了详细规定:"……(二)可能判处有期徒刑以上刑罚,采取取保候审不致发生社会危险性的……(四)羁押期限届满,案件尚未办结,需要采取取保候审的。"从法条的规定来看,该条从刑期条件、社会危害性条件、嫌疑人、被告人的自身条件,羁押期限条件等方面对取保候审的适用进行了规定,具有一定的可操作性。此外,最高人民检察院《人民检察院办理羁押必要性审查案件规定(试行)》还细化了不予羁押的若干情形,这也可以作为适用取保候审的参考依据。作为刑事司法力量,公安机关依照法律、司法解释从事的行为具有合法性,因而具有权威,也更能得到社会大众的认可和信任。

(三)取保候审的权利属性

"按照一般的说法,刑法是'犯罪人的大宪章',刑事诉讼法则是

---

① 宋英辉等:《外国刑事诉讼法》,法律出版社 2006 年版,第 594 页。

'被告人的大宪章'。"[①]从国家的职权角度讲，取保候审是一种国家刑事司法行为，依靠国家强制力实现，具有权力的属性。而从权利保障的角度，"刑事诉讼法也是保障人权的法律权利的保障法"。[②]"刑事诉讼法所保障的人权是一个社会存在必须的权利。"[③]由此，取保候审作为一种刑事司法行为，兼具国家权力与公民权利的属性。就权利的保障而言，刑事诉讼法规定了当事人及其法定代理人、辩护人有为被羁押犯罪嫌疑人申请取保候审的权利。此外无论从国外的诉前保障看，还是从我国的立法倾向来讲，取保候审是权利的理念正在成为共识，这也给我们留下一个命题，如何将更具有权力属性的取保候审进行合理改造，使其突出权利保障价值。

(四)当事人、律师的辩护权的充分体现

辩护权是贯穿于刑事诉讼始终，犯罪嫌疑人、被告人所享有的最重要的权利，是公民个人用于抗衡国家机关强制力的武器，也最能体现刑事诉讼的民主水平、法治水平。犯罪嫌疑人在侦查阶段享有的辩护权主要有否认指控的权利，申诉、控告的权利，申请取保候审的权利等。而当犯罪嫌疑人、被告人限于教育背景、知识结构等因素，不能很好地行使自己的辩护权时，根据刑事诉讼法的规定，其可以聘请律师为其辩护，由此，辩护律师为其提供专业的法律服务，成为犯罪嫌疑人最可依赖的行使辩护权的方式。正如美国学者所说："人们有权聘请律师，而且对于重要的法律问题，国家应以公费为其提供律师。"[④]建立在辩护权充分行使基础上的诉讼活动更能让当事人信任。

---

① 叶青：《刑事诉讼法专题研究》，北京大学出版社2007年版，第7页。

② 陈瑞华：《刑事诉讼的前沿问题》，中国人民大学出版社2005年版，第55页。

③ 彭海青：《刑事诉讼程序设置研究》，中国法制出版社2005年版，第66页。

④ [美]迈克尔·D.贝勒斯：《法律的原则：一个规范的分析》，张文显等译，中国大百科全书出版社1996年版，第52页。

二、公安机关在取保候审适用中面临的信任问题

然而，在实践中，作为一项刑事司法活动，取保候审的适用被诟病，有的公众对公安机关产生怀疑，进而影响公安机关执法公信力的提升。这主要表现在以下几个方面。

（一）适用率低引发有的公众对司法公正的怀疑

如前所述，取保候审的功能定位是羁押的替代性措施，然而，从实践中看，因种种原因，取保候审的适用率较低，除少数案件外，多数案件犯罪嫌疑人到案后均被拘留，除非证据不足或羁押期满，否则变更为取保候审较困难。究其原因，是某些工作机制及责任分配制度与法律规定之间存在冲突。有的承办人之所以不愿意适用取保候审，其目的在于规避风险，即以羁押性措施为主，避免了因取保候审执行不到位而发生被取保候审人逃跑的风险。由此带来的问题是，立法和实践的背离引发有的社会公众对公安机关的质疑，作为重要的刑事司法力量，公安机关不仅应当严格遵守法律的明文规定，还应当依照法律的精神规范自己的行为，反映在本篇所论内容上，应当坚持立法的原意，扩大取保候审的适用范围，而非为规避风险背离立法本意。

（二）适用标准不明确引发有的公众对司法随意性的批判

《刑事诉讼法》第65条规定的适用具体规定并不具体。根据该条规定，是否对犯罪嫌疑人适用取保候审，要求办案人员对犯罪嫌疑人的社会危险性进行判断，而社会危险性本身就是一个模糊的概念，相关的司法解释也没有对其进行进一步的阐释和说明，这也造成取保候审缺乏适用的客观标准，能否适用取决于办案机关自行认定。取保候审这一缺乏可操作性的特点，留给刑事司法人员很大的“发挥”空间，在审批取保候审的时候容易主观擅断，存在任意决定和随意适用的现象，甚至有的执法人员违规违法，对不符合条件的犯罪嫌疑人适用取保候审，影响了公安机关的执法权威。

(三)权力属性强引发有的公众对权力寻租可能性的不满

如上文所述,取保候审是羁押的替代措施,被适用取保候审的犯罪嫌疑人、被告人享有与其他人较少区别的权利。就这一点来说,取保候审应当具有权利属性。然而,我国的取保候审决定机关不仅是人民法院,还包括公安机关、检察机关,这也就意味着,侦查机关无须法院的许可和令状,即可决定对犯罪嫌疑人、被告人决定限制人身自由的强制措施。换言之,取保候审的决定权并没有排他地赋予处于中立地位的法官,同时也赋予了在刑事诉讼中有一定目标倾向性的刑事司法机关,而处于被追诉地位的犯罪嫌疑人、被告人,则容易会质疑决定机关的权力。此外,虽然刑事诉讼法规定了当事人及其法定代理人、辩护人有为被羁押犯罪嫌疑人申请取保候审的权利,但对于是否变更强制措施,则由有权机关决定,相关法律法规也并没有明确规定相关机关的说明义务。同时,被取保的犯罪嫌疑人,通信、会见等权利也受到限制。由此引发的问题是,在取保候审的权力属性大于权利属性的情况下,有的社会公众对于取保候审的决定过程中是否存在权力"寻租"持有怀疑态度。

(四)辩护权弱化引发有的公众丧失对权利的期待

我国《刑事诉讼法》第36条规定了辩护律师在侦查阶段享有的诉讼权利,但从法律的规定看,侦查阶段律师所能从事的辩护行为极其有限,主要是会见犯罪嫌疑人、向办案单位了解犯罪嫌疑人所涉及罪名、为犯罪嫌疑人提供法律咨询,代为申请取保候审等,但因不具备在场权、调查取证权、阅卷权等权利,辩护律师在侦查阶段很难深入了解案件的具体情况,提出有效的辩护意见,而主要是代当事人行使程序性的权利。具体到申请变更强制措施上来看,辩护律师申请取保不是根据案件的具体情况,而是根据犯罪嫌疑人自身的状况,如初犯偶犯、积极退赔、如实供述等一般性的情节,提出变更强制措施的申请,如此很难发挥辩护权在侦查阶段的作用,当事人的辩护权也难以落到实处。基于此，当事人家属可能寻求非法律的方式，来达到取保候审的目的。

（五）重打击犯罪轻权利保障不能全面实现刑事诉讼的任务

从刑事诉讼的理念来看，“刑事诉讼的直接目的在于实现国家的刑罚权和保障人权。只有均衡地实现这两方面的内容，才能实现司法公正。”①刑事诉讼法的首要任务，就是保证及时、准确地查明犯罪事实，并在查明事实的基础上，准确地适用法律，打击犯罪分子，保障无罪的人不受刑事追究。同时，在实现打击犯罪的基础上，还应注重当事人尤其是犯罪嫌疑人、被告人的权利保障。立法者在进行制度设计的时候，应充分考虑《刑事诉讼法》的两个任务。然而，《刑事诉讼法》明确规定，羁押期限届满，案件尚未办结，需要采取取保候审的，可以适用取保候审。这一规定，暴露了“侦查保障方面的作用则相当程度上被案件消化机制所替代，后者作为制度外的功能在取保实践中居于主要地位。取保候审的功能实践表现出一定程度的工具化倾向，有悖于法治理念的要求”②的问题，实质上是重打击犯罪，轻权利保障。

（六）效率优先满足不了公众对公正的要求

“刑事诉讼价值是指刑事诉讼立法及实施能够满足国家、社会及其一般成员的特定需要而对国家、社会及其一般成员所具有的效用及意义”，③刑事诉讼的价值包括公正、效率、秩序等。刑事诉讼的效率价值可以表述为“现代刑事诉讼应当以正当、迅速解决刑事案件为目的，不仅要求查明案件的事实真相，惩罚犯罪和保障人权，而且要求迅速及时地执行刑事程序，使案件在合理的时间内得到解

① 李忠诚：《刑事强制措施制度研究》，中国人民公安大学出版社 1995 年版，第 82 页。

② 左卫民：《侦查中的取保候审：基于实证的功能分析》，载《中外法学》2007 年第 3 期。

③ 陈光中主编：《刑事诉讼法学》，中国人民公安大学出版社 2004 年版，第 80～81 页。

决,以实现诉讼的高效化”。[①] 然而,一味地强调刑事诉讼的效率价值,往往会忽略刑事诉讼的其他价值。在刑事诉讼中,处于被追诉地位的犯罪嫌疑人、被告人,相对于处于追诉地位的国家机关,处于弱势的地位,控辩双方力量不对等,而当犯罪嫌疑人、被告人被羁押后,双方取证能力的差异则被进一步放大。在强调迅速及时打击犯罪的情况下,有的侦查人员为了避免犯罪嫌疑人对诉讼的干扰,不愿意犯罪嫌疑人处于非羁押状态,取保候审的适用率较低也就不足为奇了。

(七)实体化倾向使取保候审在刑事诉讼中的定位模糊

学者褚福民认为“中国取保候审的功能在立法和司法中出现了两次异化,这体现出取保候审实体化的问题”,[②]这使取保候审这一服务于追究刑事责任的程序性措施,在适用条件、对象上,成为预演刑事审判的一项活动。《刑事诉讼法》规定,可能判处管制、拘役的犯罪嫌疑人和可能判处有期徒刑的案件,可以适用取保候审。对于可能判处有期徒刑的犯罪嫌疑人适用取保候审,需要判断其社会危险性。该适用条件存在两个问题:一是如何判断可能判处的刑罚,二是如何判断犯罪嫌疑人的社会危险性。对于第一个问题,判断具体案件可能判处的有期徒刑,并不是该犯罪嫌疑人涉及罪名的法定刑,而是嫌疑人接受审判后可能判处的实际刑罚。这事实上让刑事司法人员扮演了刑事审判法官的角色,进行案件审判的预演。而对于后一个问题,犯罪嫌疑人的人身危险性本来是影响量刑的一个酌定情节,此时作为适用取保候审的一个考量因素,不仅需要对犯罪嫌疑人的是否有妨碍诉讼的行为进行判断,而且还要考虑犯罪嫌疑人的再犯可能性,这实际上使取保候审承担了实体任务。

① 谢佑平:《刑事诉讼国际准则研究》,法律出版社 2002 年版,第 7 页。
② 褚福民:《取保候审的实体化》,载《政法论坛》2008 年第 2 期。

(八)有罪推定易侵犯无辜者的合法权益

正如意大利法学家贝卡里亚的著名论断所说:“在法官判决前,一个人是不能被称为罪犯的。只要还不能断定他已侵犯了给予他公共保护的契约,社会就不能取消对他的公共保护。”①在侦查阶段,犯罪嫌疑人虽然被采取了某种强制措施,限制了某些方面的自由,但在法律上,其仍未被法律正式宣布有罪,因此,对于犯罪嫌疑人的权利应加以保护。受传统观念的影响,有的民众认为,被侦查机关立案侦查的人虽未实际判刑,但已难洗清罪责,如果被侦查机关采取了强制措施,则更认定嫌疑人罪责难逃。这事实上是民众对于刑事案件的一种预判。另外,在一些有受害人的案件中,犯罪嫌疑人到案后,受害人及其家属急切期待正义得到伸张,侦查人员如果对犯罪嫌疑人采用非羁押的强制手段,可能会被公众认为徇私枉法,这也“迫使”有的侦查人员对犯罪嫌疑人采取羁押手段。我国《刑事诉讼法》第 12 条规定,未经人民法院依法判决,对任何人都不得确定有罪。这被认为是无罪推定原则在我国刑事诉讼法中的体现。但应该看到的是,一些执法人员持有罪推定思想,将犯罪嫌疑人当成罪犯看待,无视取保候审的人权保障价值。

三、公安机关决定取保候审中提升执法公信力的有效途径

以上笔者通过分析有的公众对公安机关在取保候审适用中的信任和信用问题危机,来说明刑事司法中存在着影响公安机关执法公信力提升的重要因素。针对这些问题,公安机关在加强自身执法素质的同时,还应考察刑事案件当事人及其法定代理人、辩护人及社会公众对刑事司法行为的主观感受。因为,“一方面,它体现的是公安机关及其履行职权的过程或结果的公正性本身;另一方面,体

① [意]贝卡里亚:《论犯罪与刑罚》,黄风译,中国大百科全书出版社 1993 年版,第 31 页。

现的则是社会公众对这种公正性的社会认知。”[①]笔者认为，应从以下几个方面着手，解决取保候审过程中公安机关执法公信力不强的问题。

(一)加强对取保候审的监督

取保候审的适用过程中之所以出现诸多问题，在很大程度上是因为在取保候审中，侦查机关有很大的自主权，不受监督。基于此，应对侦查机关的审批取保候审的全过程进行有效监督。

一是对现有的取保候审审批制度进行改革。简化取保候审的审批程序，提高审批效率，提高办案人员办理取保候审的积极性，充分发挥取保候审的权利保障功能；取保候审案件统一办理，由一定层级的公安机关法制部门集中审批，抽调专人进行取保候审的审批工作，统一取保候审的适用标准，并落实民警工作责任制；保障当事人及其法定代理人、辩护律师的参与权，在作出取保候审决定以前，听取当事人及其法定代理人、辩护律师的意见，并记录在案，作为是否适用取保候审的参考。

二是将取保候审纳入司法审查程序。从性质上来看，取保候审和逮捕是一样的，都是对人身自由进行限制的强制措施，而且取保候审远没有拘留强制措施的紧迫性要求，因此将取保候审纳入司法审查必要且具有可行性。目前我国《刑事诉讼法》暂未将取保纳入司法审查的范围，但随着刑事诉讼理念的进步和发展，这一进程必然加快，而在此之前，检察机关作为法律监督机关应承担起法律监督的职责，对侦查机关审批取保候审的行为进行有力监督。

三是增加对当事人权利的救济程序。如前文所述，取保候审的决定权由有关机关掌握，而当事人及法定代理人、辩护律师的参与

① 朱志萍：《公安机关执法公信力问题浅析——基于社会公众认知视角》，载《公安研究》2013年第9期。

度不够，当事人申请取保候审的权利容易被侵犯。《刑事诉讼法》第95条之规定不足以规范有关机关的取保候审审批活动，也不足以保障当事人、辩护律师的权利。在立法成本较大的情况下，公安机关内部出台相应的权利救济制度就很必要了。具体措施包括严格依法办事，受理3日内作出决定，并明确相关责任；书面说明理由，以详尽地说理代替生硬的不回应；对不服决定的，允许其复议复核等。

（二）明确取保候审适用标准

一是出台细则，细化客观标准。减少主观判断，统一取保候审的适用标准，逐步消除适用的条件差异、地区差异。重点是对"人身危险性""社会危害性"进行阐明，并配套确立相关的证明标准，由客观证据代替办案人员的主观判断，并将客观证据作为适用取保候审的依据。

二是进一步细化法律的规定，扩大取保候审的适用范围。《刑事诉讼法》第65条规定了取保候审的条件，但只是"可以"适用的条件，而非"应当"适用的条件。故此应当明确规定应当适用取保候审的情形，最大限度减少执法人员的裁量权，避免任意执法，并进一步扩大取保候审的适用范围。

三是符合条件的应当立即变更强制措施。因为种种原因，即便符合取保候审的条件，有的执法人员或为了争取办案时间，或为了在精神上打压当事人及其近亲属，期间届满前也拒绝为犯罪嫌疑人办理取保候审手续。为避免有的执法人员抵触情绪对公安机关执法威信的消极影响，对符合取保候审条件的，应当立即变更强制措施，进一步限制审批人员的自由裁量权。

（三）转变办案理念，完善证据制度

取保候审的适用率较低，既有法律规定模糊的原因，也有办案理念及证据制度的影响。尽管公安部发文要求各级公安不再下达不合理的考核指标，但是仍然有一些公安机关把包括批捕率在内的

一些指标纳入对下级机构的考核范围，这实际上成为审前羁押率居高不下的重要原因。而刑侦经验告诉刑事司法者，将犯罪嫌疑人羁押于看守所内，犯罪嫌疑人才能真切感受到心理压力，进而能获得犯罪嫌疑人有罪的口供和证据。因此，正确看待取保候审，绕不开对刑事证据制度的思考。对于刑事司法人员的要求，一是要看到在现代刑事证据制度中，口供是一种证据，而仅仅只是一种证据，不再是“证据之王”。二是刑事司法不能依赖口供，要重客观证据，重调查研究。

四、结语

提升执法公信力是一项系统的工程，涵盖公安工作的方方面面。相比公安机关的解决纠纷、为民服务等职能，刑事司法因目标、功能、任务等因素，并不能主动“讨好”社会公众，获得社会公众的直接认同，反而在执法的过程中出现的问题会被无限放大，容易成为公安机关执法公信力提升的“减分项”。随着我国法治进程的加快和公民权利的觉醒，社会公众对公正执法有了更高要求的期待，也给公安机关刑事司法带来新的挑战。在现阶段，提升公安机关执法公信力的重点在于规范行政执法和刑事司法活动，着力点则在于公安机关执法规范化建设。通过深入推进执法规范化建设，不断规范公安机关行政执法、刑事司法行为，才能不断提升公安机关执法规范化水平，不断提升公安机关执法公信力和人民群众满意度。

The Public Security Organs' Decision to Guarantee the Law Enforcement Credibility in Remand

Ma Lei　Gao Yunlin

Abstract: Public security organs law enforcement credibility mainly comes from the credibility of public security organs and public trust in public security organs. In the process of application of bail pending trial, some public security organs have problems with judicial concepts, value choices, etc. resulting in low application rates, unclear application standards, strong power attributes, and weakened defense rights, causing public suspicion, affecting the enhancement of law enforcement credibility. The problems existing in bail pending trial are representative in criminal judicial activities, and improve the public security organs' credibility in law enforcement. In the process of applying bail pending trial, we should improve the supervision, clarify the standards, and change the concept.

Keywords: public security organs; law enforcement credibility; criminal justice; to obtain a guarantor pending trial

论被追诉人认罪认罚的自愿性

王凯娟*

摘　要：认罪认罚从宽制度符合我国当前宽严相济的刑事政策，可以从实体和程序保障被追诉人的诉讼权利和合法权益。其中，保障被追诉人认罪认罚的自愿性显得尤为重要。该制度尚处于初步阶段，存在被追诉人的知悉权规定不明确、值班律师发挥作用有限、辩护质量不高、被追诉人缺乏救济渠道等问题。保障被追诉人认罪认罚的自愿性应当从以下方面着手：保障被追诉人的知悉权、加强值班律师的作用、提高辩护质量、明确被追诉人的撤回权和上诉权、加强法院对自愿性的审查。

关键词：认罪认罚；自愿性；现实困局；保障机制

"两高三部"出台了《关于在部分地区开展刑事案件认罪认罚从宽制度试点工作的办法》（以下简称《试点工作办法》），并在18个城市开展试点。认罪认罚从宽制度是一项包括实体和程序在内的集合性的法律制度，其为司法资源不足、案件压力过大等问题提供了很好的解决路径。认罪认罚从宽制度在试点地区卓有成效，一方面，认罪认罚从宽制度节约了司法资源且提高了司法效率；另一方

* 西南民族大学法学院诉讼法学2017级硕士研究生。

面，被追诉人能否自愿认罪及其自愿性是否能够得到有效保障是关系该制度成功与否的关键。

一、认罪认罚自愿性及其判断标准

认罪认罚从宽是以认罪认罚为前提，而认罪认罚是以自愿性为前提，为更好地保障认罪认罚从宽制度的落实，应当确保被追诉人认罪认罚的自愿性。《试点工作办法》第15条规定也作出明确表示，要求人民法院审理认罪认罚案件时不应停留在形式审查，更应注重实质审查，将认罪认罚的自愿性、合法性、真实性作为审查重点。

自愿是行为主体在不受任何形式的外力干预的情况下基于事实而作出的自主选择。既然是一种自主利益选择，这种选择应当是不被干涉的，当行为主体对所依据的事实是明知时，其所作出的选择必定会是对自己最有利的。理论界认为："自愿性是指认罪主体出于本人的真实愿望真诚认罪悔罪，而不是出于物理或精神强制的被迫。"①基于此，笔者认为认罪认罚自愿性的判断标准分为两个方面，包括客观方面和主观方面。

首先，在客观方面，被追诉人没有受到任何形式的干涉，这主要是针对追诉机关而言。这种干涉包括影响被追诉人意志自由的肉体强迫和精神强迫，而这两种强迫是追诉机关非法取证的直接表现。被追诉机关通过非法手段取得的证据不能被采纳，这一点体现了对非法证据的排除。被追诉人只有在肉体上和精神上不受折磨、心理上不受欺骗的情况下才会出于自愿性认罪。为保证这一点，《中华人民共和国刑事诉讼法》（以下简称《刑事诉讼法》）第50条、《关于适用〈中华人民共和国刑事诉讼法〉的解释》第95条，以及"两

---

① 桂梦美：《刑事诉讼中认罪认罚从宽制度本体描述与理论参照》，载《河南社会科学》2016年第9期。

高三部"联合发布的《关于办理刑事案件严格排除非法证据若干问题的规定》第2条、第3条、第4条等都对刑讯逼供及其他非法取证方法作了具体规定和补充说明，较全面的列举使刑讯逼供方式变得具体化和明确化，这对被追诉人而言无疑是一种更加全面、明确和有效的法律保障。

追诉机关为获取被追诉人的有罪供述，有时不得不采取一些策略性的技巧和手段，但在使用时应当把握好技巧和手段与刑讯逼供等非法取证手段的临界点，应在法律允许的范围内使用，不得突破法律限制。

其次，在主观方面，被追诉人应当具有明知性，具体包括以下内容：第一，被追诉人应明知追诉机关对案件的掌握程度；第二，被追诉人应明知其被指控的罪名及法律后果；第三，被追诉人应明知认罪认罚后其可能承担的刑罚和诉讼程序的简化；第四，被追诉人积极主动退赔被害人及其家属。① 当被追诉人对追诉方掌握的证据有了全面细致的了解，权衡利弊，作出认罪决定时，其不仅认可了追诉方所提出的证据的证明力，而且还认可了依简化程序对案件进行审理。②

二、域外认罪自愿性的保障问题

英美法系和大陆法系国家处理刑事认罪案件的方式具有各自鲜明的特点，同一法系内的不同国家也具有独特之处，但有一点是相同的，即保证被追诉人的认罪自愿性。

在英国的罪状认否程序中，由书记员向被追诉人提出起诉书中的罪状，由法官或书记员询问被追诉人是作无罪答辩还是有罪答辩，当被追诉人作有罪答辩时，必须确保其是出于自愿，并且基于个

---

① 郭雁：《认罪认罚自愿性问题研究》，载《江西警察学院学报》2017年第5期。

② 张宏宇：《美国辩诉交易程序中被告人认罪自愿性保障及对中国的启示》，载《齐齐哈尔大学学报》（哲学社会科学版）2017年第3期。

人自由意志。[①] 因此，有罪答辩通常须由被追诉人亲自作出，并且必须有辩护律师在场，而不能经由辩护律师代为作出有罪答辩。在该程序中，辩护律师利用自己的专业知识为被追诉人自愿认罪提供保障，使被追诉人在明知各种事实的条件下自愿认罪，更好地保障被追诉人认罪的自愿性。

在美国的辩诉交易程序中，一旦被告人作出有罪答辩，法院将不再审理，直接进入量刑阶段。美国《宪法第五修正案》明确规定了被告人享有反对自我归罪、要求陪审团审判等宪法性权利，被告人选择自愿认罪即放弃了这些宪法性权利。为避免被告人受到不公正对待，应当对被告人认罪自愿性设立成文制度予以明确保障，"博伊金诉亚拉巴马州案"[Boykin v. Alabama(1969)]对该要求作出了禁止性解释：如果认罪是在"无知、误解、强迫、恐吓、(不当的)诱因、(或者)暗示的或公开的威胁"下作出的，那么该认罪便会被法院认定为无效。美国联邦最高法院在"帕克诉罗利案"[Parke v. Raley(1992)]中对此作出了进一步规定：认罪答辩必须有记录证明被告人是明知且自愿的。[②] 美国《联邦刑事诉讼规则》第 11 条也对自愿性的要求作出了明确规定，如《美国联邦刑事诉讼规则》第 11 条(B)(2)项 Fed. R. Crim. P. 11(B)(2)条要求初审法庭在接受有罪答辩前有义务在法庭上亲自询问被告人，确定答辩是自愿的，否则不能接受有罪答辩。

在法国的庭前认罪答辩程序中，首先是被追诉人自愿认罪，其次由检察官提出量刑建议，然后由被追诉人作出拒绝或者接受量刑

① 李晓丽：《程序法视野下的认罪制度研究》，中国社会科学院法学系 2017 年博士学位论文，第 49 页。

② 张宏宇：《美国辩诉交易程序中被告人认罪自愿性保障及对中国的启示》，载《齐齐哈尔大学学报》(哲学社会科学版)2017 年第 3 期。

建议的表示，最后交由法官审核。[①] 自愿认罪是庭前认罪答辩程序的前提，法官审核是保证被追诉人认罪自愿性的最后一道屏障。为此，法官审核的内容包括案件事实是否真实、检察官量刑是否适当，庭前认罪答辩程序是否符合正当程序的要求等，从实体和程序两方面进行严格审查，从而保证被追诉人认罪认罚的自愿性。

在德国的认罪协商程序中，辩护律师为保证被追诉人认罪自愿性发挥了重要作用。检察官提起控诉之前就指控罪名与被追诉人的辩护律师进行协商；在检察官正式提起公诉后至法官为正式审判完成准备之前，法官告知辩护律师对被追诉人的量刑上限，以期通过与辩护人协商获取被追诉人的认罪；在正式审判阶段，庭审法官可以与辩护律师进行诉讼交易。[②] 在整个过程中，被追诉人的辩护律师一直积极参与诉讼，在维护被追诉人合法利益、保障被追诉人认罪自愿性方面发挥不可或缺的作用。

三、我国认罪认罚自愿性的现实困局

认罪认罚从宽制度在试点地区落实到位，收效良好。截至2017年11月底，适用该制度审结的刑事案件共计91,121件103,496人。检察机关审查起诉所用时间明显减少，平均用时26天。人民法院审结案件用时也大幅缩短，15日内审结的案件占83.5%。其中，适用速裁程序和简易程序审结的案件各占68.5%、24.9%，当庭宣判率为79.8%。检察机关对该类案件依法提出从宽量刑建议，主要包括量刑幅度建议和确定刑期建议，二者各占70.6%、29.4%，法院的采纳率达92.1%。其中，对被追诉人免予刑事处罚的只占0.3%，而判

---

① 李晓丽：《程序法视野下的认罪制度研究》，中国社会科学院法学系2017年博士学位论文，第64页。

② 同上，第71页。

处3年有期徒刑以下刑罚的占96.2%。[①]

以上数据表明，认罪认罚从宽制度充分体现了从快、从宽、从简的特点，与宽严相济的形势政策相吻合，给予了被追诉人量刑优惠使其受到相对公正的待遇，缓解了案多人少的办案压力，提高了司法效率，即便如此，对自愿性的保障仍存在诸多问题。例如，有问卷调查显示，即便没有犯罪事实，大约占被调查人数20%的人会出于摆脱诉累、获得量刑等动机作出违心认罪，认罪认罚本是在有罪前提下自愿作出，若本无罪，自愿性从何谈起；在认罪认罚案件中，律师帮助主要发生在审判阶段，且只占35%，还有51.5%的人表示在案件中没有律师的帮助，根据现有规定，值班律师不能介入侦查、起诉和审判，可见其作用发挥空间狭小且有限，大约1/2的被追诉人缺少辩护律师的协助，其自愿性保障也会降低。[②]

（一）被追诉人的知悉权规定不明确

知悉权，是指被追诉人在刑事诉讼的各个阶段，依法享有了解案件有关情况、权利义务内容及法律依据等与自身利益相关信息的权利，是被追诉人的基本权利。被追诉人知悉的内容应当是前文所述的明知性内容。由于有的被追诉人的法律意识淡薄，法律知识欠缺，对有关自身的犯罪行为、犯罪性质、犯罪情节及相关的法律知识不了解，这就使被追诉人在诉讼过程中经常处于被动地位。面对强大的追诉机关，被追诉人不知如何向追诉机关了解相关情况，不知如何维护自己的诉讼权利和合法权益，显得很被动、弱势，被追诉人很容易作出违心认罪。此外，被追诉人本应是辩护权的行使主体，扮演主要的辩护角色，辩护律师仅是协助辩护，但是现有法律在进

① 周强：《关于在部分区开展刑事案件认罪认罚从宽制度试点工作情况的中期报告》，载最高人民法院网：http://www.court.gov.cn/zixun-xiangqing-75122.html，最后访问日期：2019年3月13日。

② 李洪杰：《认罪认罚自愿性实证考》，认罪认罚从宽制度的理论与实践会议论文，成都，2017年6月，第105~112页。

行权利配置时将更多权能赋予了辩护律师，这在一定程度上“剥夺”了被追诉人的辩护权。最后，辩护律师通过阅卷并向犯罪嫌疑人核实证据，间接实现了被追诉人的阅卷权。这虽然在一定程度上保障了被追诉人的知悉权，但对保证被追诉人的明知性远远不够。

虽然2012年修改后的《刑事诉讼法》完善了律师的阅卷权，也规定了辩护律师自案件移送审查起诉之日起，可以向被追诉人核实有关证据，但在司法实践中存在不同程度的阻碍。如果被追诉人对追诉机关所掌握的证据都无法明知，那认罪认罚的自愿性就无从保障，认罪认罚从宽也就无从谈起。

（二）值班律师作用有限，辩护质量总体偏低

律师是被追诉人自愿作出认罪认罚的重要保障，其提供的专业的法律知识使被追诉人对定罪、量刑有准确了解，这不仅能够帮助其充分认识自己的现状，而且保障被追诉人自愿、理性地作出认罪认罚，防止其做虚假供述。但在当前，我国刑事辩护律师为被追诉人提供的法律帮助其实十分有限。

《试点工作办法》第5条第3款规定了值班律师制度，目的是给没有委托辩护律师的被追诉人提供法律援助，帮助他们正确行使权利，防止无辜者受到不正当的追究。但是值班律师在性质上不同于辩护人，只是向被追诉人提供最基本的法律服务，如同医院里的服务台提供最基本的看病就医信息，其发挥的作用十分有限。此外，值班律师不享有阅卷权和调查权，不全程参与诉讼，由于不了解案件具体情况，提供的帮助也就缺乏针对性、实质性和有效性。如果被追诉人由于缺乏辩护律师的有效帮助，不能对自身的犯罪行为准确定位，不知晓追诉机关对案件的处理情况，很难保证其自愿认罪。

除了值班律师的法律援助，辩护律师也在诉讼中发挥了作用。当前，公众法律意识增强，虽然懂得聘请律师为其辩护，但总体而

言，被追诉人自行辩护率远高于律师辩护率、强制指定辩护覆盖面过窄、辩护质量低等问题依然很突出。我国律师执业水平普遍较低，给人一种“乱”的印象，缺乏制度性管理体制，我国当前律师参与辩护的现状不容乐观。

在认罪认罚从宽制度下，值班律师制度发挥的作用有限，辩护律师不能做到有效辩护，被追诉人缺少了律师的有效参与和专业帮助，难以保证其认罪认罚的自愿性，这也将会动摇认罪认罚从宽制度的正当性基础。

（三）法院对自愿作出认罪认罚案件的审查存在模糊性

在认罪认罚从宽制度背景下，对是否严格遵守“案件事实清楚，证据确实充分”的证明标准，不同学者有不同看法。有学者围绕认罪认罚自愿性的核心问题，提出我国司法实践中存在着认罪认罚在证据不太准确的情形下控辩双方达成某种交易，无形之中降低了证明标准。但是，也有一些学者指出，认罪认罚案件大多是由于被追诉人自愿认罪如实供述自己的罪行，从而使案件事实容易查清，证据获得相对容易，证明难度相对较低，而且容易达到刑事证明标准，所以程序也相应简化，并不是因为程序简化因而降低证明标准。现有法律对认罪认罚案件的证明标准尚无明确规定，这也使法官在审理案件时的证明标准存在模糊问题。所以，为保证认罪认罚的自愿性，即便是被追诉人承认自愿作出认罪，也应当审前“证明准备”使证明组合接近，甚至达到证明标准，法官在庭审中需要在控方完成“他向”之“司法证明”的基础上，着重审查被告人认罪的自愿性、明智性和明知性。①

① 肖沛权、张云鹏、王贞会等：《司法改革背景下刑事诉讼制度的完善——中国刑事诉讼法学研究会 2017 年年会综述》，载中国刑事诉讼法律网：http://www.criminalprocedurelaw.cn/zh/node/5883.，最后访问日期：2019 年 1 月 4 日。

（四）没有明确被追诉人的撤回权和上诉权

当法律赋予我们一项权利时，必定会有救济渠道，无救济则无权利。当被追诉人由于各种原因后悔作出了认罪认罚，亦或是认罪认罚的自愿性存在虚假性，被追诉人应当有权利救济渠道。《试点工作办法》第19条规定了违背意愿认罪认罚的和否认指控犯罪事实的两种程序回转的具体情形。“违背意愿”的具体情形有哪些，判断标准是什么，这就依靠法官的主观判断自由裁量，缺乏一定的约束性标准。转为普通程序后，先前所进行的有罪供述应当如何处理，是否全然归于无效，法律对此并没有作出明确规定。被追诉人先不认罪认罚，而后又认罪认罚的，是否依旧适用认罪认罚制度，法律对此也并未提及。

在实体救济方面，被追诉人的上诉权在实践中也未被较好保证。《试点工作办法》第23条规定了被追诉人不服一审判决上诉的，二审法院应遵循全面审查原则对一审所认定的案件事实、法律适用及量刑进行审查，并根据不同情形分别作出裁判。由于被追诉人主动承认被指控的犯罪事实，对检察机关提出的量刑建议也无争议，若二审法院只针对卷宗记载的事实认定、法律适用及量刑方面全面审查，很难发现错误之处，实现纠错目的。因此，认罪认罚的自愿性和认罪认罚具结书内容的真实性、合法性才是二审审查的重点。[①] 该条也规定了不服适用速裁程序作出的第一审判决提起上诉的案件，可以不开庭审理。笔者认为，对二审审理的认罪认罚案件，其开庭审理与否应该以被追诉人对认罪认罚的自愿性以及具结书内容的真实性、合法性是否存在争议为标准，而非仅以程序作为区分标准。

① 施珠妹：《认罪“自愿性”的现实障碍及其制度保障》，载《四川警察学院学报》2017年第3期。

四、完善被追诉人认罪认罚自愿性保障机制

(一)保证被追诉人的知悉权

德国学者威尔弗莱德·勃特克曾说:“公正的诉讼程序为被告提供及时的、可理解的、与其权利有关的特殊信息。它们能使被告预先知道其供述或其他任何可能的行为引起的所有诉讼上的后果,并在其满意的情况下使它们平衡。”①正如其所说,只有保证了被追诉人的知情权,保证被追诉人的明知性,认罪认罚的自愿性才有可能实现。

追诉机关负有告知义务,告知义务的履行是对被追诉人知悉权的保证。不同诉讼阶段,追诉机关的告知内容有所不同。审查起诉阶段,应当细化告知内容,包括检察机关指控的罪名和法定刑,指控所依据的证据和法律规定,以及在被追诉人自愿认罪认罚后,检察机关提出的量刑建议、相关审判程序的具体规则及法律后果等。对于告知的方式,笔者认为应当采取书面告知,对于告知的内容,应当由专门人员为其进行内容解释,并由被追诉人、告知人签字或盖章。这一方面保证了被追诉人的知情权,另一方面则是对公检法机关告知义务履行的监督。当知悉权受到侵犯时,应当赋予被追诉人申诉权,根据知悉权受到侵犯的不同阶段,分别向不同的有权机关进行申诉,有权机关应该在规定时间内及时作出答复。

(二)完善值班律师制度,提高辩护质量

在认罪认罚从宽制度的改革背景下,为保证被追诉人的自愿性,维护被追诉人的诉讼权利和合法权益、防止冤假错案、推动认罪协商程序的顺利进行及实现公正司法、高效司法,辩护律师发挥的作用不容忽视。认罪认罚从宽制度的要求之一是“同意检察院量刑建议并签署具结书”,然而检察机关在起诉书中作出的罪名指控和

① 江礼华、杨诚主编:《外国刑事诉讼法制度探微》,法律出版社2000年版,第47页。

量刑建议不一定总是正确的,也可能是出于其他方面的考虑在刑度方面提出一个相对较高的量刑建议。基于此,必须为被追诉人提供专业的律师辩护,帮助其分析不同罪名之间的区别,告知被追诉人有利的量刑情节,从而保证被追诉人作出理智明确的选择。

《试点工作办法》规定了值班律师制度,但是其发挥的作用有限,应当对值班律师的角色和职能进行重新定位。笔者认为,第一,应当增加值班律师的调查权、阅卷权,以保证值班律师为被追诉人提供实质有效的帮助。第二,建立值班律师角色转换机制,被追诉人基于委托关系可以使值班律师转换为辩护律师,从而值班律师能够全程参与诉讼,更有利于为被追诉人提供有效辩护。第三,扩大强制辩护的适用范围。对于自愿认罪认罚又没有聘请辩护律师的被追诉人,应当为其提供强制性辩护。

当前,我国辩护率低,辩护质量总体不高,其中一部分原因是律师执业水平低。我国应当加强对律师行业的管理。第一,健全相关法律体系,发挥律师协会的监督作用,加强对律师队伍的管理,改变律师行业的"乱"象。第二,完善律师市场准入机制。通过法律职业资格考试并不是成为律师的充分条件,还需具备执业能力,这就需要加强对律师执业技能的培训和执业素养的培养,通过有关单位严格的考试和面试方可入职。第三,制定合理的考评机制。考评机制应包含被追诉人对律师的满意度评分或者其他反馈机制,[①]以此作为律师资格准入、退出及奖惩的评定依据,规范律师的执业行为。在认罪认罚从宽制度下,通过提高律师的执业水平和执业技能,从而更好地服务于被追诉人,保障其认罪认罚的自愿性。

(三)加强法院对自愿性的审查

法院对被追诉人的自愿性审查是保证被追诉人认罪认罚自愿

---

① 施珠妹:《认罪"自愿性"的现实障碍及其制度保障》,载《四川警察学院学报》2017年第3期。

性的最后屏障，法院应当对被追诉人认罪认罚的自愿性进行形式和实质的审查，审查应当在法庭上进行，并且贯彻直接言辞原则。在形式上，法官应当严格查阅检察机关移送的案卷及证据材料，通过口头询问的方式确保侦查机关和检察机关的程序是否严格依法落实；在实质上，法官应当审查被追诉人的行为是否构成犯罪，案件事实是否清楚，证据是否确实充分，即便是被追诉人自愿认罪，也应当是在有罪前提下认罪，避免出现冤假错案，使无辜之人受到不当的刑事追究。

美国夏威夷州法院在自愿性审查方面除了采取上述形式，还增加了“质问”程序，法院向被追诉人质问28个问题，其目的在于查明被追诉人是否具有犯罪事实，明确其认罪答辩是否自愿，了解其是否是在辩护人的帮助下作出认罪答辩，其是否理解认罪答辩的后果。[①] 我国也可以借鉴该种做法，除最基本的审查外，应当进一步质问被追诉人。质问的内容，除了基本情况外还应当视诉讼的不同阶段、被追诉人不同情况有针对性地提出质问内容，从而更好地保证被追诉人认罪认罚的自愿性。

(四)赋予被追诉人认罪认罚的撤回权和上诉权

在认罪认罚从宽制度下，被追诉人的认罪认罚应当是自愿作出的，而不是基于强迫和欺骗。既然是被追诉人自愿选择的结果，那么被追诉人可以选择自愿认罪认罚，也可以选择不认罪认罚，更可以在自愿认罪认罚后翻供。当然，被追诉人作出认罪认罚的阶段及悔罪程度也在一定出程度上影响从宽幅度，其中，在侦查阶段自愿认罪的从宽幅度要高于在审判阶段认罪。如果被追诉人由于某种原因作出违心认罪，应当赋予被追诉人撤回权。追诉机关不能以对

---

① 刘晴：《被告人认罪认罚自愿性保障研究》，载《认罪认罚从宽制度的理论与实践会议论文》，成都，2017年6月，第587～592页。

认罪认罚给予从宽处罚为由就剥夺被追诉人的撤回权和上诉权。

在美国，如果法院在审判中发现被追诉人基于错误认识作出有罪答辩或者在没有明知的情况下放弃了自己的宪法性权利，抑或是虽然是基于正确的认识作出了有罪答辩，但是该过程在文书中没有记录下来，那么其所作出的有罪答辩是无效的，被追诉人有权通过上诉途径申请撤销有罪答辩和判决。我国可以借鉴此做法，当被追诉人后悔作出认罪认罚决定时，应当赋予被追诉人撤回权或上诉权。由于关系被追诉人的切身利益，权利行使主体应当是被追诉人及其近亲属。由于辩护律师是被追诉人合法利益的维护者和代理人，其也可以在征得被追诉人允许之后行使撤回权。

明确被追诉人认罪认罚撤回权行使的阶段。在法院审查认罪认罚协议之前，被告人可以撤回其作出的认罪认罚。在法院审查认罪认罚协议以后作出裁判之前，被告人行使撤回权就要受到条件限制。此时，被告人需向法院提出正当合理的理由。法院认为理由正当合理，则准予撤回。法院判决生效后，被告人再行使撤回权是不被准许的。如果被告人认罪认罚的案件确实存在不公正的情况，可以在上诉期内提出上诉，也可以在裁判生效后启动审判监督程序予以救济。①

五、结语

认罪认罚从宽制度是在被追诉人认罪认罚的基础上给予被追诉人一定的量刑优惠，被追诉人的自愿性是认罪认罚从宽制度的重点和基础。建立健全对被追诉人认罪认罚的自愿性保障机制是一项艰巨而复杂的任务，比如相关立法的不具体导致法律实施困难、值班律师功能有限、辩护质量不高、自愿性保障制度的构建存在多重困难、法院在自愿性审查难以实施等难题。因此，需要立法者、学

① 张全印：《刑事诉讼中被告人认罪认罚撤回权的立法探究》，载《理论导刊》2017 年第 11 期。

者和实务届共同努力来解决这些问题。随着试点工作的深入展开，必须不断探索和完善相关配套制度，以使被追诉人的自愿性得到更好的保障。

On the Voluntariness of the Accused from the Perspective of Leniency System

Wang Kaijuan

Abstract: In accordance with the criminal policy of tempering justice with mercy in China, the Leniency System on admission of guilt and acceptance of punishment protects the legitimate rights and lawful interests of the investigated individuals in the substance and procedure, among which ensuring the voluntariness of pleading guilty and acceptance punishment of the accused is of special importance. However, the system is still in its infancy with the problems of limited role of lawyer on duty and poor quality of defense and so on. The following perspectives are put forward to ensure the right of voluntariness of the accused from Leniency system, ranging from protecting the rights of the investigated individuals to know, to the reinforcement of the roles of the lawyer on duty, and to the improvement of the qualities of defense and investigation of voluntariness in course.

Keywords: leniency system; the voluntariness; the dilemmas in reality; protection mechanism

【国际法研究】

现行国际储备制度对人民币国际化的影响研究

景司晨*

摘　要：国际储备制度是国际货币制度的基础和核心内容，现行牙买加体系实行多元开放的国际储备制度，SDR 是 IMF 明确的法定的国际储备资产。尽管 SDR 发挥的作用还十分有限，国际储备货币仍呈现以美元为核心的“一超多元”的格局，但这并非得益于现行国际储备制度的匡扶，相反人民币通过加入 SDR 提高了自身的国际地位，开放的国际储备制度为人民币成为储备货币提供了法律依据。因此，现行国际储备制度并不阻碍人民币国际化实现其在国际储备方面的目标，人民币要想成为国际储备货币还需将目光拉回国内，重点改革资本项目管制制度，同时完善外国央行财产豁免制度以及保持人民币币值稳定。

关键词：人民币国际化；国际储备制度；特别提款权

人民币国际化进程需要与之相配套的法律制度保驾护航，既要有与之相适宜的国内法律制度，还要考虑当下国际货币法律制度的

* 中南财经政法大学国际经济法 2016 级硕士研究生。

环境，那么现行国际储备制度对人民币国际化进程究竟是利还是弊？我们对现行国际储备制度将采取怎样的态度？在这一背景下又该如何推进人民币国际化进程？搜诸国内外关于国际货币金融法的论文、著作等研究成果，鲜有文献进行国际货币制度和货币国际化之间关系的对比研究，更不消说对人民币国际化面临的国际储备制度进行利弊分析的研究。基于此，本文首先对国际储备制度在当今的发展与特征展开研究，再结合人民币国际化在储备方面的现状和需要，考察现行国际储备制度对人民币国际化的影响究竟是利是弊，最后结合论证结果对人民币如何成为国际储备货币提出法学向度的建议。

一、国际储备制度的现状与评价

（一）多元开放的国际储备制度

牙买加体系打破了布雷顿森林体系时期的黄金—美元本位制，国际储备制度也因此而发生了巨变。从国际货币基金组织（IMF）的官方规定来看，牙买加体系对国际储备制度的着墨并不多，主要体现在对特别提款权（Special Drawing Right，SDR）的规定上。根据《IMF 协定》第 22 条的规定“……各参与方应保证与基金（IMF——作者注）及其他参与方进行合作……以使 SDR 成为国际货币制度中的主要储备资产”，[①]SDR 据此成为牙买加体系下唯一法定的国际储备资产，除此之外《IMF 协定》没有规定其他任何资产可以作为国际储备，这在事实上造就了一种开放的国际储备格局，任何有实力的资产都可以成为外汇储备。

SDR 作为一种非货币性的官方储备资产，长期以来却得不到国际社会的重视，究其原因主要是 SDR 本身的特性所限。与黄金相

① See IMF, Articles of agreement of the International Monetary Fund, Article XXII, General Obligations of Participants.

比,SDR 并不是一种可以看得见、摸得到的实体,其本身并不具有价值;与货币相比,SDR 又只具有价值尺度和储藏价值的功能,且仅限在官方层面使用和交易,在使用时还必须先换成其他货币,不能直接用于贸易或非贸易的支付。因此,SDR 在世界各国的外汇储备中占比非常低,在整个国际储备体系中发挥的作用并不尽如人意。从 20 世纪 80 年代中期开始,SDR 占国际储备的比重就开始连年下降,从 1985 年的 3.12% 下降到 2008 年的 0.43%,2016 年回升到 1.8%。[①] 可见,虽然 SDR 在牙买加体系下得到了 IMF 的"加持",但目前并不是重要的储备资产。

虽然 SDR 作为一种官方指定的储备资产进入国际储备体系中,但正如蒙代尔所言:"尽管黄金饱受打压和歧视,它对公众和货币官员的巨大诱惑依然挥之不去;尽管特别提款权备受重视和提拔,却依然是国际货币体系里'被冷落的女人'。"[②]"金银天然不是货币,但货币天然是金银",[③]黄金虽然已经走下国际货币的神坛,但黄金储备仍是一种战略储备资产,对维护一国经济金融安全起着举足轻重的作用。据世界黄金协会(World Gold Council)统计,截至 2018 年 1 月,全球官方黄金储备共 11.9 亿盎司,[④]以市价换算成美元价格后约占全球外汇储备总量的 10%,黄金储备最高的四个国家美、德、意、法的黄金储备在其外汇储备中的占比均超过 60%。

(二)以美元为核心的"一超多元"外汇储备格局

"双挂钩"制度解体后,虽然包括德国马克、日本日元、法国法郎、荷兰荷兰盾等货币陆续进入了国际储备货币体系,但这些货币

① 数据来源:IMF,International Financial Statistics Database。

② [加拿大]蒙代尔:《蒙代尔经济学文集》(第 6 卷),向松祚译,中国金融出版社 2003 年版,第 115 页。

③ 马克思:《资本论:政治经济学批判》,徐坚译,人民出版社 1953 年版,第 135 页。

④ 数据来源:World Gold Council:https://www.gold.org/data/gold-reserves。

的份额小且分散，因此话语权十分有限。[①] 由于美国拥有雄厚的经济实力和庞大的金融市场，再加上历史惯性等因素，美元仍占据着国际货币的核心地位，具体表现为美元是最主要的国际计价、结算、储备以及他国确定汇率的盯住货币。1999 年，欧元的问世给国际货币制度造成了不小的震荡，欧元后来居上成为挑战美元的有利对手。但时至今日，美元仍盘踞在国际货币体系的顶峰，截至 2017 年年底，美元占全球外汇储备比重的 62.7%（见图 1），[②]全球外汇储备呈现以美元为核心的"一超多元"格局。需要阐明的是，造成这种以美元为核心的"一超多元"的全球储备格局并非牙买加体系下国际储备制度安排的结果，而是由政治、经济、历史等多重因素造就的市场选择之现状。

总体来看，牙买加体系下的国际储备构成呈现以外汇储备为主，黄金储备为辅，SDR 为补充的架构。其中外汇储备占到国际储备 90% 以上的份额，主权信用货币在管理全球流动性中处于核心地位，众多发展中国家的国际储备几乎全部来自外汇储备。外汇储备货币的种类愈加多元化，除了老牌的美元、欧元、英镑、日元等强势货币，发展中国家货币例如人民币也进入国际储备货币体系中。与此同时，国际储备的分布也发生了变化，新兴经济体的外汇储备量直线上升，超越了老牌的资本主义发达国家。据 IMF 公布的 2018 年第一季度的数据，全球外汇储备量前十的国家和地区分别为中国、日本、瑞士、沙特阿拉伯、中国香港、印度、韩国、巴西、俄罗斯和新加坡，其中新兴经济体占了半壁江山。

---

① 刘昌黎：《美元危机的必然性与中国的对策》，载《世界经济研究》2009 年第 11 期，第 20 ~ 26 页。

② 数据来源：IMF, Currency Composition of Official Foreign Exchange Reserves（COFER）Database。

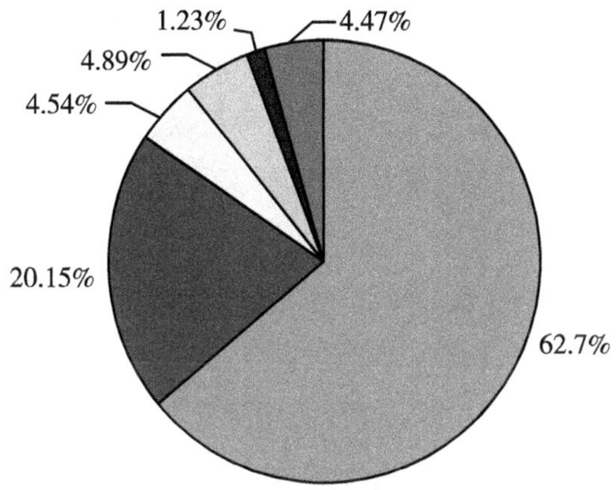

图 1　2017 年全球外汇储备货币构成

二、国际储备制度有利于人民币国际化进程

在国际储备制度领域，人民币应努力成为世界各国的主要国际储备货币。具体来说，人民币在官方领域应当成为大量国家的外汇储备币种，并且能够作为各国政府和央行干预外汇市场的手段；在私人领域应当成为跨境存款的货币。人民币成为国际储备货币除了可以向世界征收铸币税，[①]还有以下几点积极影响：首先，储备货币发行国能够有效降低其他国家货币政策对我国的负面溢出效应，从而更好地抵御外部冲击。例如，当人民币成为有影响力的国际储备货币后，我国可以直接利用本币进行国际支付和平衡国际收支，从而降低对外汇储备的依赖，减少因外汇储备过多而带来的风险。[②]其次，储备货币发行国拥有更多途径应对金融危机。在 2008 年全球金融危机中，美联储、欧洲央行和日本银行均抛出了非常规的政策在全球市场制造大量流动性来应对，但若是换作非货币储备发行

① 铸币税是指货币的铸造成本低于其票面价值而产生的差值，货币发行国可以通过发行货币的特权而获得这一收益。

② 朱隽：《巩固和加强人民币的国际储备货币地位》，载《上海证券报》2017 年 4 月 13 日，第 12 版。

国，这样的政策不仅不能化解风险反而会加剧其国内的高通胀及其本币贬值。[①] 最后，储备货币发行国有利于其利用本币进行国际贸易和国际投资，这除避免了进出口汇率波动可能带来的损失外，还有利于增强人民币的国际话语权和提高了我国国际地位与国际竞争力。

从《牙买加协定》及 IMF 的相关规定来看，现行国际储备制度是开放且包容的，除了法定 SDR 是国际储备资产，理论上一切信用货币只要具备足够的实力均能够成为国际储备货币。2016 年 10 月 1 日，人民币正式成为 SDR 货币篮子中的一员，人民币"入篮"对人民币国际化是利是弊？开放的国际储备制度又是否会阻碍人民币国际化进程？

（一）加入 SDR 有利于提高人民币外汇储备份额

前已述及，人民币国际化要求人民币不仅要在私营领域被国际社会广泛使用和接受，在官方领域也要被采纳和认可。目前人民币在官方领域发挥的作用还十分有限，这与其在私营领域的巨大发展形成了鲜明对比，严重限制了人民币国际化的程度。作为 IMF 唯一法定的国际储备资产——SDR 具有强烈的官方色彩，人民币加入 SDR 能够有效补强人民币国际化在官方领域的短板，促进人民币国际化在官方和私营领域的协同发展。

虽然 SDR 作为一种官方储备信用资产目前在国际社会中使用得并不频繁，人民币加入 SDR 也不会强制其他国家将人民币作为其外汇储备或使用人民币结算，但是"入篮"至少意味着 IMF 及其成员对人民币作为国际储备资产的认可和背书，这能够有效提升国际社

① 相较非储备货币发行国，国际社会对储备货币发行国发行的货币有更强的信心。例如，同样是国内经济出现波动，国际投资者更倾向于选择后者作为避险货币，这在一定程度上也能够帮助货币发行国化解金融风险；相反，国际社会对非储备货币发行国的货币信心会遭受打击，从而加剧其货币贬值并推高通胀。

会对人民币的认可和接受度从而提升人民币的国际地位。2017 年 3 月 31 日，IMF 官方外汇储备货币构成数据库（Currency Composition of Official Foreign Exchange Reserves，COFER）首次将人民币作为储备货币单独列项计算，与美元、欧元、英镑、日元、瑞士法郎、澳元和加元并驾齐驱，而在此之前人民币是作为“其他货币”项合并列示的。这一举动是人民币加入 SDR 后的“一揽子”技术安排，揭示出人民币世界影响力和国际接受度的上升，具有重要的历史意义。从 COFER 提供的数据（见图 2）可以观察到，2016 年年末人民币在各类储备货币中的占比为 1.08%，而同期的美元、欧元、日元、英镑占比分别为 64.66%、19.27%、4.53% 和 4.28%；2017 年的第三季度和第四季度，人民币在全球外汇储备中的占比连续提升至 1.23%，相较 2016 年年底增长了 0.15 个百分点，规模达到了 1228 亿美元，表现出强劲的发展潜力。2018 年 5 月 11 日，中国人民银行发布的《2018 年第一季度中国货币政策执行报告》指出，人民币的储备功能逐渐显现，目前已有包括德国、新加坡、俄罗斯、澳大利亚在内的超过 60 个境外货币当局选择人民币作为其外汇储备的币种。人民币加入 SDR 后，大多数非洲国家都将本国外汇储备中的一部分置换成了人民币，津巴布韦和安哥拉甚至承认人民币为法定货币。[①] 人民币获得国际认可有利于加大各国增持人民币为储备货币的信心，从而增加对中国金融资产的配置，这在助力人民币“走出去”的同时也为我国带来了可观的增量资金。因此人民币加入 SDR 是人民币国际化战略棋局中的关键一步，也是中国经济和世界经济稳定发展的内在要求，符合我国的长远利益要求。

① 王露露：《为何众多非洲国家要将人民币列为储备货币？》，载参考消息网：http://news.ifeng.com/a/20180603/58556022_0.shtml，最后访问日期：2019 年 1 月 3 日。

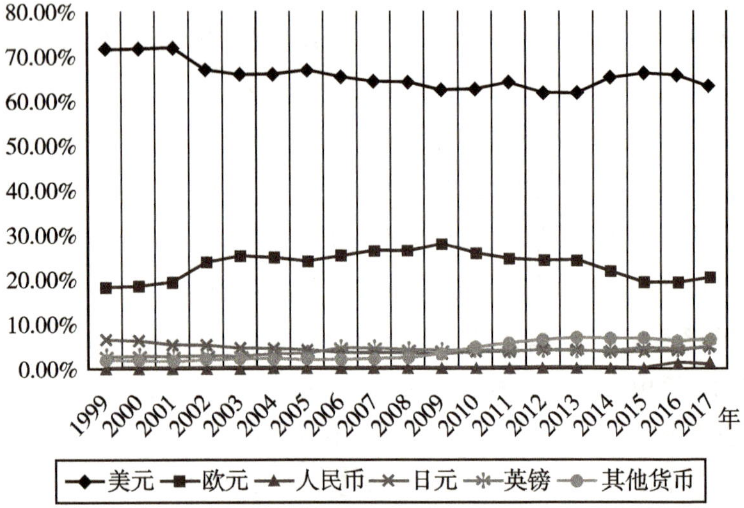

图 2 国际储备货币中各类货币占比份额

资料来源:IMF, Currency Composition of Official Foreign Exchange Reserves。

需要注意的是,相较美元 41.73% 和欧元 30.93% 的比重,目前人民币在 SDR 中的占比还较低,这在一定程度上的确会影响人民币在各国外汇储备中的配资率。那么各国货币在 SDR 中占比的根据是什么呢?IMF 同意人民币加入 SDR 后在其网站,发布了《关于 2015 年 SDR 审查的问题与解答》一文,文中指出 IMF 执行董事会修改了确定 SDR 货币篮子权重的旧方法,特别是修正了原来金融变量权重低、范围窄以及出口和储备加权有内生性的缺陷。董事会认可的新公式是 2010 年审议中提出的两种备选方案之一,新公式特别扩大了金融指标的覆盖范围,以便更好地反映不同的金融交易。① 可见,提高金融自由化的程度能够有效提升人民币在 SDR 中的比重,

① See IMF, Q and A on 2015 SDR Review, https://www.imf.org/external/np/exr/faq/sdrfaq.htm, November 30, 2015.

这就需要我国进一步开放资本项目，提高人民币自由可兑换的程度。需要明确的是，人民币在SDR中占比低并不会阻碍其他国家选择人民币作为其外汇储备，因为所谓的SDR占比并非其他国家选择外汇储备币种的主要考量因素，如COFER数据库所显示，有些货币即使不是SDR篮子货币也能成为国际储备货币。一种货币能否在其他国家外汇储备中占有一席之地，终究还是取决于市场的选择。况且，提高人民币SDR占比要求我国自身进行国内金融制度的改革，与国际货币制度无关，因此人民币在SDR目前占比较低的现状并不能阻碍人民币国际化，反而能敦促我国加快国内金融制度的改革，为人民币国际化助力。

（二）开放的制度为人民币成为储备货币提供通道

值得注意的是，时下有大量研究将今天的美元霸权归咎于现行国际储备制度，的确，如今全球外汇储备中美元占据了超过60%的份额，美元在国际储备货币体系中有绝对的话语权，这是不争的事实。但这种以美元为核心的"一超多元"全球储备格局并非牙买加体系下国际储备制度安排的结果，而是由政治、经济、历史等多重因素造就的市场选择之现状，时下一些研究将这种"美元体制"归咎于现行的国际货币制度是不客观甚至是错误的。美元的霸权地位确立于布雷顿森林体系时期，这与当时的国际法律规定不无关联。与金汇兑本位时期有美元、英镑、法郎三种国际通用货币不同，布雷顿森林体系实行的是可兑换黄金的美元本位制，由此形成的"双挂钩体系"是布雷顿森林体系的中心内容。美国政府承诺各成员国政府可以随时按照官价（35美元兑换1盎司黄金）用美元向美国兑换黄金，当黄金官价受到国际金融市场上的炒家冲击时，各国政府有义务协同美国政府进行市场干预。[①] 布雷顿森林体系下的黄金—美元

① 王爱俭主编：《国际金融概论》，中国金融出版社2011年版，第202页。

本位制是用法律的手段保障（至少是辅助）美元在国际货币体系中享有的特权，美元理所应当地成为与黄金并重的国际储备资产。而牙买加体系废除了黄金与美元之间的挂钩，在法律上解除了给予美元的特权，美元与其他信用货币拥有法律上的同等地位。美元之所以现在还处于核心地位并非得益于国际货币制度的匡扶，而是由包括美国强大经济实力在内的多种因素共同造就的。

首先，石油美元是美元霸权的重要支撑。以美元计价石油是自然因素和人为因素共同造就的，在20世纪50年代，全世界有一半以上的石油产自美国，外加“双挂钩体系”的加持，美元自然成为石油交易的计价货币。布雷顿森林体系崩溃后，美国在20世纪70年代与沙特阿拉伯签订了一系列秘密协议，[①]双方约定继续将美元作为石油交易的唯一计价货币，迫于沙特阿拉伯世界第一大石油出口国的强势地位，欧佩克（Organization of the Petroleum Exporting Countries，OPEC）的其他成员也不得不服从这项协议。于是美元在与黄金脱钩后又与石油挂上了钩，通过扩大美元的交易网络从而巩固了美元的霸权地位。其次，美元霸权还在很大程度上得益于其军事霸权。美国彼得森国际经济研究所所长亚当·波森（Adams Posen，2008年）曾进行过一项关于美国海外驻军与东道国汇率制度选择的研究，[②]结果显示二者关联深重。具体来说，第一，美国在中东地区布有重兵，这使欧佩克等石油输出国在石油美元计价上呈现积极配合的态度。第二，美国在亚洲地区（如韩国和日本）有大量驻军，新加坡、泰国也有少量兵力，这些美国安全盟友的政策选择通常唯美国是瞻。第三，欧元区国家在军费开支上与美国存在巨大差距，这成为阻碍欧元制衡美元的重要因素。第四，美国作为世界第

---

① David E. Spiro, *The Hidden Hand of American Hegemony: Petrodollar Recycling and International Markets*, Ithaca, Cornell University Press, 1999.

② 潘英丽：《国际货币体系未来变革与人民币国际化》（上卷），格致出版社2014年版，第98页。

一大经济体,其强大的经济实力成为美元最坚定的背书,同时美国金融市场的规模、信用质量以及流动性持续助推美元发挥国际货币功能,而且居先优势(incumbency)和既定交易网络带来的惯性又增加了替代美元的成本。因此,即使是在美国遭受2008年金融危机的重创后,美元仍是国际货币市场中的宠儿和国际投资者最青睐的避险资产。

综上所述,将今日的美元霸权归咎于国际储备制度是不严谨的,现行国际储备制度并没有为美元大开方便之门。相反,在牙买加体系下国际储备货币的大门向所有货币开放,一切合法货币只要具备足够强大的实力,都有成为国际储备资产的可能性,可以说国际储备制度没有为任何货币成为国际储备货币设置障碍,人民币亦不例外。因此,就人民币国际化进程来看,国际储备制度不存在消极影响,相反其为人民币成为国际储备货币提供了合法性。

三、人民币成为国际储备货币的条件

一种货币能够成为国际储备货币是市场选择的结果,市场的选择取决于这种货币是否具有吸引力,人民币要成为有吸引力的国际储备货币需要有与之相适应的法律制度保驾护航。

既然现行的国际储备制度并没有为人民币国际化设置障碍,那么人民币国际化要想实现其储备目标应该将注意力放在哪些方面呢?首先我们要清楚一种货币具备什么品性才能成为国际储备货币。SDR是IMF唯一指定的国际储备资产,IMF为一种货币进入SDR货币篮子设置了两道门槛或称标准:(1)货币发行国(或货币联盟)在SDR定值决定生效12个月前的5年里货物和服务出口额位居前列;(2)该货币是可自由使用的货币(free useable currency,FUC)。

关于第一条标准,我国在过去5年里货物服务出口额占全球份额的10%左右,2013年货物进出口总额达到了25.8万亿元,超过美国成为世界第一货物贸易大国，到2017年这一数字已高达27.8万亿元。[①] 由此可见，中国在第一条标准方面已经表现得相当卓越了，中国的经济实力为人民币国际化奠定了良好的物质基础。

关于第二条标准，FUC属于一种金融标准，《IMF协定》第30条f款对FUC进行了术语解释，认为FUC必须要广泛用于支付国际贸易款项以及在外汇市场上被广泛交易。[②] 可见，IMF将界定FUC的重点放在了对这种货币的广泛使用和广泛交易上，前者能够保障IMF成员直接使用这种货币平衡国际收支；后者则保障这种货币能够在市场上兑换为另一种货币且不对汇率造成实质性不良影响。[③] 如今我国仍然实行资本项目管制制度，从人民币成功"入篮"我们能够反推FUC并不等同于可自由兑换，可自由兑换也不是一种货币成为FUC的必要条件，但人民币国际化绝不应止步于此，因为"入篮"仅仅是获得了一张入场券，更重要的是要在SDR的业务和交易中发挥作用。SDR作为一种储备资产并不能像真正的货币一样直接流通，在使用时必须先兑换成其他货币。假设某IMF成员向IMF提出SDR贷款并兑换成人民币的需求，如果我国仍然实行资本项目管制，那么该IMF成员事实上将无法获得这笔SDR贷款。也就是说，实行资本项目管制的人民币很难有效展开SDR的相关业务。此外，SDR与人民币之间的兑换本身就属于资本项目的范畴，而且一旦IMF其他成员兑换SDR取得人民币就面临着如何持有和使用人民币资产的问题，这会顺理成章地要求我国放开资本项目管制，以使

---

① 数据来源：《2017年国民经济和社会发展统计公报》，载国家统计局网：http://www.stats.gov.cn/tjsj/zxfb/201802/t20180228_1585631.html，最后访问日期：2019年1月3日。

② 参见 Articles of Agreement of the International Monetary Fund. ARTICLE XXX Explanation of Terms -（f）对可自由使用货币的解释：A freely usable currency means a member's currency that the Fund determines（i）is, in fact, widely used to make payments for international transactions, and（ii）is widely traded in the principal exchange markets。

③ See IMF, "Review of the Method of Valuation of the SDR", *IMF Policy Papers*（November 2015）, p. 7, Box 1.

这些 IMF 成员能够将换得的人民币投资于人民币资产或者发生进一步的交易。[①]

除此之外，作为外汇储备的货币其货币价值需要具有一定的稳定性。币值不稳会使人们逐渐丧失对这种货币的信心，没有任何国家愿意持有一种汇率动辄“上天跳水”的烫手山芋作为自己的外汇储备，这也是无论国际货币体系怎样更替，价值稳定的黄金从不缺乏拥趸的原因。20 世纪的特里芬难题和三次美元危机的爆发就是血淋淋的历史教训。货币价值的相对稳定能够增强国际社会对这种货币的信心，这反过来亦能为维持该货币的币值稳定做贡献。货币具有价值尺度、交易媒介和储藏价值的功能，从价值尺度来说，倘若一种货币本身的价值就变幻无常，怎么能指望用它去衡量其他产品的价值呢？从交易媒介来看，如果一种货币频繁地贬值升值，那么交易中至少有一方会吃亏，这样的货币会大大失去其吸引力。从价值储藏来看，没有任何投资者和国家愿意持有一种价值不稳定的资产作为自己的投资产品或储备。

四、人民币成为国际储备货币的法律建议

牙买加体系的前身布雷顿森林体系覆灭的根本原因是其患上了特里芬难题的顽疾，如何保证储备货币既满足全球经济发展所需要的流动性，又不因泛滥发行而币信受损是一直以来困扰国际储备体系的难题。世易时移，虽然牙买加体系并未从法律层面规定国际储备货币的币种，但美元事实上的主导地位令特里芬难题仍如幽灵般萦绕在牙买加体系的上空，美联储政策的外溢效应严重削弱了国际储备体系的平衡性。埃森格林（Eichengreen）曾撰文指出，虽然当前经济呈现网络外部性规模，在理论上世界上只能存

① 参见韩龙：《人民币入篮与我国法制变革》，载《政法论坛》（中国政法大学学报）2017 年第 6 期。

在一种国际储备货币，但由于国际经贸往来多样性与复杂化的需要，这种理论并不能成立，全球储备货币最终不会只由一种货币构成，[①]建立多元货币相制衡的国际储备制度是稳定当前国际货币体系、破除新时期特里芬难题的最优解。经济多极化的今天需要与之相配套的多元化国际储备进行支撑，目前美国的经济实力相对下降，各主要经济体的实力逐渐上升，这就为人民币成为国际储备货币提供了充足的物质背景和难得的历史机遇。[②] 可见人民币成为国际储备货币既是人民币国际化的内在要求，也是稳定国际货币体系的时代召唤。

（一）改革资本项目管制制度

尽管人民币已经成功“入篮”，但其在 SDR 货币篮子中的权重较美元和欧元仍显不足，离实现人民币储备货币的目标还有较大差距。鉴于我国经济在世界范围内的重要性，人民币用于国际贸易结算的比例将继续增长，但严格的资本管制和不发达的金融市场仍然是人民币成为储备货币的主要障碍。[③] 积极促进人民币在国际范围内的使用固然重要，因为一种货币只有在非居民广泛使用的情况下才有可能成为国际货币，但资本项目的开放也必不可少甚至更关键，它可以看作创造非居民对人民币的需求。[④] 因此，资本项目开放是货币国际化的基本条件，不打开资本项目的“闸门”，人民币国际化的规模就不可能扩大，人民币就不可能成为真正意义上的国际储备货币。

如上所述，人民币加入 SDR 需要满足 FUC 的标准，从人民币成

---

① See Eichengreen. B，“Sterling's Past，Dollar's Future”，*NBER Working Paper*，No. 11336，2005.

② 参见韩龙：《国际金融法前沿问题》，清华大学出版社 2010 年版，第 328 页。

③ See Nargiza Salidjanova，“The RMB's Long Road to Internationalization”，*USCC（U. S. -China Economic and Security Review Commission）Economic Issue Brief*，No. 5，September 22，2014，p. 11.

④ Yiping Huang，Daili Wang，and Gang Fan，“Paths to a Reserve Currency：Internationalization of the Renminbi and Its Implications”，*ADBI Working Paper Series* No. 482，May 2014，pp. 17 – 18.

功"入篮"我们能够反推FUC并不等同于可自由兑换,可自由兑换也不是一种货币成为FUC的必要条件,但人民币国际化绝不应止步于此,因为"入篮"仅仅是获得了一张入场券,更重要的是要在SDR的业务和交易中发挥作用。SDR作为一种储备资产并不能像真正的货币一样直接流通,在使用时必须先兑换成其他货币,假设某IMF成员向IMF提出SDR贷款并兑换成人民币的需求,如果我国仍然实行资本项目管制,那么该IMF成员事实上将无法获得这笔SDR贷款。也就是说,实行资本项目管制的人民币很难有效展开SDR的相关业务。此外,SDR与人民币之间的兑换本身就属于资本项目的范畴,一旦其他IMF成员兑换SDR取得人民币就面临着如何持有和使用人民币资产的问题,这会顺理成章地要求我国放开资本项目管制,以便将IMF成员手中的人民币投资于人民币资产或者发生进一步的交易。[①]

(二)完善中央银行财产豁免制度

外国央行和货币当局为了实现其人民币资产增值保值的目的以及规避汇率风险,会将其持有的人民币储备资产投放到我国金融市场中去,通常以国债、证券等金融工具的方式持有和管理人民币资产,而能否保障这些资产的安全性和流动性便成为外国当局最为关心和顾虑的事情。因此,鼓励和刺激其他国家将人民币作为储备货币不仅需要开放我国的资本市场,还要求为其在华资产提供法律上的安全保障,使其免受资产被扣押、冻结、强制执行等顾虑,放心大胆地将人民币配置为其储备资产。

目前,《中华人民共和国外国中央银行财产司法强制措施豁免法》(以下简称《外国央财豁免法》)仅对外国央行给予了财产保全和

① 参见韩龙:《人民币入篮与我国法制变革》,载《政法论坛》(中国政法大学学报)2017年第6期。

执行的豁免，但对管辖豁免的情形却只字未提，这可能会导致外国央行面临被恶意诉讼的风险，从而威胁其在华资产的安全性。人民币资产缺乏法律保障和司法救济将严重阻碍人民币成为国际储备货币。因此，人民币国际化要求我国完善现行《外国央财豁免法》，尤其是明确对外国中央银行财产管辖豁免的规定。①

从世界各国立法例来看，美国《外国主权豁免法》在管辖豁免方面对外国国家和中央银行均实行相对豁免主义，执行豁免方面虽然规定外国在美存放的财产用于商业活动的不享有执行豁免，但外国央行财产不受商业活动限制。英国《国家豁免法》在管辖豁免方面亦实行相对豁免主义，外国国家的商业行为不享有管辖豁免，在执行豁免方面则对外国央行财产实行绝对执行豁免。我国可以在参考他山之石的基础上修改《外国央财豁免法》。具体来说，外国央行在我国的财产在原则上应享有管辖豁免权，但涉及商业行为的财产应置于豁免的例外情形。对于财产商业性质的认定，可以参照《联合国国家及其财产管辖豁免公约》标准，既要考虑该行为的性质，也要考虑该行为的目的。② 当然，对外国央行和货币当局在我国的财产提供豁免法律保障的同时，也要注意对此进行适当的约束，明确豁免之例外，防止其权利滥用而侵害债权人的正当利益和我国金融市场的秩序。

（三）维持人民币币值的相对稳定

货币价值的不稳定会使国际社会丧失对这种货币的信心，人民币也不例外。人民币币值稳定有两条具体要求：一是对外保持实际

① 依据美国《外国主权豁免法》第1611条的规定，除非外国央行、货币当局或其本国政府明确放弃豁免权，否则，外国中央银行或货币当局为自己拥有的财产仍享有执行豁免，不管是否具有商业性质。

② See United Nations Convention on Jurisdictional Immunities of States and Their Property, Article 2 Use of terms –2–.

汇率的稳定,没有明显的升值或贬值走向。这需要自由浮动的汇率制度来支撑,因为浮动汇率制以市场为导向,可以汇集各种有关币值的消息,使汇价不断得到有效调整,从而避免人民币形成单边的升值或贬值预期和造成汇率的严重偏差。二是对内要保持币值稳定,避免国内产生严重的通货膨胀。这需要我国制定应对通货膨胀的货币政策机制,控制货币发行量,避免人民币超发而引起币值缩水。这种机制不应是简单地在通货膨胀上升时期采取紧缩的货币政策来机械应对,而是在广泛搜集并分析有关通货膨胀各方面信息的基础上,进行保障物价稳定的制度性安排并采取公开透明的政策,以建立"通货膨胀目标制"的货币政策机制。这里涉及的法律问题包括以下两方面:

第一,央行作为制定货币政策的主体缺乏独立性。凯恩斯主义认为制定和实施货币政策应遵循相机抉择的规范理论,即货币政策要根据具体的经济运行情况和经济预期来制定,采取与经济周期变化相反的"逆风向"货币政策。从法学角度来看,相机抉择的货币政策法律制度需要赋予中央银行制定货币政策的自由裁量权。需要明确的是,与货币政策不同,规范货币政策的法律制度并不直接作用于经济领域,也不规定具体的货币政策内容与方法,而是调整货币政策调控关系,保障货币政策的制定和执行,其在本质上属于宏观调控法。[①] 目前我国关于货币政策的法律并不多,主要体现在《中华人民共和国中国人民银行法》(以下简称《中国人民银行法》)中。按照该法第2条和第5条的规定,中国人民银行制定和执行货币政策需要在国务院的领导下进行,对于年度货币供应量、利率、汇率等重要货币政策事项仅有制定建议权而无决定权。然而,拥有独立性的中央银行是货币政策有效运作的前提,否则就会落入服务政府而

① 参见张辉:《宏观调控权法律控制研究》,法律出版社2010年版,第137页。

非市场的窠臼,难以抗衡政府可能出现的不理性宏观调控行为。尤其是当币值稳定与经济增长两个目标发生冲突时,央行容易受政府方面的压力,致使其政策产生模糊性,从而降低货币政策的透明度。综观世界各国的立法,从美国《联邦储备法案》[①]到《马斯特里赫特条约》[②],再到《日本银行法》,[③]皆赋予其中央银行极强的独立性,我国应修订《中国人民银行法》的相关内容,赋予中央银行货币政策调控的自由裁量权,以灵活应对不同的国内外经济形势。

第二,货币政策的制定和决策缺乏透明度。尽管我国颁布了《中国人民银行货币政策委员会条例》,但根据该条例的规定,货币政策委员会仅是一个松散的辅助性协商机构,并没有对货币政策的决策权。从中国人民银行每季度公布的《货币政策执行报告》来看,其中仅涉及货币政策执行的内容,缺少有关货币政策决策的内容,也鲜有对未来经济金融运行情况的分析。我国已于 2015 年接受了 IMF 的数据公布特殊标准(Special Data Dissemination Standards, SDDS),这是我国在提升统计机制透明度上的重要突破。IMF 目前正在推行一个增强版本的 SDDS(SDDS Plus),意图对金融领域有系统重要性的参与国在数据透明度上作出更高要求。我国作为 SDR 篮子货币成员,货币政策的透明度距 IMF 要求的国际储备货币的高透明度标准仍有差距,这需要我国加快相关立法工作,填补《中国人民银行法》和《中国人民银行货币政策委员会条例》在此方面的空白。与人民币国际化相适应的货币政策透明度不仅要达到 SDDS 的标准,更要向 SDDS Plus 标准靠拢。此外,制定抑制通货膨胀的货

① 美联储作为美国的中央银行,拥有很强的独立性,直接对参议院负责,不受政府控制。

② 欧洲中央银行、欧洲货币联盟的所有成员国中央银行及其决策机构的成员不得向任何机构、组织和政府等其他机构寻求或接受指令。

③ 1997 年《日本银行法修正案革》除了货币政策委员会中的政府成员,以排除政府对金融政策的干预,保证中央银行决策的独立性。

币政策需要健全关于金融信息披露内容的统计法规，这需要在我国现行的统计法和统计法实施细则基础上，对相关统计法律规范做进一步的完善，并辅之以更具操作性的统计管理办法。

五、结语

人民币国际化事关中华民族的伟大复兴，是我国重要的顶层设计之一。人民币的国际化需要国内国际两个向度的法律制度保驾护航，在国际储备制度深受各路学者口诛笔伐的今天，我们不能人云亦云、随波逐流地预判国际储备制度不利于人民币国际化进程，而应用客观辩证的思维和实事求是的精神，以人民币国际化的需要为视角对此制度进行深度剖析。

虽然现行国际秩序是由以美国为首的发达国家所主导建立的，多年来许多学者也主张重塑包括国际货币秩序在内的世界经济秩序——仿佛美国是这个秩序的最大受益者而我国深受其害，但通过本文分析可见，至少对人民币国际化来说现行国际储备制度并非那么不堪。开放的国际储备制度不仅为人民币进入国际货币的队伍提供了通道，人民币在2016年还成为IMF唯一法定储备资产SDR货币篮子中的一员，弥补了人民币在官方领域的“短板”。由此可见，现行国际储备制度不仅不阻碍，相反在某些领域还有利于人民币国际化进程，因此我们无意也没有必要去挑战现有的国际货币秩序，我国应当成为这一秩序的维护者和贡献者而非推翻者和改造者。人民币国际化无须过多抱怨外部环境，不断修炼自身的内功才是正道，如果将努力的方向和重点放在推翻现行国际储备制度上，恐怕就抓错了主要矛盾，有本末倒置之嫌。随着人民币加入SDR和我国提出“一带一路”倡议，人民币国际化面临着难得一遇的历史良机，在外部环境并没有设置障碍的情形下，人民币真正的国际化还取决于自身的改革。目前人民币在私营领域作为贸易计价和结算货币已经有了巨大的发展，但其他职能还有明显不足，人民币国际化要从采取自由浮动汇率制和开放资本项目入手，在维持人民币币值稳定的同时，积极完善国内的金融市场和金融体系，提高宏观审慎监管的水平，实现我国国际收支的总体平衡。这些措施的落地均需要通过制定或修改国内相关法律制度予以配合，人民币国际化之路只有在法律的开道和保障下才能走得快、走得稳。

Research on the Influence of Current International Reserve System on RMB Internationalization

Jing Sichen

Abstract: The international reserve system is the foundation and core content of the international monetary system. The current Jamaican system is a multiple open international reserve system, and SDR is the only international reserve asset specified by IMF. Despite the SDR role is very limited, also the international reserve system still presents a "super-diversity" pattern centered on the US dollar, but this cannot be attributed to the existing international reserve system but the status quo of market choices created by multiple factors such as politics, economy, and history. On the contrary, by joining the SDR, RMB raised its international status, and the open international reserve system has provided a legal basis for RMB as a reserve currency. Therefore, the current international reserve system does not prevent the internationalization of RMB from achieving its goal of international reserve. To become an international reserve currency, the RMB needs to draw attention back to itself, focus on reforming the capital account control system, improve the property exemption system of foreign centralbanks and maintain the stability of RMB value.

Keywords: RMB internationalization; international reserve system; SDR

【经济法论衡】

中国的数字货币反洗钱规则的完善

黄昊明*

摘　要:数字货币在未来金融支付领域具有革命性的潜力,但数字货币因具有匿名性、去中心化、易跨境转移性和不可撤销的特征,使其存在洗钱的风险。针对我国的数字货币反洗钱问题,本文提出将数字货币纳入反洗钱监管、建立针对匿名性的客户尽职调查制度、采取平台监管和设置合规人员制度、建立控制跨境交易风险制度、完善针对数字货币的可疑交易报告制度和建立针对数字货币的风险评估制度六项建议。

关键词:数字货币;反洗钱;区块链

一、引言

随着区块链技术飞速发展,数字货币[①](digital currencies)作为区块链分布式记账技术的最初应用成果,逐渐被人们关注。数字货币采取分布式技术作为底层技术,通过去中心化的方式,以及采取

* 广西政大律师事务所律师。

① 本文所讨论的数字货币是指以分布式记账的方式,采取非对称加密技术的方法来实现点对点传输的货币。其具有代表性的货币为比特币、以太坊等。数字货币与虚拟货币和电子货币的概念不同。虚拟货币应为网络平台中所应用的货币,比如游戏币;电子货币为法定货币的电子形式。目前,该类货币在不同国家名称不同,部分国家称为虚拟货币,部分国家成为数字货币。在我国,该类货币习惯称为数字货币。

非对称加密技术来实现点对点的价值传输。数字货币在金融领域具有十分广阔的应用前景,可以有效地减少流动性成本,节约人力资源,提高经济交易活动的透明性和减少欺诈犯罪活动。各国政府开始将数字货币纳入监管中,并积极研发数字货币。2012 年,法国政府核准的比特币交易平台"比特币中央"成为首家在欧盟法律框架下运作的比特币交易所;[①]2016 年,中国人民银行宣布将尽早推出中央银行发行的数字货币;2017 年 7 月 19 日,美国通过《虚拟货币商业统一监管法案》,旨在保护相关消费者的利益;[②]2017 年,中国人民银行正式成立数字货币研究所,加快对数字货币的研究进程。数字货币可能产生的颠覆性创新被人们重视,在未来可能成为人们采取的支付手段之一。

尽管数字货币有颠覆性创新的潜力,但是我们应该对金融科技秉持"技术中立"的态度。数字货币可能产生的犯罪问题也受到了各国政府的高度重视。数字货币也为犯罪、恐怖活动资助和逃脱制裁者提供了一个强有力的新工具,去移动和储存违法资金,逃脱法律的监管。[③] 数字货币的反洗钱问题是未来数字货币发展中的重要法律问题。中国数字货币反洗钱规则已经不能完全适用,需要在一定程度上进行完善。笔者旨在厘清数字货币功能特性,找出数字货币反洗钱的难点,结合相关国际经验,以为我国数字货币反洗钱问题的法律规则完善提供相关建议。

二、数字货币的洗钱风险的成因分析

数字货币因具有不同于传统货币的独特性,使其洗钱的风险大

---

① 樊云慧:《比特币监管的国际比较及我国的策略》,载《法学杂志》2016 年第 10 期。

② 师秀霞:《虚拟货币洗钱风险的法律规制》,载《南方金融》2016 年第 6 期。

③ Financial Action Task Force, Virtual Currencies Key Definitions and Potential AML/CFT Risks, http://www. fatf-gafi. org/publications/methodsandtrends/documents/virtual-currency-definitions-aml-cft-risk. html, June 8, 2018.

大增加。具体来说,数字货币具备以下特点。

(一)数字货币具备匿名性

数字货币因具备匿名性,导致难以知晓客户和资金来源以及去向,有可能成为新型的洗钱工具,具备相当高的洗钱风险。部分关于数字货币的官方报告指出了数字货币存在的洗钱风险:“不合法的法定货币会通过货币兑换进入加密货币,一系列的交易通过 DLT 平台会隐藏货币的来源。如果没有足够的反洗钱控制机制,如知晓客户原则和交易监控机制,那么 DLT 平台可能会用来进行洗钱活动和匿名转移财产。”①“罪犯可能会获取洗钱收益,因为他们可以匿名地存款和转移虚拟货币。”②“虚拟货币存在洗钱/资助恐怖主义的风险。”③数字货币因匿名性还被 ISIL 用于获取捐赠和转移资金:至少在目前,只有数字货币可以在法定货币之间自由地转换并且逃离监管金融体系。④ 数字货币还允许进行匿名交易,资金可以进行匿名的转移。资金的发出者和接受者之间不需要进行身份识别。数字货币因其具有匿名性的特征,对于知晓客户原则产生一定的挑战。如果无法进行客户身份识别,那么就难以做到客户尽职调查,从而可能导致不能识别客户的真实情况以及资金使用的真实目的。

(二)数字货币具有去中心化性

数字货币采取的去中心化系统增强了洗钱的风险,增强了数字

---

① Hong Kong Monetary Authority, Whitepaper on Distributed Ledger Technology, https://www.hkma.gov.hk/media/eng/doc/key-functions/ financial-infrastructure/ Whitepaper_On_Distributed_Ledger_Technology.pdf, June 8, 2018.

② European Banking Authority, EBA Opinion on “virtual currencies”, https://www.eba.europa.eu/documents/10180/657547/EBA-Op－2014－08＋Opinion＋on＋Virtual＋Currencies.pdf, June 8, 2018.

③ Financial Action Task Force, Emerging Terrorist Financing Risks, http://www.fatf-gafi.org/media/fatf/documents/reports/Emerging-Terrorist-Financing-Risks.pdf, June 8, 2018.

④ Financial Action Task Force, Guidance for a Risk-based Approach Virtual Currencies, http://www.fatf-gafi.org/publications/fatfgeneral/documents/guidance-rba-virtual-currencies.html, June 8, 2018.

货币匿名的特性。以比特币为例，比特币在设计上以每个账号来运行，没有实名和其他客户认证信息，也没有中心服务器和服务提供者。比特币协议不需要也不提供参与者身份的识别和认证，或者形成相关历史交易记录中心化的监管体制，也没有反洗钱软件去监视和识别可疑的交易。① 这就可能导致监管部门难以针对服务中心或管理中心进行调查，增大调查的难度。去中心化的特征是数字货币与传统的支付方式不同之处，数字货币因其采取的点对点传输技术导致没有一个中心化服务系统去调查相关交易记录。相较于传统的中心化的支付方式，中心化服务系统可以很方便地查询客户信息、交易记录、资金来源和兑换记录等，有利于执行交易记录保存制度、客户尽职调查制度和可疑交易报告制度。数字货币的去中心化特征相较于中心化的交易服务系统更具有调查取证上的困难。

（三）数字货币具有易跨国转移性

数字货币因采取电子化的形式，比纸质货币更具备流动性。数字货币因其去中心化的特征，无须中心化服务系统，相较于电子货币减轻了流动性成本。数字货币作为一种支付方式，其存储和转移并无太多限制。数字货币通常依赖于复杂的基础设施，这些基础设施涉及多个实体组织，并且通常遍布几个国家。此外，客户和交易记录掌握在不同的实体组织中，并且通常在不同的司法辖区，这给监管部门接触这些资料带来了困难。② 数字货币具有易跨国转移性，让监管部门难以拦截其相关可疑交易。因此，犯罪分子会通过虚拟货币来对犯罪所得进行洗钱，因为虚拟货币具有全球性、快速

① Financial Action Task Force, Virtual Currencies Key Definitions and Potential AML/CFT Risks, http://www.fatf-gafi.org/publications/methodsandtrends/documents/virtual-currency-definitions-aml-cft-risk.html, June 8, 2018.

② Financial Action Task Force, Virtual Currencies Key Definitions and Potential AML/CFT Risks, http://www.fatf-gafi.org/publications/methodsandtrends/documents/virtual-currency-definitions-aml-cft-risk.html, June 8, 2018.

性地和不可撤销性地储存和转移资金。[1] 数字货币因其采取点对点的传输技术，通过互联网就可以在全球范围内快速转移资金，再加之其具有去中心化的特征，监管部门难以拦截相关可疑交易。相较于纸币和电子货币而言，数字货币资金转移更加方便，且不容易被发现或拦截。因此，数字货币具有相当高的洗钱风险。

(四)数字货币具有不可撤销性

数字货币在去中心化的交易系统中运行，所有指令一旦被确认即不可撤销。不可撤销性是分布式记账技术的一个特点，即当指令被确认，该指令会在其余分布单位中储存，不可撤销。数字货币运行的不可撤销性，给反洗钱工作带来了一定挑战。在传统的中心化支付服务系统中，例如在集中式虚拟货币系统中，管理商通常有权决定是否最终予以撤销，在认为撤销虚拟货币交易合适时，往往会撤销交易。[2] 如果无法及时撤销交易指令，那么监管部门就不能及时冻结相关资金的流动，监管部门或相关当事人只能要求资金收款人退还相关资金。数字货币的不可撤销性和易跨国转移性，不利于监管部门追查和拦截可疑资金，增强了洗钱风险。

综上所述，数字货币具有的匿名性、去中心化、易跨国转移性和不可撤销性的特征，这四个特征使数字货币相较于传统电子货币、纸币和信用卡而言，增加了监管部门侦查和追索资金的难度，使资金运行更具有复杂性，增大了洗钱的风险。数字货币很有可能成为未来犯罪分子进行洗钱的工具。中国的反洗钱规则已不能适应数字货币的特点。因此，我们有必要针对数字货币的特性，制定相应的反洗钱规则，以打击洗钱犯罪。

---

① European Banking Authority，EBA Opinion on "virtual currencies"，https://www.eba.europa.eu/documents/10180/657547/EBA-Op－2014－08＋Opinion＋on＋Virtual＋Currencies.pdf，June 8，2018.

② 师秀霞：《虚拟货币洗钱风险的法律规制》，载《南方金融》2016年第6期。

三、中国的数字货币反洗钱规则存在的问题

2013 年 12 月 3 日，中国人民银行、工业和信息化部、中国银行业监督管理委员会、中国证券监督管理委员会和中国保险监督管理委员会共同发布《关于防范比特币风险的通知》（以下简称《通知》）。《通知》规定比特币不为法定货币，私人可以进行交易，但风险自担；各金融机构和支付机构不得开展比特币业务，防范比特币可能产生的洗钱风险；比特币的服务提供者履行反洗钱义务，采取客户实名登记和可疑交易报告制度。根据《通知》的规定，中国数字货币反洗钱问题的法律规制主要适用《中华人民共和国反洗钱法》（以下简称《反洗钱法》）。中国目前并没有根据数字货币的特点研究制定有针对性的防范措施。笔者认为，中国的数字货币反洗钱规则，尚不足以防范包括比特币在内的数字货币的洗钱风险，存在一定的缺陷。

（一）未确立数字货币的定义

中国的数字货币反洗钱规则，尚未确定数字货币的定义。关于数字货币的反洗钱问题，目前仅有《通知》这一部法规，《通知》的内容绝大多数提及比特币。关于其他数字货币，《通知》规定："针对其他类似的，具有匿名性、跨境流通便利等特征的虚拟商品，认真研判洗钱风险，研究制定有针对性的防范措施。"这样的规范方式存在一定的缺陷：(1) 目前，世界范围内已经出现了多种去中心化的可转换式的数字货币，如以太坊、瑞波币和莱特币等多种数字货币。截至目前，数字货币的种类数量已经超过 1000 种。比特币仅是数字货币最早的代表性的应用成果，尚不能代表所有的数字货币，仅将比特币纳入监管范围是不够的。若仅将比特币纳入监管范围，监管部门不能有效地依据法律针对其他类型的数字货币进行监管，可能会导致其他数字货币存在监管真空，增大其他数字货币可能产生的洗钱风险。(2)《通知》并未能准确地表述其他数字货币的特征，仅表述为其他类似的，具有匿名性跨境流通便利等特征的虚拟商品。这会

导致难以精准地确立数字货币的范围。虚拟商品是个宽大的范围，除数字货币外，虚拟货币也算虚拟商品的一部分。例如，Q币、游戏币和游戏装备等其他符合匿名性、跨境流通便利特征的虚拟商品。在本质上，虚拟商品是数字货币的属概念。法律规则的构建应围绕事物本身的特点，采取不同的规制办法。如Q币、游戏币和游戏装备等虚拟商品，虽然具有匿名信和易跨国转移性，但是通过中心化的服务平台即可轻易控制洗钱风险。因此，应严格将虚拟商品与数字货币分开。(3)数字货币存在多种类型，每种类型的数字货币应采取不同的反洗钱策略，如中心化的和“去中心化”的，匿名的和非匿名的，甚至未来会出现法定的和非法定的。数字货币具有内生的复杂性，不同的数字货币应采取不同的反洗钱策略。制定不同的反洗钱策略的前提，是确立数字货币的定义，明晰法律的规制范围。综上所述，中国尚未确立其他数字货币的监管范围，不能对数字货币的反洗钱问题进行精确监管，这可能导致监管宽容。部分犯罪分子可能会将数字货币交易向监管宽容的国家或地区转移，从而增大数字货币的洗钱风险。

(二)《通知》未构建符合数字货币特点的反洗钱规则

《通知》的第四部分为防范比特币可能产生的洗钱风险，要求“中国人民银行各分支机构认真研判洗钱风险，研究制定有针对性的防范措施。各分支机构应当将在辖区内依法设立并提供比特币登记、交易等服务的机构纳入反洗钱监管，督促其加强反洗钱监测”。但是，到目前为止，中国并未针对数字货币制定具体的反洗钱规则。根据《通知》规定，数字货币反洗钱应适用《反洗钱法》的规定。同时，《通知》还要求比特币的服务提供者应当履行反洗钱义务，采取身份识别、实名登记和可疑交易报告制度。总体上看，中国并未有具体的、针对数字货币特性而制定的相关反洗钱规则。如前文所述，数字货币因其自身的匿名性、“去中心化”性、易跨国转移性和不可撤销性的特点,而具有不同于传统货币的洗钱风险。制度的建设,应围绕事物本身的特点进行,并不存在适用于一切事物的“普适标准”和“万能公式”。数字货币潜在的洗钱风险,与其自身的特点息息相关,应根据数字货币的特点去构建反洗钱规则。针对传统货币的特点而建立的反洗钱规则,未必能够适用于数字货币的反洗钱问题,其适用可能存在“失灵”。例如,数字货币存在匿名性的特点,致使传统的客户尽职调查制度难以实行。传统的客户尽职调查制度是在面对面的交易基础或身份识别的交易前提下进行的。因此,传统的客户尽职调查制度的进行具有基础性的障碍。此外,数字货币所具有的其他特点,使传统的反洗钱规则难以发挥原有的监管功能。数字货币因其自身具有的特点,使其洗钱风险游离于传统的反洗钱监管,形成监管真空。

(三)《通知》规定过于原则化,法律位阶不高

中国数字货币反洗钱规则,采用《通知》的形式,仅针对比特币反洗钱作了概括式、原则性的规定。《通知》的主要内容为表达政府对比特币的态度,对比特币的处理原则。总体而言,《通知》的内容较为原则。比特币反洗钱的内容仅300余字,只是解决了比特币反洗钱规则的有无问题,还不足以保证数字货币反洗钱的有效规制。此外,中国数字货币反洗钱立法,《通知》采取行政法规的立法形式,内容简单原则化,在一定程度上不利于数字货币反洗钱相关工作的执行。部分国家和组织针对数字货币反洗钱规则采取了高位阶的立法形式,如欧盟2018年7月9日通过第五次反洗钱指令、美国2017年10月9日制定《美国虚拟货币统一监管法》,以及澳洲、马来西亚制定专门的数字货币反洗钱法律。世界上许多国家开始将数字货币纳入监管范围,采取高位阶的立法形式,并根据数字货币的特点制定相应的反洗钱规则,形成数字货币反洗钱体系。因此,《通知》的内容过于原则化和法律位阶低,可能会导致数字货币反洗钱

的可操作性不强,监管部门难以采取合法有效的行动。

四、中国数字货币反洗钱规则的完善建议

数字货币作为分布式记账技术运用的成果,具有未来颠覆性创新的潜力,是目前金融科技的代表之一。但我们应秉持"科技中立"的观念来面对数字货币的发展。我们在看见数字货币未来潜力的同时,也应该看见数字货币潜在的风险。针对数字货币潜在的洗钱风险,笔者认为,在监管层面应从监管科技和法律监管两方面入手。监管科技(regtech)即通过法律与科技结合,采取科技的方法来增强监管。在一定程度上,监管科技可以实现代码即法律。采取监管科技的方式,可以减少法律实施成本,并且在一定程度上应付金融科技中存在的复杂技术性问题。数字货币反洗钱问题的解决,可以在一定程度上依赖监管科技的发展。

除监管科技外,面对数字货币的反洗钱问题,我们可以采取法律手段进行规制。数字货币反洗钱问题的解决有赖于数字货币发展成熟。在数字货币的发展制度上,我们可以采取监管沙盒、创新指导窗口和创新加速器等方式,主要目的在于加强监管当局与金融科技企业的沟通交流,提早介入,全流程了解金融科技的信息并进行政策辅导。[①] 除上述法律制度外,面对数字货币反洗钱问题,我们可以针对数字货币所具有的特点,通过制定相应的反洗钱规则来降低洗钱的风险。笔者认为,中国数字货币反洗钱规则的完善可以结合国际经验并根据我国国情,具体从六个方面予以完善。

(一)确立数字货币的定义

法律概念是法律规范和法律制度的建筑材料。[②] 明确法律概念是进行法律规制的前提。日常生活中的概念变成法律概念以后,成

① 许多奇:《金融科技的"破坏性创新"本质与监管科技新思路》,载《东方法学》2018年第2期。

② [德]伯恩·魏德士:《法理学》,丁晓春、吴越译,法律出版社2005年版,第91页。

为法律体系的一部分,它就具备了丰富的内涵,具有了相对明确的定义和应用范围。[①] 法律概念的界定,可以通过界定概念的内涵和外延方式进行界定。内涵的界定要求把握法律概念的本质特点;外延的界定要求明确法律概念的范围。中国的数字货币反洗钱规则应明晰数字货币的定义,确立数字货币的法律规制范围。数字货币不仅包括比特币,还包括其他符合一定特点的货币。关于数字货币的定义,我们可以广泛地参考域外经验和数字货币的实际发展情况。首先,应确立此类货币的名称。目前,关于此类货币的名称存在许多争议,有"虚拟货币"、"数字货币"和"加密货币"之说。随着中央人民银行成立数字货币研究所,"数字货币"在我国为特指此类定义的货币。但是,笔者认为此类货币的定义应为"加密货币"。加密货币更能反映出此类货币的特征。其次,此类货币的定义必须把握其具备的特征。根据金融行动特别工作组(Financial Action Task Force,FATF)2014 年 6 月发布的《虚拟货币的关键定义和潜在风险》的规定:"本文中数字货币的定义对应'去中心化的虚拟货币'的概念,即去中心化的,采取分布记账式的,以数学为基础的点对点的虚拟货币。"笔者认为,该定义较为准确地把握了数字货币的特征。但是,考虑到数字货币以后可能进行中心化的趋势,因此,数字货币至少应把握采取分布记账式,以数学为基础和点对点这三个特征。最后,除对数字货币下定义外,应建立数字货币的负面清单,把不属于数字货币规制范围的虚拟货币排除。负面清单的建立,有利于弥补下定义方法的不足。

(二)建立针对匿名性的客户尽职调查制度

为应对数字货币的匿名性,数字货币反洗钱规则应该坚持客户尽职调查制度。客户尽职调查制度,是一切反洗钱制度的基础。客

---

① 张文显主编:《法理学》(第 4 版),北京大学出版社 2011 年版,第 67 页。

户尽职调查制度最早在瑞士提出，该制度是平衡银行保密与反洗钱利益和矛盾之间的结果。银行保密制度的实施，动机和收益在于：（1）保障人权；（2）有助于金融业的发展。但是，绝对的银行保密制度引发了巨大的洗钱风险。一切洗钱活动无不与银行保密问题直接或间接相关，保密法越严格，于洗钱越有利，因为它使洗钱能够轻易得逞，并严重妨碍对犯罪及其洗钱活动进行有效的调查和取证。[①] 因此，客户尽职调查制度应运而生。在"FATF 建议"的框架内，客户尽职调查的措施被看作整个防范体系中的首要环节，金融行动特别工作组希望各国的银行金融机构能够通过严格的客户尽职调查切实掌握客户的真实身份，并据此发现和堵截可疑交易。[②] 数字货币虽然在技术和原理上与普通的货币存在区别，但是内生的财产属性、支付属性和运行机制与普通货币存在相似之处。两种货币的相似之处，会在相同情形下产生类似的风险。例如，绝对的匿名性均会使数字货币和普通货币存在洗钱的风险。许多国家针对数字货币的监管，除采取技术监管外，还以客户尽职调查制度为蓝本，并针对数字货币的特点构建数字货币的客户尽职调查制度。

客户尽职调查制度的制度建设，可借鉴马来西亚数字货币反洗钱规则的客户尽职调查制度。2018 年 2 月 27 日，马来西亚中央银行制定的《数字货币反洗钱和反恐怖融资》（以下简称马来西亚《法案》）生效实施。根据马来西亚《法案》，客户尽职调查制度的执行主体为数字货币服务的提供者，客户为参与数字货币交易的人；建立针对数字货币特点的反洗钱制度，包括反洗钱基本要求、增强的客户尽职调查制度、持续性的客户尽职调查制度以及不能执行客户尽职调查制度的责任制度。其中，增强的客户尽职调查制度包括控制

---

① 汪鑫：《反洗钱立法刍议》，载《法学评论》1996 年第 5 期。

② 陈浩然：《反洗钱法律文献比较与解析》，复旦大学出版社 2013 年版，第 177 页。

跨境交易风险制度和政治公众人物制度。数字货币具有比其他货币更高的洗钱风险。建立增强制度和持续性监管制度,有利于防范洗钱的风险。此外,客户尽职调查制度难以进行时,可限制数字货币的使用,减少洗钱的风险。例如,法国虚拟货币工作小组2014年6月发布的《防止虚拟货币用于欺诈和洗钱的建议》采取的限制虚拟货币使用的建议。限制虚拟货币的使用,包括限制虚拟货币匿名的使用者数量、限制使用虚拟货币作为匿名支付的方式和虚拟货币。[①]当客户识别机制难以发挥作用时,限制数字货币的使用可以减少洗钱风险。综上所述,中国可借鉴马来西亚和法国的监管经验,建立增强的客户尽职调查制度、持续性的客户尽职调查制度和风险控制制度。通过多层次的客户尽职调查制度,数字货币的洗钱风险可以有效地控制。

(三)采取平台监管

互联网产生以后,传统的市场经济交易活动向新兴的平台经济交易活动转变。平台经济,是新的商业模式和交易模式,具有涉面广泛、数据化和信息化的特点。许多互联网新兴产物的出现,在本质上属于平台经济。从对公民基本权利保护的角度来说,平台公司是政府监控的中介机构,但它们本身也是监视的主体。[②] 因此,平台经济的监管,不但要从外部进行监管,还要在平台内部进行自律监管。数字货币通常通过交易所来进行交易,交易所即为监管平台。交易所数字货币具有去中心化的特点,去中心化即意味着没有中心机构进行管理。但是,监管部门可针对数字货币的交易平台来进行

① Virtual Currencies Working Group, Recommendations to prevent virtual currencies from being used for fraudulent purposes and money laundering, https://www.docslides.com/recommendations-to-prevent-virtual-currencies-from-being-used-for-fraudulent-purposes-and-money-laundering - 333982, June 8,2018.

② Julie E. Cohen, "Law for the Platform Economy", *U. C. Davis Law Review*, Vol. 51, 2017, p. 37.

监管。平台监管即以平台作为监管的受体,监管部门把监管重心放在监管平台上。平台监管的方式,可以监控数字货币的交易情况,减少数字货币存在洗钱风险。平台监管可以采取准入制度和设置合规人员制度:

设立准入制度,有利于规范数字货币交易市场,提高整个数字货币市场服务提供者的资质水平,在一定程度上有利于降低数字货币的洗钱风险。数字货币服务的提供者,必须经过有关部门颁发牌照才可以提供数字货币。例如,美国 2017 年 10 月 9 日制定《虚拟货币商业统一监管法案》,建立了关于数字货币的准入制度。准入制度不但规范了市场行为,更是提高了经营者的服务水平。平台监管采取合规人员制度。合规人员应具备相应的资格,具有一定的权利,并且有向监管部门报告的义务。通过在平台内部设置合规人员,平台交易运行会更加规范,洗钱的风险也会减少,在一定程度上有利于抑制"去中心化"的负面影响。马来西亚建立了合规人员制度,马来西亚《法案》第 17 条规定:"报告机构必须要任命一名合规人员。"①要求交易平台内有合规人员,规范平台交易的运行符合反洗钱规则。

准入制度和合规人员制度,利于平台监管,进而减少数字货币去中心化的风险。中国也应针对数字货币采取平台监管的方式,设立准入制度和合规人员制度。

(四)建立控制跨境交易风险制度

为促进国际反洗钱合作,彻底打击洗钱犯罪活动,针对数字货币的易跨境转移性,中国的数字货币反洗钱规则应建立控制跨境交易风险制度。数字货币具有易跨境转移性,使数字货币难以进行拦

① Bank Negara Malaysia, Anti-Money Laundering and Counter Financing of Terrorism (AML/CFT)-Digital Currencies (Sector 6), http://www.bnm.gov.my/index.php?ch=57&pg=538&ac=680&bb=file, June 8, 2018.

截。犯罪分子进行跨境交易,主要动因是:以使用为目的进行资金转移或以经营为目的向监管宽松的国家转移。因此,资金流向的目的地,很可能是洗钱风险的高发区。反洗钱的工作必然会涉及国际合作,国际合作必然涉及不同的司法辖区。反洗钱立法不完善、反洗钱力量薄弱的司法辖区,很有可能成为犯罪分子觊觎的“乐园”。建立反洗钱的控制跨境交易风险制度,有利于反洗钱的国际合作,抑制反洗钱活动。

对于涉及高风险地区的相关交易可以采取增强客户尽职调查、限制相关交易和执行内部审计等措施,这在一定程度上可以阻止非法资金向境外流动,防止犯罪分子实施监管套利,从而减少数字货币的洗钱风险。此外,监管部门可以要求交易平台设置交易前置程序,当客户与其他高风险地区客户进行交易时,该笔交易必须进行披露、申报和限制。来自高风险地区的客户在中国设立数字货币账户,也必须要进行严格的事前登记制度。通过控制跨境交易风险制度,监管部门可以采取有效的措施针对潜在的洗钱风险群体进行有效规制。马来西亚《法案》建立了该项制度,第13条规定:“对于被FATF、FATF的其他局域组织或者马来西亚政府定义的高风险国家,由于其存在持续性的和大量的风险,报告机构应该对涉及来自于高风险国家的人的相关交易,实施增强性的客户尽职调查制度。”①

(五)完善针对数字货币的可疑交易报告制度

可疑交易报告制度是控制洗钱风险的有效手段,是目前控制和预防反洗钱的主要操作途径。可疑交易报告制度是金融机构的强制性义务,包括识别和及时报告两方面的内容。识别的标准,是可

① Bank Negara Malaysia, Anti-Money Laundering and Counter Financing of Terrorism (AML/CFT)-Digital Currencies (Sector 6), http://www.bnm.gov.my/index.php?ch=57&pg=538&ac=680&bb=file, June 8, 2018.

疑交易报告制度重要的内容。识别的标准不同,会产生不同的矛盾。从逻辑角度看,如果提高识别的标准,就会导致可疑交易报告制度的数量多,从而降低反洗钱的可能性,但是同时反洗钱的成本也要增加;报告的内容,也会产生不同的矛盾。如果报告的内容越细,报告的频次越多,那么越会增加负有报告义务主体的责任。

国家干预应遵循适度干预原则,适度干预是国家在经济自主和国家统治的临界点上所做的一种介入状态。[①] 在法经济学的视角下,法律的效益是法律规制过程中必须要考虑的问题。那么,为了解决上述矛盾,精准干预便是平衡效益和成本的重要规制进路。精准干预要求完善识别的标准和报告的内容,这就要求可疑交易报告制度的制定必须符合事物本身的特点。因此,必须针对数字货币的特点来制定可疑交易报告制度。

数字货币具有不可撤销的特性,即当数字货币交易指令被确认时,数字货币交易即难以撤销,交易按指令继续运行。数字货币的不可撤销性使监管部门难以拦截非法资金交易。当数字货币交易指令被确认前,设置确认前的可疑交易报告制度,可以在一定程度上降低洗钱风险。即使不能及时拦截非法资金的转移,监管部门也能及时留意该笔交易的去向。如前文所述,可疑交易报告制度的建立必须符合数字货币的特点,进而才能更好地符合数字货币反洗钱的要求。澳大利亚在 2017 年《反洗钱和反恐怖融资修正案》中,建立了可疑交易报告制度。中国的可疑交易报告制度,可参照澳大利亚的规定,具体为:设定一定的交易数额、交易频次和交易地区,如果某笔交易达到上述设立的标准,那么即应该向反洗钱中心进行报告;在报告内容上,在已知的情况下,要求报告该机构对交易双方的 IP 地址、识别码、设备识别符等。通过数字货币的特点设置针对性

① 种明钊、卢代富、应飞虎:《国家干预法治化研究》,法律出版社 2009 年版,第 25 页。

的报告内容，监管部门可以有效地知道数字货币交易的相关信息。

（六）建立针对数字货币的评估制度

数字货币具有革命性的潜力，也具有潜在的风险。金融科技发展迅速，监管机构和经营机构之间存在着信息不对称。数字货币作为监管科技前沿的代表，其具有内生的复杂性。监管者和经营者之间的信息不对称，是监管滞后、监管困难和监管过度的原因。为弥补信息不对称，建立数字货币的评估制度，利于减少洗钱风险，符合适度干预原则。马来西亚《法案》建立了数字货币的评估制度：产品、服务和商业模式的风险评估的评估主体不仅是监管部门，还包括报告机构。报告机构为数字货币产品和服务的提供者，对于数字货币产品和服务有更深刻的理解。报告机构对于数字货币产品和服务进行相关风险评估，有利于监管部门知晓数字货币产品和服务的原理、运行和特征，更能有效地针对数字货币的风险进行有效规制。

五、结语

数字货币作为区块链技术的应用成果，在金融领域具有十分宽广的潜力。但是，数字货币也因其自身的特点而具有潜在的洗钱风险。洗钱风险作为数字货币目前面临的主要风险，需要各国互相借鉴立法经验并达成共识从而在全球范围内予以防范。我国数字货币的发展较为缓慢，部分数字货币交易平台被叫停，但是当下暂时的停止并非永久的不触及，而是整顿和积蓄力量的阶段。[①] 中国数字货币立法可以借鉴域外数字货币立法的经验，做好数字货币的法制建设。在域外数字货币立法经验上，选择适合我国国情的数字货币立法进路。

① 杨东、陈哲立：《虚拟货币立法：日本经验与对中国的启示》，载《证券市场导报》2018年2月。

Perfection of Anti-Money Laundering Rules of Digital Currency in China

Huang Haoming

Abstract: Digital currency has revolutionary potential in the future financial payment feild, but it has the risk of money laundering because of its anonymity, decentralization, easy cross-border transfer and irrevocable characteristics. Aiming at the problem of anti-money laundering of digital currency in China, this paper puts forward the following measures: incorporating digital currency into anti-money laundering supervision, establishing customer due diligence system for anonymity, adopting platform supervision and setting up compliance personnel system, establishing risk control system for cross-border transactions, perfecting suspicious transaction reporting system for digital currency and establishing risk system for digital currency.

Keywords: digital currency; anti-money laundering; block chain

编后记

我们向何处去

丽玉致知楼旁的银杏又泛起金黄，本卷《西南法律评论》也终定稿付梓。最近几卷的出版时间都比预期晚许多，在此，向各位作者的宽容与信任表达最真诚的谢意。

《西南法律评论》（原名为《法论》）从创办到现在，历经30多年风雨，在一代代的坚守下，不断前行。数次改名后的今天，再次凝视《西南法律评论》，是否还有些许执念留存？从走进西政校园，与《法论》结缘，到如今即将毕业，求学的三年，大多时光都与《西南法律评论》一起度过。感谢西南政法大学的坚持，让《西南法律评论》得以在寻求思想的道路上自由前行；感谢往届编辑部每一位前辈的坚持，让《西南法律评论》得以跨过而立；感谢第三十一届编辑部每一位同事的坚持，让本卷《西南法律评论》得以顺利出版；感谢第三十二届编辑部每一位同事的坚持，让《西南法律评论》得以有更多的可能。

但不仅是坚持，更是传承。囿于现实的需求，近年来我们在行政事务上有太多的忙忙碌碌，似乎淡却所应关注的思想与争鸣、所要承载的明辨与批判。作为编辑团队，我们开始机械地出版，淡忘了我们对真理的坚守和对现实的不妥协。我联系了很多以前的编辑,回溯32年的发展史,回望喧嚣历史中的执着与本心。我也希望,你和我们一起,跨过现实的藩篱回归本真。这一年,我们在寻求突破与转变。

只有真切体会过从无到有,才会更加珍惜。担任副主编以来,我曾为稿件不足而焦虑失眠,也为思考发展方向而夜不能寐。优质稿源的不足或是最大的困境。我们都渴望得到权威学者的优质稿件,但现行学术评价体系下,却难以获得太多权威学者的青睐,即使是靠情怀约稿,也难有所得。

心底的声音让我选择做一个不安分的人。那些萌生的想法中,有的实现了,有的在筹备,有的不得不向现实妥协。不安分的折腾,幸得团队的包容与支持,《西南法律评论》发生了一点改变。比如,我们的征稿启事里多了选题参考,这也是《西南法律评论》对法治发展中经典理论与重大实践的回应。信息爆炸的时代,如何在层出不穷的社会热点中挖掘真正值得思考、值得讨论的话题,又如何在每一个社会热点话题背后找到可供切入的法学视角,避免在人云亦云的浪潮中随波逐流。《西南法律评论》希望能引导青年人尝试对热点问题进行规范探讨,形成批判性思维。再如,《西南法律评论》加入了知网数据库,开始回应信息网络化传播的新时代需求。同时,除了微博和官方QQ,我们也开通了微信公众号。建立初衷,是为了在《西南法律评论》之外,开设另一片自由思想的汇集地,通过这个平台,大家可以更直接、更自由地交流思想。微信公众号平台可接受投稿,供大家分享读书、思考、习作中的所得。在这里,可以表达深邃的思想,也可展现有趣的灵魂。还如,《西南法律评论》正着手开设实务专栏,探寻实务界的声音。我们开始鼓励更多的本科生投稿,尽早培养自己的学术能力。

人人都向往自由,却又困于现实的枷锁。资金需求让我们必须直面现实，我们开始寻求赞助了。为了有更多的优质稿源，并企望得到学术评价体系的承认，我们也在努力，一份承认足以带来前进的曙光。但当上述两者都没有实现的时候，我们也并不是什么都做不了。

我们仍可通过规范的审稿流程与专业的审稿意见来吸引更多的投稿。本卷自组稿以来，编委会认真对待每一份稿件，无论登载与否，我们都要求每一位编辑提出详细的审稿意见以供作者参考。我们希望，即使此次稿件没有被采用，在投稿过程中作者也能有所收获；我们希望，每一次投稿，你所得到的不仅是审稿结果，更能与《西南法律评论》建立起更多的信任。编辑部曾做过一个小型问卷调查，发现许多人担心自己写不好而不敢写。在此，我也希望每一个学术新芽可以无惧风霜，九层之台起于累土，一次次的训练终会让你有所得。

《西南法律评论》除运作的主体是学生外审稿程序与用稿规范皆与其他出版物一样严格。作为青年学生的我们或许还稍显稚嫩，但我们仍用青年人最饱满的激情、最活跃的思想、最真诚的态度等待你的投稿。创办之初，《法论》是西政学生的练笔场，但多年后的今日，我们早已不将自己定位于此我们希望呈现的是最优质的文章、最真切的思想，我们希望可以挖掘更多的学术新人。承继西政无数先辈的基业，我们敢于坚守本真。

或许在学术评价体系中，《西南法律评论》无法带给你太多的荣耀，但在你漫长的学术之路上，我们将给你最诚恳的建议与最细致的指导。我们希望通过我们的努力，可以挖掘、鼓励更多的青年学子勇敢表达自己的思考，让更多的青年学子更严谨地对待学术。在2018 年的总结大会上，我以这样一句话结尾，如今依旧如此。这句话不仅想对每一位默默奋战在《西南法律评论》一线的同人说，更想对每一个向《西南法律评论》投稿的作者说：愿你回忆起这段故事的开场,仍心觉温暖。

多年后再现编后小记,只为记下我们共同的事业。2019 年,新的开始,不忘坚持与传承。这,不是结尾。

黄子强

2018 年 11 月 24 日于西政毓秀湖畔

征稿启事

《西南法律评论》(第3卷·总第32卷)
征稿启事

《西南法律评论》创办于1985年,前身为《法论(西南政法大学研究生学报)》,是由西南政法大学主办,在校硕士、博士研究生承办的法学学术出版物。本评论一年一卷,每卷2~4辑,由法律出版社公开出版。自第30卷起,启用《西南法律评论》名。

一、专题设置与选题参考

本评论聚焦法治发展中的经典理论命题和重大实践问题,提倡"小题大作"、见微知著、资料翔实、问题意识明确的精细化研究,亦欢迎视野开阔、论证圆融的宏大叙事。文章体裁不限,以学术论文、案例评析为主。设有"理论研究""部门法专论""实务探微"等专题。第32卷选题参考如下:

1.《民法总则》解释论研究、民法典分编立法论研究、股权众筹的法律规制、互联网经济不正当竞争的法律规制、民法典编纂中的知识产权问题研究。

2.绿色金融与新时代经济法、环境公益诉讼、生态损害救济、自然保护地法律制度。

3. 信息网络、人工智能、大数据、生命科技等科技领域的刑法规制、刑法基础理论研究。

4. 电子诉讼规则、家事审判程序、非讼程序规则。

5. 缺席审判制度、值班律师制度、贪污腐败案件诉讼程序。

6. 全面深化改革与全面推进依法治国关系研究、地方法治研究、备案审查制度的构建与完善。

7. “乡规民约”、民间习惯法对当代中国法治建设的意义。

8. 合宪性审查、机构改革背景下行政主体和行政诉讼的理论新突破、国家监察法治化、国家治理现代化与行政法新发展。

9. “一带一路”倡议下投资者——东道国投资争端解决机制构建、WTO 的困境与改革。

二、征稿对象

高校、科研院所师生和实务界人士。

三、投稿方式

1. 请将电子文档投至 fa_lun@126. com,邮件主题为“文章题目 + 姓名 + 手机号”。

2. 请务必在邮件中及文稿后注明稿件联系人的姓名、工作单位、通信地址、电话、邮编等详细联系方式;审稿期间请保持通信畅通,方便进行稿件修订。

四、征稿说明

1. 来稿文责自负,作者应确保其作品不侵犯他人或组织的著作权。本评论所载文章观点均属作者本人,不代表编辑委员会或主办单位的意见。

2. 禁止“一稿多投”。来稿无论采用与否,编辑委员会将于收稿之日起 30 日内回复审稿意见。来稿请自留底稿,恕不退稿。

3. 文章字数 9000 字以上,重复率不超过 15%。

4. 所有来稿请附英文标题;论文类稿件需另附中英文摘要和关

键词;翻译作品需附原文及原文作者或出版方的书面授权许可(包括 Email)。

5. 投稿格式规范详见《西南法律评论》公众号。

6. 为确保文稿质量和用稿公正,本评论实行双向匿名评审制度,由博士研究生编辑初审,学科老师复审,主编进行终审。

7. 本评论以文稿质量为唯一录用标准,不问作者职称职务、学历、专业、工作单位等。谢绝一切形式的关系稿。

8. 本评论已被中国学术期刊网络出版总库及 CNKI 系列数据库收录。作者如不同意文章被收录,请在来稿时声明,编辑委员会将适当处理。往期作者如有异议,请联系知网或者编辑委员会,否则默认为同意。

9. 本评论不收版面费;来稿一经收录,即敬奉样书。

《西南法律评论》编辑委员会

图书在版编目(CIP)数据

西南法律评论. 第2卷 ：总第31卷 / 吴钰鸿主编
. -- 北京 ：法律出版社，2019
ISBN 978 - 7 - 5197 - 3422 - 0

Ⅰ. ①西… Ⅱ. ①吴… Ⅲ. ①法学 - 中国 - 文集
Ⅳ. ①D920.0 - 53

中国版本图书馆CIP数据核字(2019)第077234号

西南法律评论(第2卷 总第31卷)
XI'NAN FALÜ PINGLUN
(DI-2 JUAN ZONG DI-31 JUAN)

吴钰鸿 主编

策划编辑 陈 妮
责任编辑 陈 妮
装帧设计 贾丹丹

出版 法律出版社
总发行 中国法律图书有限公司
经销 新华书店
印刷 北京虎彩文化传播有限公司
责任校对 李景美
责任印制 吕亚莉
编辑统筹 法治与经济出版分社
开本 A5
印张 9.125
字数 230千
版本 2019年6月第1版
印次 2019年6月第1次印刷

法律出版社/北京市丰台区莲花池西里7号(100073)
网址/www.lawpress.com.cn
投稿邮箱/info@lawpress.com.cn
举报维权邮箱/jbwq@lawpress.com.cn
销售热线/010 - 83938336
咨询电话/010 - 63939796

中国法律图书有限公司/北京市丰台区莲花池西里7号(100073)
全国各地中法图分、子公司销售电话：
统一销售客服/400 - 660 - 6393
第一法律书店/010 - 83938334/8335　西安分公司/029 - 85330678　重庆分公司/023 - 67453036
上海分公司/021 - 62071639/1636　深圳分公司/0755 - 83072995

书号：ISBN 978 - 7 - 5197 - 3422 - 0　**定价**：66.00元